Oskar Lafontaine

»Das Lied vom Teilen«

Die Debatte über Arbeit und politischen Neubeginn

WILHELM HEYNE VERLAG
MÜNCHEN

HEYNE SACHBUCH
Nr. 19/90

Genehmigte und ungekürzte Taschenbuchausgabe
Wilhelm Heyne Verlag GmbH & Co. KG, München
Copyright © 1989 by Hoffmann und Campe Verlag, Hamburg
Printed in Germany 1990
Umschlagfoto: action press, Hamburg
Umschlaggestaltung: Atelier Adolf Bachmann, Reischach
Satz: Fotosatz Völkl, Germering
Druck und Verarbeitung: Ebner Ulm

ISBN 3-453-04001-5

INHALT

OSKAR LAFONTAINE

WENIGER ARBEIT, MEHR DEMOKRATIE

Demokratie lebt vom öffentlichen Meinungsstreit – mit der Feststellung dieser abgedroschenen Wahrheit sind hierzulande schon viele Sonntagsreden eröffnet worden. Doch was sich in den täglichen Fernsehstatements der Politiker offenbart, ist eher Streit denn Meinung: Die parlamentarischen Truppen der Regierung und der Opposition schlagen sich vor aller Augen ihre jeweiligen Beschlüsse um die Ohren. Gewiß ist die Beschlußfassung logisch, sinnvoll und notwendig für die politische Willensbildung in den Parteien und Verbänden, geht doch der Beschluß dem Handeln voraus. Da normalerweise Beschlüsse Debatten beenden, läßt sich eine offene, breite demokratische Debatte wohl kaum aus dem Schatten einer parteiinternen »Beschlußlage« heraus führen. Wer also der Meinung ist, daß eine demokratische Kultur den öffentlichen Diskurs braucht, darf die politische Diskussion nicht in Parteizirkel einsperren. Will man die politische Meinungsbildung einer Partei nach »außen« hin öffnen, dann muß die Öffentlichkeit von Anfang bis Ende an der Diskussion beteiligt und ihr nicht erst dann eine Einflußchance vorgegaukelt werden, wenn keine mehr besteht, weil die interne Meinungsbildung bereits abgeschlossen ist. Läßt sich denn die politische Debatte aus den Gremienghettos befreien, ohne die Steine des (Denk-)Anstoßes in öffentliche Teiche zu werfen? Läßt sich denn eine lebendige Debatte führen, wenn die Denkanstöße schon bis ins Detail durchdacht und nach allen Seiten ausgewogen sind? Ist es denn nicht Sinn einer Debatte, den »Frühnebel« um die Denkanstöße zu lichten? Die im Jahr 1988 um den Begriff der Arbeit, ihre Organisation und die Verkürzung der Erwerbsarbeitszeit geführte Diskussion war ja gerade deshalb so spannend, weil sie gezeigt hat, daß erst die Debatte mehr Klarheit bringt – gleichsam für alle Beteiligten ein diskursiver Lernprozeß.

Und vergessen wir nicht: Auch Parteitagsbeschlüsse – so

notwendig sie sind – können zur allgemeinen Politikverdrossenheit beitragen, indem sie den politischen Meinungstausch in eine öde Litanei verwandeln. Nicht persönliche Meinung steht gegen persönliche Meinung, sondern austarierter Gruppenkonsens gegen austarierten Gruppenkonsens. In der rituellen Wiederholung durch eine Vielzahl von Gruppenmitgliedern nutzen sich die »beschlossenen« Argumente ab, verlieren an Wirkungskraft. Darunter leiden diejenigen, die solche Argumente in der politischen Agitation wieder und wieder äußern müssen, genauso wie diejenigen, die sie von allen Seiten gebetsmühlenartig zu hören bekommen. Den anderen zu überzeugen und zu bekehren, taugen sie weniger als zur eigenen Identifikation: Sie sind die Fahne, hinter der sich Gleichgesinnte sammeln. »Sag mir, welches Argument du gebrauchst, damit ich weiß, aus welchem Stall du kommst« – so lautet die Botschaft. In solchen politischen Scheindebatten wird nicht mehr gefragt, ob die Argumentation von der Sache her richtig oder falsch ist, es wird nur nach dem Stallgeruch geurteilt, der ihr anhaftet. So manches, was als Argument getarnt daherkommt, entpuppt sich dann beim genauen Hinsehen als »integrative Lüge«. Nicht eine politische Gruppierung, am wenigsten die Sozialdemokratie, ist davor gefeit.

Schon Antonio Gramsci, der scharfsinnige Analytiker der Arbeiterbewegung, hat darauf hingewiesen, wie lebensnotwendig es für die deutsche Sozialdemokratie bisweilen gewesen sei, sich in die eigene Tasche zu lügen: Ohne den Rückhalt eines säkularisierten Erlösungsglaubens, so Gramsci sinngemäß, hätte die in der wilhelminischen Gesellschaft des ausgehenden 19. Jahrhunderts unterdrückte Sozialdemokratie die politische Verfolgung und gesellschaftliche Ächtung wohl nicht durchgestanden. Die Illusion, daß der Kapitalismus mit naturgesetzlicher und vom menschlichen Wollen unabhängiger Zwangsläufigkeit über kurz oder lang zugrunde gehen und eine bessere Zeit mit Sicherheit kommen würde, war der ideologische Anker, an dem sich die gesamte Bewegung während des Sturms festhielt. Auf dem Boden der Ideologien greifen die fiktiven Anker mitunter besser als die realen. Als dann Eduard Bernstein eine Revision nicht nur der illusionären Dogmen, sondern auch der revolutionären Ausrichtung der sozialdemokratischen Bewegung forderte, gab ihm der bayerische Parteivorsitzende Ignaz Auer jenen entlarvenden Rat, auf den man stets verfällt, wenn die »integrativen ideologischen Lügen« das praktische Handeln nicht decken: »Mein lieber Ede, das, was du verlangst, so etwas beschließt man nicht, so etwas sagt man nicht, so etwas tut man.«

Noch legt die kapitalistische Wirtschaftsordnung die Spielregeln des gesellschaftlichen Wandels fest

Ein kurzer Blick auf die Geschichte der deutschen Sozialdemokratie zeigt, wie sehr die Partei diesen schlechten Rat zum eigenen Schaden beherzigt hat: Erst 1959 in Godesberg ist die Lücke zwischen programmatischer Verkündung und exekutiver Praxis halbwegs geschlossen worden. Dennoch ist die SPD von jenem traditionellen Dilemma noch nicht völlig frei. Noch immer hat sie logischerweise nicht die Kraft, das zu verwirklichen, was das Herz vieler Mitglieder fordert, nämlich den Kapitalismus wenigstens »ein bißchen« abzuschaffen. Wie jede andere historisch gewordene Gesellschaftsordnung sich gewandelt hat und letztlich in eine neue Ordnung überging, so wird natürlich auch die kapitalistische Wirtschaftsordnung eines Tages einer anderen gewichen sein. Doch solange sie noch besteht, wird sie die Spielregeln festlegen, nach denen der gesellschaftliche Wandel sich vollzieht.

Nun hat sich im Verlauf der letzten 100 Jahre die kapitalistische Wirtschaftsordnung ganz erheblich verändert – und dies nicht zuletzt dank des Wirkens der Sozialdemokratie. Unstrittig ist aber auch die Tatsache, daß die vielen von der sozialdemokratischen und gewerkschaftlichen Bewegung erkämpften Reformen und Verbesserungen, die das ursprüngliche, manchesterkapitalistische Antlitz der Wirtschaft vermenschlicht haben, nicht gegen die Spielregeln und auch nicht gegen die prinzipielle Logik der kapitalistischen Wirtschaftsordnung erreicht wurden, sondern mit ihr. Gerade von den entschiedensten Kritikern des Kapitalismus wird dies auch gar nicht in Abrede gestellt. Günther Nenning war nicht der erste, der mit provokativer – und kritischer – Absicht das Verhältnis der Sozialdemokratie zum Kapitalismus als eine Art politischer, gleichwohl antagonistischer Symbiose formuliert hat: Wie die Sozialdemokratie ohne den Kapitalismus ihren Zweck verlöre, so böte der Kapitalismus ohne die Sozialdemokratie nicht solch ein erfolgreich-freundliches Antlitz. (Historisch-genetisch gesehen mag diese Symbiose in der Tat bestehen, was aber meines Erachtens nicht heißen kann, daß man sie für andere Gesellschaftsordnungen ausschließen müßte: Auch in den Ländern des »real existierenden Sozialismus«, die von sich behaupten, den Kapitalismus überwunden zu haben, hätte die Sozialdemokratie einen nicht minder notwendigen und durchaus ähnlichen Zweck – den Zweck nämlich, die gesellschaftliche Freiheit durchzusetzen.)

Mit provokativer Überspitzung läßt sich sagen, daß dem Kapitalismus eine Tendenz zur Selbstzerstörung innewohnt und daß es der Sozialdemokratie zu verdanken ist, wenn sich diese zerstörerische Tendenz nicht entscheidend auswirken konnte, weil sie durch einen von der Arbeiterbewegung organisierten, solidarischen gesellschaftlichen Gegendruck konterkariert wurde.

Das »sozialdemokratische Zeitalter« ist noch lange nicht zu Ende

Jene schon von Marx konstatierte Tendenz zur Verelendung der proletarischen Massen in der kapitalistischen Wirtschaftsordnung ist ja grundsätzlich nicht zu leugnen: Natürlich gab und gibt es in einer auf privatem Eigentum fußenden und auf Maximierung des Gewinns gerichteten Wirtschaft ein ausgeprägtes Interesse daran, die Produktionskosten, also auch die Löhne und Gehälter, so niedrig wie möglich zu halten, gibt es ein nicht minder ausgeprägtes Interesse, die allgemeinen bürgerlichen Freiheitsrechte nicht zu Lasten derjenigen »Freiheiten« auszudehnen, die sich aus dem privaten Eigentum herleiten. Hätten sich solche privaten Interessen ungehemmt durchsetzen können, womöglich wäre die bürgerliche Gesellschaft tatsächlich an den ihr immanenten widerstreitenden

Gewinn- und Machtbestrebungen gescheitert. Dagegen standen letztlich die solidarisch organisierten Interessen der arbeitenden Menschen – mit anderen Worten, dagegen stand die Sozialdemokratie. Genau diese Organisation der gesellschaftlichen Solidarität war es, die das vergangene Jahrhundert in den Augen einiger Kritiker der Sozialdemokratie zu einem »sozialdemokratischen Jahrhundert« gemacht hat. Hat es im Ansatz je so etwas gegeben, dann ließe sich dies bestenfalls für einige westliche Industrienationen behaupten. Auch nach internationalem, globalem Maßstab – und sozialdemokratisches Denken war im Kern immer internationalistisch – kann von einem »sozialdemokratischen Jahrhundert« nicht die Rede sein. Das sozialdemokratische Zeitalter aber ist, wie von manchen behauptet, noch lange nicht zu Ende, denn der gesellschaftliche Bedarf an organisierter Solidarität ist zwar heute anders geartet, aber um keinen Deut geringer als früher.

Pointiert gesagt: Es waren die Sozialdemokraten und die Gewerkschaften, die dem Kapitalismus das Überleben erleichtert haben, indem sie den systemsprengenden Verelendungsprozeß durch die Organisation einer gesellschaftlichen Gegensolidarität unterliefen. Indem die Gewerkschaftsbewegung bessere Lohn-, Arbeits- und Lebensbedingungen für alle erkämpfte, hat sie zugleich die notwendige logische Voraussetzung für die weitere Entfaltung der kapitalistischen Wirtschaft geschaffen – nämlich eine durch die Kaufkraft der Massen gesicherte Nachfrage nach Konsumgütern. Diese Verbesserung der Lebensbedingungen der Arbeitnehmerinnen und Arbeitnehmer hat die kapitalistische Wirtschaftsordnung nach ihren grundsätzlichen Spielregeln im Verlauf des letzten Jahrhunderts erheblich verändert, und es spricht nichts dafür, daß nicht auch weiterhin ein Wandel nach diesen Spielregeln möglich sein soll. Jede reformistische Politik wird versuchen, die gesellschaftliche Ordnung nach ihren Regeln zu verändern, wird versuchen, die Dynamik des sozialen Wandels gemäß der inneren Logik der sozialen Systeme zu steuern – eine Dynamik wohlgemerkt, die unter dem Vorzeichen großer Beschleunigung steht. Indem die Reformpolitik gegen die Selbstzerstörungstendenzen der industriellen Produktionsweise und des kapitalistischen Verwertungsprozesses ankämpft – was ja paradoxerweise deren Erhaltungslogik entspricht –, hilft sie entscheidend mit, das Gesicht der Gesellschaft und die in ihr herrschende Ordnung nach und nach zu verändern.

Qualität und Quantität der Erwerbsarbeit

Zur Ratio der kapitalistischen Marktwirtschaft gehört zweifelsohne, daß die gesellschaftlich notwendige Zeit »produktiver« Erwerbsarbeit ständig abnimmt. Dadurch verändert sich die Gesellschaft. Nicht wenige Theoretiker glauben inzwischen, daß hinsichtlich der Verkürzung der »Arbeitszeit« die Quantität einmal in Qualität umschlagen könnte: daß sich also in einer Gesellschaft, die für die Erwerbsarbeit nur noch wenig Zeit aufbringen müßte, andere Ordnungsstrukturen als die in der bürgerlich-kapitalistischen vorherrschenden herausbilden würden. Ist denn der Wunsch der Menschen nach mehr Freizeit etwas anderes als das Verlangen, stärker durch Tätigkeiten, Werte und Beziehungen definiert zu werden, die nicht an die Erwerbsarbeit geknüpft sind? In dem Maße, wie die »freie« Zeit zunimmt, rückt der Betrieb – und die betrieblichen Gewerkschaftsorganisationen – aus dem Zentrum des Kraftfeldes, das die gesellschaftliche Existenz eines jeden bestimmt. Daß damit zugleich die gesellschaftliche Bannkraft der ökonomischen Rationalität abgeschwächt wird – die Bannkraft jener Rationalität der marktgerechten Verwertung und bürokratisch-hierarchischen Organisationsstrukturen –, stellt zutreffend André Gorz in seinem neuen Buch mit dem Titel »Metamorphosen der Arbeit und Sinnsuche«, eine »Kritik der ökonomischen Vernunft«, fest.

Die traditionelle, an Marx geschulte Linke ging mehr oder weniger davon aus, daß vor allem die Qualität, nicht die Quantität der Erwerbsarbeit für die Veränderung der kapitalistischen Wirtschaftsordnung ausschlaggebend sei: Insofern gesellschaftliche Macht und gesellschaftliche Freiheit in den Produktionsverhältnissen ihre Wurzeln hätten, käme es in erster Linie darauf an, diese Verhältnisse zu »demokratisieren«, die Menschen in der Erwerbsarbeit zu »befreien«.

Demzufolge müsse der Schwerpunkt des gesellschaftlichen Emanzipationskampfes um die Erwerbsarbeit herum organisiert werden.

Diese Forderung bleibt richtig, solange sie nicht zum alleinseligmachenden Dogma erhoben wird. Wo freie gewerkschaftliche Betätigung nicht möglich ist, verkümmert in der Tat die politische und gesellschaftliche Demokratie, für die eine demokratische Gestaltung des Wirtschaftslebens unverzichtbar ist. Selbst aus ökonomischer Sicht wäre es unsinnig, die Gewerkschaften schwächen zu wollen. Die Bundesrepublik hat ihren sozialen Frieden und ihre wirtschaftliche Prosperität nicht zuletzt starken Einheitsgewerkschaften zu verdanken. Schwache Gewerkschaften stehen unter dem Druck, ihre Kampffähigkeit stets aufs neue beweisen zu müssen – wer würde ihnen schon geben, was sie nicht erst erstreikt hätten? Die »englische Krankheit« ist eine Folge der Schwäche, nicht der Stärke einer Gewerkschaftsbewegung.

Meine Thesen, auch dies wurde mir vorgeworfen, hätten einer neokonservativen Politik des Sozialabbaus den ideologischen Boden bereitet und die Position der Gewerkschaften objektiv geschwächt. Das ist absurd. Es ging mir immer nur um die eine Frage: Wie können mehr Arbeitsplätze geschaffen, wie kann die Arbeitslosigkeit verringert werden? – eine Frage, die sich auch Jürgen Habermas in einem Gespräch mit Hans-Ulrich Reck über »Konservative Politik, Arbeit, Sozialismus und Utopie heute« stellt: »Die entscheidende politische Frage der nächsten Jahre wird es sein, ob dieses Thema – (»eine ›gespaltene Gesellschaft‹ mit einem produktiven Kern von Beschäftigten und einem breiter werdenden, nur noch notdürftig alimentierten, vernachlässigten Rand der in Subkulturen und Ghettos Abgedrängten«) – aus der Öffentlichkeit herausgehalten oder zum Gegenstand politischer Auseinandersetzungen gemacht wird – und welche Seite, wenn das Problem thematisiert wird, sich durchsetzt: der Interessenegoismus einer Mehrheit, die ihren Besitzstand mit Klauen und Zähnen verteidigt (...), oder aber die Solidarität derer, die noch drin sind, mit denen draußen. Das wird auch, und vielleicht in erster Linie davon abhängen, ob sich die Gewerkschaften nach amerikanischem Muster auf eine ›closed shop policy‹ verlegen, oder ob sie an die Solidartradition der Arbeiterbewegung anknüpfen.«

Die Gewerkschaften haben ihre Position gestärkt

Überlegungen, wie die Zweidrittelgesellschaft überwunden, wie die Ausgrenzung eines Teils der Gesellschaft verhindert werden kann, sind alles andere denn neokonservativ. Sich mit gewerkschaftlichen Forderungen kritisch auseinanderzusetzen heißt nicht, die Gewerkschaften zu schwächen. Das Gegenteil hat sich ja inzwischen herausgestellt. Aus der breiten Debatte, die in den vergangenen Jahren um die Verkürzung der Arbeitszeit geführt wurde, ist die deutsche Gewerkschaftsbewegung eher gestärkt hervorgegangen. Hans-Jochen Vogel, der SPD-Vorsitzende, hat darauf hingewiesen, daß durch diese Debatte »die Aufmerksamkeit auf den gesellschaftlichen Skandal der steigenden Massenarbeitslosigkeit gelenkt« wurde. Auch die Zukunftskongresse der Gewerkschaften fanden ein beachtliches öffentliches Interesse.

Da sich jede Gesellschaft über die Arbeitsteilung konstituiert, bestimmen die Veränderungen im Bereich der gesellschaftlichen Arbeit ganz wesentlich den sozialen Wandel. Zur klassischen Lehre des Sozialismus gehört die Vorstellung, daß sich gesellschaftliche Macht oder Ohnmacht, gesellschaftliche Freiheit oder Unfreiheit des einzelnen aus seiner Stellung im Arbeitsprozeß ergeben: Macht und Freiheit hat, wer über die Produktionsmittel verfügen und gegen Entgelt fremde Arbeitskraft für die eigenen Zwecke einsetzen kann; ohnmächtig und zu einem guten Teil unfrei ist, wer seine Arbeitskraft auf dem Markte feilbieten, wer gegen Bezahlung im Dienste anderer arbeiten muß. Dementsprechend gilt seit Marx die Aufhebung des Grundwiderspruchs zwischen dem gesellschaftlichen Charakter der Arbeit und ihrer privaten Aneignung als Schlüssel zur Freiheit. Die Erfahrung mit dem »real existierenden« Sozialismus lehrt indes, daß sich die Menschen nicht freier und glücklicher fühlen, wenn anstelle der privaten die gesellschaftliche, genauer gesagt, die staatliche Aneignung tritt. Das Individuum empfindet sich genauso fremdbestimmt, gleich, ob es seine Arbeitskraft im Dienste eines Gemeinwesens oder eines Privaten entäußert, kann es sich doch das Ergebnis der eigenen Arbeit so oder so nicht unmittelbar selber aneignen. Wiewohl Teil seiner Gattung und seiner Gesellschaft, erhebt der einzelne Mensch dennoch Anspruch auf Autonomie, gegenüber der Gattung oder der Gesellschaft als Ganzem.

Will man, und dies gehört ebenfalls zur klassischen Lehre des Sozialismus, daß der Mensch mit seiner Arbeit ein wie auch immer geartetes Bewußtsein von Selbstverwirklichung verbindet, dann wird man die Eigenarbeit von den privaten Rändern mehr ins öffentliche Zentrum der Gesellschaft rükken müssen – was nicht heißen muß, daß die Erwerbsarbeit aus dem Zentrum verdrängt wird. Eine Aufwertung der informellen Arbeit könnte sehr wohl eine Aufwertung auch der formellen Arbeit bewirken. Die Überlegungen Hannah Arendts und anderer, den Begriff der Arbeit unter dem Gesichtspunkt sinnvoller und gesellschaftlich nützlicher Tätigkeit neu zu bestimmen beziehungsweise zu erweitern, an die meine Position im Prinzip anknüpft, haben ja nun wahrlich nicht zur Konsequenz, daß die Menschen im Rahmen ihrer notwendigen Erwerbsarbeit unfreier werden sollen – im Gegenteil. Gerade deshalb war es mir wichtig, im Sommer 1988, als die Diskussionswellen um die Verkürzung der Arbeitszeit und die Neubestimmung der Arbeit am höchsten schlugen, für größere Wirtschaftsdemokratie und für den Ausbau der Mitbestimmung zu plädieren.

Die formelle Arbeit humanisieren und demokratisieren, die informelle Arbeit aufwerten

Es paßt zur »neuen Heftigkeit« dieser Debatte, daß falsche Alternativen gleichsam als Popanze aufgestellt wurden. So wurde von der traditionellen Linken die Forderung erhoben, man solle, *statt* die informelle Arbeit aufzuwerten, lieber die ganze Kraft auf die Humanisierung und Demokratisierung der formellen Arbeit richten. Warum nur dieses »Statt«? Warum nicht beides zugleich mit ganzer Kraft anstreben?

Schließt denn die »Befreiung von der Arbeit« eine »Befreiung in der Arbeit« aus? Könnte es nicht eher sein, daß sich beide Tendenzen gegenseitig stärken? Gewiß, es gibt Gegenargumente. Würde eine zeitlich geschrumpfte Erwerbsarbeit aus dem Zentrum der individuellen Lebensplanung und demnach, in der Summierung, auch aus dem Zentrum der kollektiven Lebensplanung rücken – so lautet eines davon –, die Menschen verlören das Interesse daran, ihre Erwerbsarbeit freier zu gestalten, verlören also letztlich das Interesse an der eigenen Emanzipation aus demokratisch nicht legitimierten Machtverhältnissen.

Dieses Argument überzeugt mich nicht. Daß mit Erwerbsarbeit zugleich das Emanzipationsinteresse der Arbeitnehmerinnen und Arbeitnehmer abnimmt, halte ich keineswegs für ausgemacht. Im Gegenteil, oft genug findet sich der Wunsch nach individueller und gesellschaftlicher Emanzipation am ausgeprägtesten gerade bei denjenigen, die wenig durch fremdbestimmte Arbeit belastet sind. Ist das verwunderlich? Gibt es eine bessere Schule der Freiheit, als sich an selbstbestimmte, selbstverantwortliche Tätigkeit zu gewöhnen – vorausgesetzt natürlich, diese Tätigkeit hat einen menschlichen oder gesellschaftlichen Sinn, ist nicht unnütz oder gar schädlich?

In der Debatte um die Neubestimmung des Arbeitsbegriffs sind einige merkwürdige Plädoyers gehalten worden – merkwürdig vor allem dann, wenn die Erwerbsarbeit mit pseudosozialistischer Verve verteidigt wurde. Bisweilen bekam ich sogar zu hören, daß eine Erweiterung des Arbeitsbegriffes über die formelle Arbeit hinaus nicht sinnvoll sei, weil sich ja die Menschen in ihrer Erwerbsarbeit verwirklichten. Welch eigentümliches Verständnis des Sozialismus offenbart sich in einer solchen Argumentation: Es wird schlichtweg unterschlagen, daß die abhängige Erwerbsarbeit einer kapitalistischen Logik folgt. Welch erbärmliche Arbeitsverhältnisse gibt es noch in der Bundesrepublik, was wird nicht alles unter dem Etikett der Erwerbsarbeit pauschal mitverteidigt! Und wer oder was sollte sich in derartigen Arbeitsverhältnissen verwirklichen können?

Seit Marx ist doch das Credo der Linken ein völlig anderes: Gewiß – so läßt es sich zusammenfassen – sollten sich die Menschen in ihrer Arbeit verwirklichen können, in der Realität aber ist ihnen dies nicht möglich, solange die notwendige Erwerbsarbeit durch eine kapitalistische Wirtschaftsordnung zur Ware »entfremdet« wird; gerade um der Selbstverwirklichung des Menschen in seiner Arbeit willen sei es deshalb erforderlich, die kapitalistischen Produktionsverhältnisse »aufzuheben«. Dieser Logik gemäß also müßten die Erwerbsarbeitsverhältnisse in der Bundesrepublik, die ja zweifelsohne kapitalistischer Natur sind, nicht verteidigt, sondern abgeschafft werden. Die Frage ist nur: durch wen? Auch wenn es den Anschein hat, als verspürten Teile der Linken bisweilen noch die alte Lust dazu, so fehlt ihnen doch der Wille oder das Vermögen. Das sollten auch diejenigen bedenken, welche immerfort die theoretische »Machtfrage« stellen. Wer mit einer bestimmten Gesellschaftsordnung leben will oder muß, der kann seine Politik der Reformen nur nach den geltenden Spielregeln machen. Ohne ihr Selbstverständnis als politisch neutrale Einheitsgewerkschaften aufzugeben, können genausowenig die deutschen Gewerkschaften die bürgerliche Gesellschaftsordnung abschaffen wollen. Durch die »Humanisierung« der Arbeitsplätze allein wird sich am Warencharakter der kapitalistischen Arbeit nichts Wesentliches ändern.

Die informelle, nicht entfremdete Eigenarbeit hat emanzipative Qualität

Jene ganzheitliche Art der menschlichen Selbstverwirklichung, wie sie in Marxens berühmtem Beispiel vom freien Individuum anklingt, welches morgens jagen und mittags fischen geht, abends Schafzucht betreibt und nach dem Essen »kritisiert«, ohne je Jäger, Fischer, Hirt oder Kritiker zu werden, findet nicht innerhalb der formellen Erwerbsarbeit, sondern bestenfalls innerhalb der informellen Eigenarbeit statt, die (noch) nicht als Ware über den Arbeitsmarkt vermittelt wird. Natürlich ließe sich – wie manche es vorschlagen – das Verteilungsvolumen der Erwerbsarbeit durch die Umwandlung informeller zu formeller Arbeit vergrößern, ließen sich dementsprechend die Chancen verbessern, für alle einen bezahlten Arbeitsplatz zu finden. Freilich könnte dieses Ziel genauso effektiv auf dem Weg einer radikalen Verkürzung der Erwerbsarbeit erreicht werden, ein Weg, der weniger verlustreich wäre, denn mit jeder informellen Eigenarbeit, die in Erwerbsarbeit umgewandelt wird, verliert die Gesellschaft an menschlicher Wärme. Es ist eben doch von der zwischenmenschlichen, von der emotionalen Qualität her etwas anderes, ob es die Kinder selber sind, die ihre gebrechlich gewordenen Eltern pflegen, oder ob sie sie von einem noch so fürsorglichen, noch so gut ausgebildeten Altenpfleger pflegen lassen; ob es die Eltern selber sind, die ihr Kind erziehen, oder ob sie es von einer noch so liebenswürdigen, pädagogisch noch so geschickten Erzieherin erziehen lassen; ob es die Staatsbürgerinnen und Staatsbürger selber sind, die sich ihrer öffentlichen Belange gemeinsam annehmen, oder ob sie ihre Interessen durch einen noch so wohlmeinenden, noch so klugen, professionellen Volksvertreter vertreten lassen. Wenn Marx richtig gesehen hat, daß der Warencharakter der Erwerbsarbeit einer Selbstverwirklichung der Menschen in ihrer Arbeit entgegensteht, dann sollte sich eine auf die Selbstverwirklichung ihrer einzelnen Mitglieder bedachte Gesellschaft davor hüten, den vorhandenen Bestand an informeller, nicht entfremdeter Eigenarbeit auf dem Weg der Professionalisierung zu einer austauschbaren Ware zu machen. Vielmehr sollte sie versuchen, die emanzipative Qualität der Eigenarbeit als Wertparadigma für die gesamte gesellschaftlich notwendige Tätigkeit der Menschen zu nutzen, als Paradigma also auch der Erwerbsarbeit.

Ohnehin ist es fraglich, ob sich der jahrhundertelange Prozeß der Umwandlung von naturwüchsigen menschlichen Tätigkeiten in bezahlte, organisierte Beschäftigungsverhältnisse immer weiter fortsetzen läßt, ohne daß der emotionale Haushalt der Gesellschaft so gründlich zerrüttet wird, wie es mit dem ökologischen bereits geschehen ist. »Der Bedarf an gesellschaftlich notwendiger Arbeit«, sagt Jürgen Habermas, »scheint sich zum einen in Bereiche zu verlagern, die Tätigkeiten nach dem Muster der Industriearbeit gar nicht kennen, sondern eher einen kommunikativen Umgang mit Personen erfordern; zum anderen verlagert sich der Bedarf in Tätigkeitsbereiche, die in die Organisationsform von Industrie- und Verwaltungsbetrieben nicht passen. Dabei denke ich an soziale und erzieherische, auch an politische Aufgaben, die gar nicht erst in formelle Beschäftigungsverhältnisse überführt werden, weil sie keinen Gewinn abwerfen; die aber auch nicht als Dienstleistungen organisiert werden sollten, weil das die Lebenswelt dem Zugriff von Experten nur noch weiter ausliefern würde (...). Ich bezweifle, daß der Mechanismus des Marktes noch geeignet ist, den tatsächlichen Bedarf an Arbeit zu identifizieren und innerhalb von Formen gesellschaftlich anerkannter Arbeit zu befriedigen.

Die im kapitalistischen Sinne bis jetzt produktive Arbeit steht demnach im Gegensatz nicht nur zu einer sozialen Anerkennung, sondern auch zum Wert gesellschaftlicher Tätigkeiten, die nicht mehr in die vorhandenen Formen der Anerkennung und Wertschätzung passen.«

Dies genau ist der Punkt, an dem sich die Diskussionen um die Bestimmung des Arbeitsbegriffs im neuen Grundsatzprogramm der SPD entzündet haben. Ein Vergleich zwischen den Formulierungen des ersten und des zweiten Programmentwurfs macht deutlich, daß sich auch die sozialdemokratische Programmdebatte in der von Habermas angesprochenen Richtung entwickelt hat. War noch in dem Entwurf vom Juni 1986 lediglich davon die Rede, daß »die gesellschaftlich notwendige Arbeit anders zu bewerten und anders zu verteilen« sei, so wird in dem neuen Entwurf vom Januar 1989 gefordert, daß die Ungleichbewertung der verschiedenen Formen der gesellschaftlich notwendigen Arbeiten überwunden werden muß und die verschiedenen Arbeiten zwischen Männern und Frauen gleich verteilt werden sollen. Die Ungleichbewertung überwinden zu wollen aber kann nichts anderes heißen, als die Gleichbewertung anzustreben. Damit ist die Neubewertung der Arbeit Grundsatz sozialdemokratischer Politik geworden.

»Dem auf Abwege geratenen Sozialismus seine ursprüngliche Idee« wiedergeben

Auch die Strategie des Sozialismus, die bisher an der organisierten, bezahlten, produktiven, weil betriebswirtschaftlich gewinnbringenden und abstrakt zerlegbaren Arbeit angesetzt hat, wird mit einer Umwertung der Arbeit gleichsam neu bestimmt: Sie wird in Zukunft darauf abzielen, neue Formen des solidarischen und selbstbestimmten Zusammenlebens zu schaffen, also Lebensformen zu entwickeln, die die Herausbildung unbeschädigter individueller Identitäten in einer solidarischen Gesellschaft erlauben. In Anlehnung an den Theologen Paul Tillich könnte man sagen, daß dieser Sozialismus dem Prinzip »Liebe« in der Gesellschaft zur Geltung verhilft. Es kommt darauf an, die alten Werte der Solidarität zu bewahren und unter veränderten gesellschaftlichen Vorzeichen mit neuem Leben zu füllen. Wer das will, muß zunächst einmal die weitere Zerstörung solidarischer Lebensformen aufzuhalten versuchen, muß zunächst einmal verhindern, daß weiter lebenswichtige Bereiche nach dem Muster gewinn- und herrschaftsorientierter, abstrakter, bürokratischer und industrieller Arbeit organisiert werden. Ich plädiere also vor allem deshalb für eine Umwertung des Arbeitsbegriffs, weil ich in dem Paradigma der informellen Arbeit eine mögliche Strategie des zukünftigen Sozialismus angelegt sehe. Keiner hat das so deutlich zum Ausdruck gebracht wie Jacques Julliard, den ich schon des öfteren zitiert habe: »Die derzeitige Krise hat mit den Wirtschaftskrisen der Vergangenheit wenig gemein. Sie nimmt weder die Form der Überproduktion noch die der Unterkonsumtion an; sie ist weniger eine ökonomische oder finanzielle, sondern im wesentlichen eine soziale Krise, die die Verteilung der Arbeit in unserer Gesellschaft in Frage stellt. Die Vollbeschäftigung kann nicht durch die Flucht nach vorn in eine sinn- und maßlose Produktivität wiedererlangt werden, sondern nur durch eine Neudefinition der Arbeit, in die auch andere Kriterien als die des kapitalistischen Systems aufgenommen werden müssen. Neugestaltung der konkreten Arbeit, Aufwertung der nicht produktiven Arbeit, Wiedereinführung der schöpferischen Dimension der Arbeitstätigkeit – das ist heute nicht nur eine moralische Forderung, sondern eine wirtschaftliche Notwendigkeit und für den auf Abwege geratenen Sozialismus ein Mittel, seine ursprüngliche Idee wiederzufinden und damit eine neue Bedeutung für die heutige Zeit zu gewinnen.«

Wir sind es gewohnt, in merkantilen Kategorien zu denken: Alles, was einen Wert hat, hat auch seinen Preis. Was Wunder also, daß der Vorschlag, die informelle Arbeit aufzuwerten, als Forderung nach einem Hausfrauenlohn mißverstanden wurde – ein Mißverständnis, das noch in der Konsequenz der Formulierung des Godesberger Programms der SPD liegt: »Hausfrauenarbeit muß als Berufsarbeit anerkannt werden.« Um es klar zu sagen: Unter Aufwertung soll hier nicht so sehr die Bezahlung, als vielmehr die höhere Einstufung auf jener gesellschaftlichen Werteskala verstanden werden, jener unausgesprochenen Übereinkunft, von der die Normen abgeleitet werden. Solch eine Aufwertung ist in erster Linie eine Frage des gesellschaftlichen Bewußtseins. Auch wenn ein »postmaterialistischer« Bewußtseinswandel unverkennbar ist, so wird doch noch immer der Status eines Menschen viel zu sehr an der Erwerbsarbeit festgemacht. Der Mann gilt in der Gesellschaft häufig nur so viel, wie er verdient, und seine erwerbslose Ehefrau gilt meistens noch etwas weniger. Solange sich in den Köpfen der Menschen nicht die Einstellung zur Familienarbeit, zur »Reproduktionsarbeit« ändert, solange die Gesellschaft keine normativen Anreize gibt, auf daß sich diese Einstellung ändert, so lange wird die reale Gleichstellung von Frau und Mann ein frommer Wunsch bleiben. Da würde auch ein Hausfrauenlohn kaum weiterhelfen.

Den arbeitenden Menschen, so André Gorz in seinem neuen Buch, geht erst dann die Beschränktheit der vorherrschenden ökonomischen Rationalität auf, wenn ihr Leben nicht mehr allein von einer über den Markt vermittelten Erwerbsarbeit ausgefüllt und ihr Kopf davon nicht mehr völlig zugestellt ist – mit anderen Worten, wenn sie über genügend freie Zeit verfügen, die Welt der nicht quantifizierbaren Werte zu entdecken, Werte der existentiellen Souveränität, Werte der »Zeit zum Leben«; je stärker Intensität und Dauer der Erwerbsarbeit die Menschen belasten, desto weniger sind sie in der Lage, ihr Leben als Selbstzweck zu begreifen, als Quelle aller Werte, desto mehr neigen sie dazu, es zu vermarkten, also darin nur ein Mittel zu sehen, etwas zu erwerben, das diesen Wert an sich in verdinglichter Form zu besitzen scheint: das Geld.

Die Aufwertung der Eigenarbeit muß auf strukturelle Art erfolgen

Ist die Aufwertung der informellen Arbeit eine Frage des gesellschaftlichen Bewußtseins, so ist sie nicht minder eine politische Aufgabe – und dies nicht nur, weil auch politische Agitation darauf abzielt, Bewußtsein zu verändern. Viele Sozialisten haben geglaubt – und einige glauben das noch immer –, den »neuen« Menschen heranerziehen zu können. Aber die »Erziehungsdiktaturen« kommunistischer Prägung erwiesen sich als genau solch ein untauglicher Versuch wie die antiautoritären Erziehungsexperimente der späten sechziger und frühen siebziger Jahre. Der pädagogische Weg zum Sozialismus mündete lediglich in die Ernüchterung der Pädagogen. Für die Veränderung des gesellschaftlichen Bewußtseins kann Erziehung nur ein in ihren Möglichkeiten begrenztes Hilfsmittel sein. Wer die informelle Arbeit durch politisches Handeln aufwerten will, sollte nicht die Menschen zu erziehen suchen, sondern zuerst einmal die Strukturen der Arbeitswelt verändern. Noch ist die »produktive« Arbeit so organisiert, daß Berufs- und Familienleben schlecht zu vereinbaren sind, sind die Strukturen der Arbeitswelt daraufhin angelegt, daß berufliches Fortkommen meistens zu Lasten der Familie geht, daß hinter jedem berufstätigen Menschen ein anderer steht, der sich um Haushalt und Familie kümmert und selber nicht »arbeitet«. In Anbetracht der Tatsache, daß der soziale Status eines Menschen immer noch weitgehend von der Erwerbsarbeit bestimmt wird, läuft diese Ordnung auf eine strukturelle Abwertung der Familienarbeit hinaus. Demnach müßte die Aufwertung der Eigenarbeit zuallererst auf strukturelle Art erfolgen: durch die Einrichtung einer gesellschaftlichen Produktions- und Arbeitsordnung, die jedem Menschen, ob Mann oder Frau, die gleichen Möglichkeiten böte, Berufs- und Familienleben, Erwerbs- und Eigenarbeit ohne große Nachteile miteinander zu verbinden. Mit anderen Worten: Auch die Verkürzung der täglichen Erwerbsarbeitszeit ist bereits eine strukturelle Aufwertung der informellen Arbeit.

Daß ich die Aufwertung der informellen Arbeit in erster Linie nicht unter dem Aspekt der Bezahlung sehen will, soll wiederum nicht heißen, daß sie nicht auch ihren Preis haben müßte. Selbstverständlich muß auch darüber nachgedacht werden, ob und in welchem Ausmaß es sinnvoll ist, gesellschaftlich nützliche Familien-, Kultur- oder Eigenarbeit materiell abzusichern, ob und in welchem Ausmaß finanzielle Ressourcen dafür zur Verfügung stehen. Der Staat hat durchaus die Möglichkeit, auch für die sogenannte Reproduktionsarbeit eine Art preislicher Rahmenbedingungen festzulegen. Mit der erklärten Bereitschaft, Weiterbildung zu finanzieren oder Eltern für die Dauer eines bis zweier »Erziehungsjahre« den vorübergehenden Ausstieg aus dem Beruf zu ermöglichen, hat er ja im Prinzip längst anerkannt, daß auch die »nicht produktive«, informelle Arbeit ihren Preis hat. Die Anerkennung dieses Prinzips schwingt mit in den Überlegungen der sozialdemokratischen Bundestagsfraktion, die zeitweilige informelle Pflege von kranken oder alten Menschen als eine Leistung mit Anspruch auf Rente zu werten.

Auch die Forderung nach einer sozialen Grundsicherung, wie sie von der SPD erhoben wird, wäre nicht so leicht zu legitimieren, würde dabei nicht zumindest unterschwellig vorausgesetzt, daß auch die »Reproduktionsarbeit« vom Staat anerkannt werden muß. Es versteht sich von selbst, daß eine solche Grundsicherung solide finanziert werden muß – was angesichts der Ebbe in den öffentlichen Kassen kein leichtes ist, in der Tat. Dennoch bin ich der Meinung, daß in einer mit dem Produktivitätszuwachs reicher werdenden Gesellschaft auch der Finanzierungsspielraum für eine Grundsicherung erheblich größer werden könnte, würden die finanziellen Ressourcen sinnvoll und intelligent verwendet.

Aus prinzipiellen Erwägungen heraus wäre es ohnehin vernünftig, das Netz der sozialen Sicherung nicht so eng und nicht so ausschließlich an der Erwerbsarbeit festzumachen. In einer Ordnung der freien Marktwirtschaft wird die Erwerbsarbeit niemals frei von Krisen sein – Krisen, die natürlich auch auf die gesellschaftlichen Subsysteme durchschlagen, die an die Erwerbsarbeit gebunden sind. Gerade ein Netz der sozialen Sicherung, das in Krisenzeiten den schwersten Belastungen ausgesetzt wird, sollte selber möglichst krisenfest sein, also nicht auf krisenanfälligen Pfeilern ruhen. Ein staatlich finanziertes Sicherungssystem scheint mir auf die Dauer allemal solider als ein an die Erwerbsarbeit gekoppeltes Versicherungssystem. Aus ähnlichen Gründen wurde die Wertschöpfungsabgabe ins Gespräch gebracht.

Die Bedeutung des Arbeitsplatzes für die Politisierung der Menschen nimmt ab

Ich kann mir vorstellen, daß mit einer Neubestimmung und Neubewertung dessen, was Arbeit ist, ein Wandel des gesellschaftlichen Bewußtseins in Gang gesetzt wird, der vor der Erwerbsarbeit nicht haltmacht. Es ist durchaus plausibel, daß Menschen, die gewohnt sind, ihr Leben in eigener Regie zu führen, ihr Tun und Lassen selber zu verantworten, ihr Handeln nach eigenem Antrieb zu regeln, um so eher in wichtigen Lebensbereichen die gewohnte Selbständigkeit vermissen und um so weniger geneigt sind, unselbständige und entfremdete Arbeit zu verrichten. So gesehen wird den Menschen aus der deutlichen Verkürzung der Erwerbsarbeitszeit nicht ein Desinteresse an ihrer »Befreiung in der Arbeit« erwachsen; zudem wird sich der Antrieb verstärken, auch die Erwerbsarbeit möglichst human und frei zu gestalten.

Impulse, die die Erwerbsarbeit verändert haben, sind immer schon aus anderen Bereichen der Gesellschaft gekommen. In dem Maße, wie diese Tendenz wächst, nimmt die Bedeutung des Arbeitsplatzes für die Politisierung der Menschen ab. »Die sogenannte arbeitsfreie Zeit wächst, nicht nur wöchentlich, sondern auch über die Spanne der Lebensgeschichte, und trotzdem werden die außerhalb der formellen Beschäftigung liegenden Lebensbereiche immer nur negativ, wie das Wort arbeitsfreie Zeit schon sagt, immer nur privativ mit Bezugnahme auf eine mehr und mehr obsolet werdende Sphäre der Arbeit definiert. Wie kann die Gesellschaft in ihren Grundlagen so umgebaut werden, daß nicht nur aus gesamtwirtschaftlicher Perspektive, sondern auch aus der Sicht der individuellen Lebensgeschichte eine Gewichtsverlagerung zustande kommt?« – so fragt Jürgen Habermas. Unter welchen Bedingungen könnte aus der »Befreiung von der Arbeit« eine Dynamik der gesellschaftlichen Emanzipation entstehen, die letztlich dem einzelnen mehr Freiheit in der Arbeit bringt? Politiker müssen solche Fragen stellen, weil es Aufgabe der Politik ist, solche Bedingungen zu fördern. Auch die Politik braucht ein Bild der zukünftigen Gesellschaft.

»Sozialismus oder Barbarei«, so lautete der Titel einer Zeitschrift der undogmatischen französischen Linken, die längst ihr Erscheinen eingestellt hat. Doch die Alternative, die der Titel aufwarf, liegt nach wie vor in den Möglichkeiten der Zukunft. Denkbar – und von Schriftstellern häufig überspitzt ausgemalt – ist eine Freizeitgesellschaft, in der eine gewinn- und herrschaftsorientierte Unterhaltungsindustrie die Menschen zu passiven Konsumenten einer leichtverdaulichen Einlullungs- und Betäubungskultur regelrecht verblödet – durch die elektronischen Medien zu Denkfaulheit erzogen, darauf abgerichtet, auf fertige und frei Haus gelieferte Bildsignale zu reagieren, unfähig zur Kreativität. Anstelle dieser negativen Utopie läßt sich, gleichsam als Gegenentwurf, eine bessere Möglichkeit der Zukunft vorstellen: Ich will sie die »beteiligende Gesellschaft« nennen und darunter eine Ordnung verstehen, in der Menschen nicht vereinzelt, beherrscht, verwaltet und verplant werden; eine Ordnung, in der sie weder zu passiven Konsumenten eines seelenlosen Kulturbetriebs noch zur willfährigen Verfügungsmasse der industriellen Produktion noch zum manipulierten Stimmvieh der Politik degradiert werden; eine Ordnung, in der der einzelne, solidarisch mit allen anderen, seine Arbeits-, Kultur- und Lebensformen in einem schöpferischen Prozeß, soweit es geht, selber bestimmt; mit einem Wort, eine Ordnung, in der die Menschen an dem, was sie betrifft, auch wirklich beteiligt sind.

Die »beteiligende Gesellschaft« ist eine konkrete Utopie

Utopien haben den Vorteil, daß sie qua Definition nie verwirklicht werden – im Positiven wie im Negativen. Utopien haben die Funktion, der Reformpolitik die Orientierung zu erleichtern. Sie sind der Pfeil, der die Richtung anzeigt, und nicht das Ziel, das erreicht werden kann. Mag auch die »beteiligende Gesellschaft« letzten Endes Utopie bleiben, so ist sie doch als solche konkret genug, der heutigen Politik als Leitbild zu dienen; sie ist eine Aufforderung, soviel wie möglich so schnell wie möglich zu realisieren – auch wenn das Mögliche von Schritt zu Schritt nicht viel sein wird.

Die Utopie der »beteiligenden Gesellschaft« ist beileibe nicht neu. Der Ruf nach mehr gesellschaftlicher und politischer Partizipation ist so alt wie der Sozialismus selber und hat immer wieder innerhalb der Linken breite Debatten ausgelöst. Auch die deutsche Arbeiterbewegung hat ihren Traum vom idealen Staat nicht nur als parlamentarische Repräsentativverfassung geträumt. Erst mit der »Befreiung von der Arbeit« jedoch, mit der Zunahme der erwerbsarbeitsfreien Zeit, hat sich die Perspektive für eine direktere Beteiligung aller an ihren gesellschaftlichen und politischen Belangen konkretisiert. Nur wenige verspürten nach zwölfstündiger täglicher Arbeitsfron noch den Wunsch oder die Kraft, sich an irgendeiner gemeinnützigen Sache zu beteiligen. Als noch die 60-Stunden-Woche die Regel war, mußte die Forderung nach stärkerer gesellschaftlicher und politischer Beteiligung in den meisten Ohren wie Hohn klingen. Mit der 30-Stunden-Woche aber wird sie nicht nur möglich, sie wird sogar notwendig. Nur durch aktive Betätigung im kulturellen Leben kann die

Freizeitgesellschaft davor bewahrt werden, in den Stumpfsinn der Passivität abzugleiten; nur durch Engagement in den Organisationen und Systemen der gesellschaftlichen Solidarität, durch die direkte Anteilnahme an den Freuden, den Nöten und den Sorgen der Mitmenschen kann das von Erwerbsarbeit weitgehend befreite Individuum daran gehindert werden, sich in privaten Nischen von anderen zu entsolidarisieren; nur durch Beteiligung der Arbeitnehmer an den wirtschaftlichen und betrieblichen Entscheidungen kann die Erwerbsarbeit freier werden; nur durch die intensive Beteiligung der Menschen an der politischen Willensbildung und ihrer Umgestaltung kann mehr Demokratie gewagt werden.

Diese Sätze enthalten auch eine Antwort an diejenigen, die jeden ungewohnten Reformvorschlag mit dem Verweis auf die ungelöste grundsätzliche »Machtfrage« kontern. Denn eine Strategie der zunehmenden Beteiligung der Bürgerinnen und Bürger wäre meines Erachtens zugleich eine Strategie der »schleichenden Entmachtung«: In dem Maße nämlich, wie mehr und mehr Lebens- und Entscheidungsbereiche im wahrsten Sinne des Wortes demokratischer organisiert wären, schrumpften die sozialen Räume, in denen sich demokratisch nicht legitimierte Macht entfalten und herrschen kann. Der traditionellen Linken fällt es schwer, an eine solche Strategie zu glauben; zu fest sitzt in abgemilderter Form noch der alte sozialistische Trugschluß in den Köpfen, daß die politische Macht ein bloßer Ausfluß der wirtschaftlichen Macht sei, daß, wer die unlegitimierte Macht in der Gesellschaft aushebeln will, den Hebel an den Produktionsverhältnissen – und dort allein – ansetzen muß.

In der modernen Wohlstandsgesellschaft – Ulrich Beck hat sie »Risikogesellschaft« genannt – strahlt die traditionelle, abstrakte Zielsetzung des Klassenkampfes, die Aufhebung des Grundwiderspruchs zwischen Kapital und Arbeit, kaum noch politisch motivierende Kraft aus. Mit den wachsenden Risiken haben die Gattungsfragen die Klassenfragen überlagert. So muß in der heutigen Zeit der Sozialismus, um letztlich eine freiere und solidarische Gesellschaft durchzusetzen, eine andere Strategie verfolgen, muß sich andere, allgemeinverständlichere und konkretere Ziele setzen, Ziele, die die Menschen motivieren und mobilisieren, Ziele, die nicht durch die alte Floskel von der Überwindung des gesellschaftlichen Antagonismus definiert sein sollten, sondern durch die Forderung nach Herstellung solidarischer Lebensformen. Solidarität muß umfassender sein: War sie bislang nur Leitidee des Widerstands gegen die Ausbeutung des Menschen durch den Menschen, so muß sie jetzt zum Prinzip auch des Widerstands gegen die Ausbeutung der Natur durch den Menschen werden; war der Sozialstaat die Organisationsform der gesellschaftlichen Solidarität gegen die Ausbeutung der Menschen, so muß jetzt dieser gleichsam auf einem sozialen Fuß stehende Staat auf einen zweiten ökologischen gestellt werden, quasi als Organisationsform der Solidarität gegen die Ausbeutung der Natur.

Die Anonymität der gesellschaftlichen Solidarität muß abgebaut werden

In dieser Strategie bedingen und ergänzen sich gegenseitig die zunehmende Beteiligung, die Umwertung der Arbeit und die durchschnittliche Verkürzung der Erwerbsarbeitszeit. Weit über das hinaus, was vordergründig mit der Verkürzung der Erwerbsarbeitszeit assoziiert wird, ist eine solche Strategie nicht nur ein Mittel gegen die Arbeitslosigkeit. Sie hat eine solidarische und eine demokratische Komponente zugleich: Die Erwerbsarbeit soll solidarisch unter allen aufgeteilt werden, also auch unter denjenigen, die heute noch arbeitslos sind, und – um der Gleichheit der Frauen willen – die Erwerbs- und Familienarbeit auch solidarisch zwischen Frau und Mann; darüber hinaus aber kann das Element der Beteiligung, das mit der Verkürzung der Erwerbsarbeitszeit bekräftigt wird, ein Ferment des gesellschaftlichen Demokratisierungsprozesses schlechthin sein. Wer für die Verkürzung der Erwerbsarbeitszeit eintritt, schuldet eine Antwort auf die Frage, was die Menschen mit der neugewonnenen Freizeit anfangen sollen. Es macht ja nur dann einen fortschrittlichen Sinn, die Zeit der Erwerbsarbeit zu verkürzen, wenn dies nicht zur passiven Unterwerfung der Menschen unter die Zwänge der Freizeitgesellschaft führt, sondern zu ihrer kulturellen Emanzipation in einer Gesellschaft, in der sie wieder weitgehend über die Zeit verfügen. Demnach wäre es erforderlich, im gleichen Maße, wie die Erwerbsarbeitszeit verkürzt wird, die Beteiligung aller als Prozeß der gesellschaftlichen Demokratisierung voranzutreiben und so zu organisieren, daß die Gesellschaftsordnung ohne ihre demokratische Beteiligung keinen Bestand hat. Dies als Gewähr dafür, daß die Menschen auch wirklich beteiligt werden.

Dagegen wird man einwenden können, daß sie womöglich gar nicht so sehr beteiligt sein wollen, daß sie Belastungen lieber von sich auf die Institutionen abwälzen. Darum geht es gar nicht. Natürlich sollen gesellschaftliche Einrichtungen auch weiterhin den einzelnen entlasten, sollen ihm Sorgen abnehmen und Hilfestellungen anbieten. Jeder soll nun nicht plötzlich alles selber machen, aber er kann an den wichtigen Entscheidungen, die sein Leben betreffen, selber mitwirken. Dadurch kommt auch die gesellschaftliche Solidarität weniger anonym als bisher zum Ausdruck. Nicht nur die vielen Bürgerinitiativen sind ein Indiz dafür, daß ein Großteil der Menschen diese Beteiligung sucht. Solange es zum Beispiel die gesetzliche Möglichkeit der kommunalen Selbstverwaltung nicht gegeben hat, gab es keine Kommunalpolitiker; seit diese Möglichkeit vorhanden ist, mangelt es auch nicht an Personen, die bereit sind, sich in der freizeitraubenden Kommunalpolitik zu engagieren. Ein weiteres Beispiel: Wissenschaftler der Universität von Michigan (USA) haben im Auftrag von General Motors untersucht, ob die Arbeitnehmerinnen und Arbeitnehmer der Automobilindustrie in Detroit damit einverstanden wären, im Jahr nur noch sechs Monate in ihren angestammten Betrieben zu arbeiten und die restlichen sechs Monate bei Fortzahlung des Lohnes einer frei gewählten anderen Tätigkeit nachzugehen. Die Arbeitnehmer reagierten sehr zurückhaltend, solange sie den Eindruck hatten, für ein halbes Jahr in bezahlten Urlaub geschickt zu werden. Erst nachdem ihnen verdeutlicht worden war, daß es sich nicht um Urlaub, sondern um eine gesellschaftlich nützliche und sinnvolle Betätigung handeln soll, für die sie sich »berufen« fühlten, stieß das Projekt auf große Zustimmung. Die Menschen fürchteten schlichtweg, so interpretiert Frithjof Bergmann, der Leiter des Projektes »New Work«, die anfängliche Zurückhaltung, ein halbes Jahr sozusagen passiv und unnütz zu Hause »herumlungern« zu müssen, wollten doch die meisten etwas gesellschaftlich Sinnvolles tun.

Was also spricht dagegen, statt der Freizeitgesellschaft die »beteiligende Gesellschaft« anzustreben – oder doch zumindest die Freizeit als eine Zeit der kulturellen, politischen und sozialen Beteiligung zu verstehen? Und wenn eine solche »Beteiligungsarbeit« der Schlüssel zur Demokratisierung der Gesellschaft ist, der Weg zur Entmachtung illegitimer Machtverhältnisse, was spricht dann dagegen, ihr den gebührenden Wert beizumessen? Was spricht dagegen, jene beträchtlichen und für die demokratische Gestaltung des gesellschaftlichen Lebens unerläßlichen Energien, wie sie etwa von einer Frauengruppe oder einem sozialdemokratischen Ortsverein zum allgemeinen Nutzen aufgebracht werden, richtig zu würdigen? Ist es denn nicht absurd, daß auf der derzeitigen, an der »produktiven« Arbeit orientierten Werteskala der Gesellschaft die Herstellung von Massenvernichtungswaffen höher eingestuft wird als die zur Sicherung eines demokratischen und menschlichen Miteinanders erforderlichen informellen Tätigkeiten?

Von der Arbeitsgesellschaft zur Kulturgesellschaft

Bedingung der Utopie der »beteiligenden Gesellschaft« sind eine weitere Verkürzung der Erwerbsarbeitszeit und eine Umwertung des Arbeitsbegriffs. Sie haben nur dann einen fortschrittlichen Sinn, wenn sie über die stärkere Beteiligung der Menschen an den kulturellen und gesellschaftlichen Entwicklungen zu einem Mehr an Demokratie führen. Erst aus der Verbindung von Arbeitszeitverkürzung, Umwertung der Arbeit und Partizipation ergibt sich eine sozialistische Strategie, die auf die Herstellung solidarischer Lebensformen zielt. In dieser Strategie wird die Aufwertung der informellen Arbeit das Paradigma der Beteiligung. Die gesellschaftliche Position des einzelnen würde nicht mehr in erster Linie bestimmt durch die Erwerbsarbeit, die Stellung im Produktionsprozeß, also durch das, was er auf fremdes Geheiß gemäß bürokratischen oder betriebshierarchischen Organisationsprinzipien sowie den Verwertungskriterien des Marktes täglich tun muß. Sie würde stärker bestimmt durch die insgesamt verrichtete gesellschaftlich sinnvolle und nützliche Tätigkeit, zu der er sich berufen fühlt.

Ist ein besserer Weg denkbar, um dahin zu kommen, daß alles menschliche Tun und Lassen, daß auch die Arbeit wieder unter das Kriterium der Verantwortlichkeit gestellt wird? Daß es ein Ende nimmt mit der umweltzerstörerischen und menschenaufreibenden organisierten Verantwortungslosigkeit, die in der Wirtschaft oder der Politik vorherrschen? Die Utopie der »beteiligenden Gesellschaft« ist nichts anderes als die Utopie einer Kulturgesellschaft, in der das menschliche Dasein weniger in der Herstellung von Gütern oder im Erbringen von Dienstleistungen seinen Ausdruck fände, als vielmehr in einer kommunikativen, demokratischen und solidarischen Kultur der Tätigkeit. (Die Aufgabe der Kulturpolitik liefe dann darauf hinaus, Solidarität in der Gesellschaft zu mobilisieren.)

Und um auf den Ausgangspunkt meiner Überlegungen zurückzukommen, das Schöne an dieser Utopie ist: Es bedarf nicht erst der Überwindung des Kapitalismus, in sie einzusteigen. Sie zeigt ja gerade den Weg auf, wie die bestehende Gesellschaftsordnung mit den ihr eigenen politischen und wirtschaftlichen Mitteln, nach den ihr eigenen politischen und wirtschaftlichen Spielregeln reformiert werden kann – und ich schreibe sehr bewußt: reformiert werden kann. Denn in der Debatte um die Verkürzung der Erwerbsarbeitszeit haben ja seltsamerweise die Verfechter des vollen Lohnausgleichs für sich beansprucht, die entschiedeneren Reformer zu sein. André Gorz aber weist mit Recht darauf hin, daß von allen Forderungen die Lohnforderungen – so unerläßlich sie sind – am wenigsten geeignet sind, die Rationalität des herrschenden Wirtschaftssystems zu verändern, gehen doch gerade sie mit der Quantifizierung der Werte, mit dem nicht nur aus ökologischer Sicht fatalen Prinzip des »mehr ist mehr wert«, auf dem es beruht, am meisten konform. Alle Forderungen hingegen, die sich auf Intensität und Dauer, Organisation und Wesen der Arbeit beziehen – so Gorz –, sind von subversivem Radikalismus: Mit Geld nicht zu erfüllen, unterliefen sie grundsätzlich die ökonomische Rationalität und durch sie hindurch die Macht des Kapitals. Die merkantile Ordnung würde in Frage gestellt, wenn Menschen entdeckten, daß nicht alle Werte quantifiziert sind, daß nicht alles mit Geld gekauft werden kann und daß das, was nicht käuflich ist, das Wesentliche ist.

Nicht weniger systemkonform als die Überbetonung der Lohnforderungen ist der Vorschlag, das Volumen der Erwerbsarbeit durch eine weitere Professionalisierung von Eigenarbeit zu vergrößern. Das eine paßt zur gängigen Wachstumsgläubigkeit wie das andere zur gängigen Marktgläubigkeit. Einer solchen Denkweise geht das strategische Moment der gesellschaftlichen Demokratisierung, das mit einer Aufwertung der informellen Arbeit verbunden ist, völlig ab.

Die zur Wiederherstellung der Vollbeschäftigung nötige Verkürzung der Erwerbsarbeitszeit löste auch dann eine Dynamik der Gesellschaftsveränderung aus, wenn für sie ein den Regeln der Marktwirtschaft entsprechender Preis gezahlt wird. Diesen Preis nicht zu zahlen, nur weil die Zahlungsmodalitäten empörend sind, könnte hingegen bedeuten, daß nichts in Bewegung käme, weil auch die Erwerbsarbeitszeit nicht einschneidend genug verkürzt würde. In der Geschichte der sozialistischen Bewegung erreichten die Maximalisten meist am allerwenigsten: Fasziniert von der gebratenen Taube auf dem Dach, bemerkten sie gar nicht, daß ihnen der Spatz in die hohle Hand schiß. Es wäre doch grotesk, wenn in einer Zeit, in der sich China und die Sowjetunion anstrengen, ihre Produktion und Verteilung auf elementare marktwirtschaftliche Prinzipien umzustellen (weil man nach 70 Jahren dahintergekommen ist, daß an einem System der Planwirtschaft, in dem ein Paar gute Stiefel einen Monatslohn kostet, etwas nicht stimmen kann), sich jetzt die deutsche Sozialdemokratie auf den Weg in die Staatswirtschaft machte.

Als ich die SPD beschwor, nicht hinter Gorbatschow zurückzufallen, dachte ich an einen in der Zeitschrift »Kommunist« im September 1988 erschienenen Aufsatz des Gorbatschow-Beraters Jurij Krassin, Direktor des Instituts für Gesellschaftswissenschaften beim Zentralkomitee der KPdSU. Unter den Bedingungen des technologischen Umbruchs der kapitalistischen Gesellschaft, so schreibt Krassin, »können politische Parteien, die sich hauptsächlich auf die alte soziale Basis der Arbeiterbewegung orientieren, in absehbarer Zeit von den wichtigsten Aufmarschräumen der politischen Auseinandersetzung auf die peripheren Positionen der Verteidigung der korporativen Belange von nur einem, wenn auch beträchtlichen Teil der Arbeiterklasse verdrängt werden. Auf diesem Weg ist es leicht, in die Falle des ›Ouvrierismus‹ zu geraten, in der die Treue zu den Klassenpositionen des Proletariats einen lebensfernen dogmatischen Charakter annimmt. Für die Parteien, die die Arbeiterklasse heute als eine Klasse darstellen wollen, welche die welthistorische Rolle der Befreiung der Menschheit von Ausbeutung und Entfremdung zu spielen berufen ist, kommt es darauf an, die Scheuklappen der veralteten ideologischen Klischees abzuwerfen und die Realität so zu sehen, wie sie wirklich ist, die moderne Arbeiterklasse in all ihrer Vielfalt zu sehen, einschließlich der Züge, die sich im Milieu der neuen Arbeiter herausbilden, wo Erfahrungen gesammelt werden, um eine Strategie der Opposition gegen den modernen Kapitalismus auszuarbeiten.«

Die Arbeitslosen haben Anspruch auf eine solidarische Politik

Gewiß, nur der Naive kann hoffen, daß die Ausweitung der Beteiligung in Gesellschaft, Wirtschaft und Politik ohne Konflikte abgeht und nicht auf den Widerstand von Interessengruppen trifft. Eine gute Strategie wird allerdings den Kampf nur dort wagen, wo er Erfolg verspricht. Wer auf die Verkürzung der Erwerbsarbeitszeit als Element einer langfristigen

Strategie der Demokratisierung setzt, hat nicht unbedingt den Segen aller Unternehmer. Er hat aber immerhin die Möglichkeit, auf dem Weg einer Kompromißbildung in der Kostenfrage die Abwehrmauer zu durchbrechen – ohne Schaden für die Volkswirtschaft und zum Wohl der vielen Arbeitslosen. Denn zur Bekämpfung der Arbeitslosigkeit muß schon heute Konkreteres getan werden. »Wenn der weitere Abbau gesellschaftlich notwendiger Arbeitszeit für die arbeitenden Menschen genutzt und eine dramatische Erhöhung der Massenarbeitslosigkeit verhindert werden soll, muß die gewerkschaftliche Politik der Arbeitszeitverkürzung weit radikaler als bisher vorangetrieben werden« – so sieht es der Gewerkschafter Ulrich Briefs. Dies wird aber nach der gültigen Logik, die Verkürzung der Erwerbsarbeitszeit aus dem Produktivitätsgewinn allein zu finanzieren, nicht möglich sein.

Die Arbeitslosigkeit ist immer auch ein Problem der Wirtschafts- und Finanzpolitik. Durch die neokonservative Politik der letzten Jahre sind die Arbeitslosen an den Rand der Gesellschaft abgedrängt worden. Für sie ist allein noch die Sozialpolitik zuständig. Jahrelang haben uns die Neokonservativen weiszumachen versucht, es reiche aus, die Gewinne steigen zu lassen, damit auch die Investitionen so zunähmen, daß die Arbeitslosigkeit entscheidend zurückginge. Auch wenn heute kaum noch jemand an diese einfältige Logik glaubt, so ist uns doch der neokonservative Irrglaube teuer zu stehen gekommen. Wertvolle Zeit ist vertan worden – zu Lasten der arbeitslosen Menschen. Sie haben einen Anspruch darauf, daß endlich wieder eine aktive Beschäftigungspolitik, eine solidarische Politik gemacht wird. Solange noch die gesellschaftliche Existenz, der »soziale Wert« eines Menschen von der Erwerbsarbeit abhängen, gehört das »Recht auf (Erwerbs-)Arbeit« zu den fundamentalen Menschenrechten.

Fast alle Experten sind sich darin einig, daß die Massenarbeitslosigkeit nur durch eine merkliche Verkürzung der Erwerbsarbeitszeit, gepaart mit einer gerechteren Verteilung der verbliebenen Erwerbsarbeit, eingedämmt werden kann. Deshalb versucht auch das Nürnberger Institut für Arbeitsmarkt- und Berufsforschung – eine Einrichtung der Bundesanstalt für Arbeit – »das Bewußtsein wachzuhalten, daß wir noch weit von einer Tendenzwende am Arbeitsmarkt entfernt sind«.

Nicht wenige glauben ja, daß uns die Bevölkerungsentwicklung das Problem automatisch abnehmen wird. Dieser Glaube ist aber nicht nur zynisch gegenüber den heute arbeitslosen Menschen, er entbehrt auch eines sachlichen Grundes. Insbesondere die Arbeitgeberseite befürchtet, daß es in den neunziger Jahren wegen der schrumpfenden Bevölkerungszahl und der verkürzten Erwerbsarbeitszeit zu einem Mangel an Arbeitskräften und entsprechenden Wachstumsengpässen kommen wird. Zwar ist es richtig, daß die Zahl der erwerbsfähigen Einwohner in der Bundesrepublik zurückgehen wird, doch läßt sich daraus noch nicht schließen, daß dieser Rückgang in gleicher Weise auf dem Arbeitsmarkt durchschlägt. Um die Arbeitsmarktlage zur Jahrhundertwende prognostizieren zu können, muß man die zukünftige Entwicklung des Arbeitskräftepotentials, also die wahrscheinliche Zahl derer, die eine Erwerbsarbeit suchen, dem zukünftigen Arbeitskräftebedarf der Wirtschaft und der öffentlichen Hand gegenüberstellen.

Das zukünftige Angebot an Arbeitskräften hängt von demographischen Faktoren, vom Erwerbsverhalten der Bevölkerung und vom Wanderungssaldo der Ausländer und der Deutschen ab. Die Prognosen über die Bevölkerungsentwicklung in der Bundesrepublik fallen unterschiedlich aus, weil die betreffenden Institute unterschiedliche Zahlen hinsichtlich der zu erwartenden Geburtenrate und der grenzüberschreitenden Wanderungen zugrunde legen. Aus der Bevölkerungsentwicklung allein lassen sich nicht unmittelbar Rückschlüsse auf die Entwicklung des Angebots an Arbeitskräften ziehen. Modellrechnungen des Instituts für Arbeitsmarkt- und Berufsforschung zufolge würde rein demographisch bedingt das Potential an Erwerbspersonen – vor allem aufgrund des Geburtenrückgangs – ab 1990 sinken und bereits 1995 um fast 700 000, im Jahr 2000 sogar um fast 1,7 Millionen Personen niedriger sein als 1987. Diese Schätzung setzt jedoch voraus, daß der Wanderungssaldo gleich Null ist und die Erwerbsneigung unverändert bleibt.

Die demographische Entwicklung wird das Problem der Massenarbeitslosigkeit nicht lösen

Was den Wanderungssaldo angeht, so muß längerfristig mit einer großen Zuwanderung gerechnet werden. Infolge der Aussiedlerpolitik der Bundesregierung ist – wenn sich nichts ändert – heute schon abzusehen, daß in den nächsten Jahren der starke Zuwanderungsstrom aus den osteuropäischen Ländern nicht abreißen wird. Auch die Binnenwanderung innerhalb der Europäischen Gemeinschaft sowie eine verstärkte Zuwanderung aus Ländern mit hohem Bevölkerungswachstum außerhalb der Europäischen Gemeinschaft werden künftig zu einem positiven Wanderungssaldo beitragen.

Bei der Erwerbsneigung muß vor allem die nach wie vor vergleichsweise niedrige Erwerbsquote von Frauen berücksichtigt werden. Mit den veränderten gesellschaftlichen Verhältnissen wird sich – gerade auch als gewollte Folge der Verkürzung der Erwerbsarbeitszeit – die Erwerbsneigung der Frauen erhöhen. Der schlechten Arbeitsmarktlage zum Trotz ist sie bei Frauen vor allem mittleren Alters schon heute stark angestiegen. Dieser Trend wird anhalten. Das Institut für Arbeitsmarkt- und Berufsforschung hat bei gleichbleibenden Wachstumsraten in den Frauenerwerbsquoten errechnet, daß das gesamte Potential an Erwerbspersonen im Jahre 2000 nicht – wie rein demographisch zu erwarten wäre – um 1,7 Millionen, sondern lediglich um 300000 Personen niedriger als 1987 liegen wird. Zieht man nun eine vermutlich sehr viel stärkere Erwerbsbeteiligung der Frauen und auch noch den positiven Wanderungssaldo in Betracht, dann wird klar, daß die demographische Entwicklung das Problem der Massenarbeitslosigkeit nicht lösen wird.

Nach wie vor ist eine aktive Beschäftigungspolitik unerläßlich. Warum dann nicht wieder die Rezepte anwenden, mit deren Hilfe vor allem Karl Schiller so erfolgreich war? Die Antwort ist erstens, daß sich gegenüber den sechziger und siebziger Jahren die weltwirtschaftliche Lage entscheidend verändert hat, was sich natürlich in der Binnenwirtschaft niederschlägt, und zweitens, daß die Arbeitslosigkeit der achtziger und neunziger Jahre nicht primär konjunktureller, sondern struktureller Natur war oder sein wird. Selbstverständlich müßte auch in konjunktureller Hinsicht mehr geschehen als bisher. Vor allem müßten Wirtschafts- und Steuerpolitik stetiger und besser aufeinander abgestimmt sein, als dies die gegenwärtige Bundesregierung praktiziert. Trotzdem bleibt richtig, daß die Probleme des Arbeitsmarktes differenzierte strukturelle Lösungen verlangen. Dies gilt für die regionale Strukturpolitik nicht minder als für die sektorale.

Während einige Regionen mit einem hohen Beschäftigungsgrad aufwarten können, liegt in anderen die Arbeitslosenquote bei weit über 20 Prozent. Die Arbeitskräfte, die in der einen Branche stetig freigesetzt werden, können nicht ohne weiteres auf diejenigen Arbeitsplätze vermittelt werden, die in einer anderen Branche – häufig ohne Erfolg – angeboten werden. Es werden also dringend neue, den regionalen und sektoralen Problemen angemessene Instrumente benötigt. Vor allem die Arbeitsverwaltung müßte unter diesem Gesichtspunkt reorganisiert werden. Gegenüber den siebziger Jahren haben sich mit den weltwirtschaftlichen Entwicklungen die Voraussetzungen für eine deutliche Steigerung der Beschäftigung verändert. Es sind ja nicht nur die genannten strukturellen Differenzierungen, die es heute unmöglich machen, die Wirtschaft durch globale Konjunkturprogramme wieder so anzukurbeln, daß die Arbeitslosigkeit schwindet. Auch die Bedingungen der Kapitalverwertung, die die Internationalisierung der Geld- und Kapitalmärkte sowie die zunehmende weltwirtschaftliche Verflechtung mit sich gebracht haben, erfordern eine neue Politik.

Es genügt nicht, nur kräftig an der Gewinnschraube zu drehen, um die Beschäftigungsprobleme zu lösen

Infolge der freien Bewegung des Geld- und Kapitalverkehrs auf den für die Bundesrepublik relevanten Märkten hat eine nationale Politik die Fähigkeit zu rein autonomer Gestaltung, vor allem der Geldpolitik, verloren. Zum einen gibt es Finanzmärkte, die weitgehend unabhängig von nationalen Notenbanken agieren können und über auch international erhebliche Finanzvolumina verfügen: die sogenannten »Off shore«-Kreditmärkte. Zum anderen lassen sich die Auswirkungen, die von der Haushaltspolitik einzelner Länder ausgehen können – sind diese Länder nur groß genug –, nicht mehr national eingrenzen. Ein gutes Beispiel hierfür liefert die Kreditfinanzierung der riesigen Haushaltsdefizite der Vereinigten Staaten durch nichtamerikanische Kreditgeber. Dem dadurch ausgelösten Anstieg des Zinsniveaus konnten sich die europäischen Notenbanken mittels ihrer Geldpolitik nicht entziehen, ihr Währungsraum war zu klein. Gerade deshalb ertönte ja in jüngster Zeit verstärkt der Ruf nach einer einheitlichen europäischen Geld- und Währungspolitik mit einer einheitlichen europäischen Notenbank – eine unterstützenswerte Forderung, auch wenn man über die Bedingungen ihrer Realisierung noch sehr genau nachdenken muß. Eine für die Europäische Gemeinschaft einheitliche Lösung würde allenfalls die Abhängigkeiten verringern, sie aber nicht beseitigen können. Auf absehbare Zeit wird es dabei bleiben: Geldpolitik, Zinsniveau und autonome Wechselkursbestimmung werden den Rahmen national verfügbarer Instrumente übersteigen.

Dies hat erhebliche Konsequenzen für die Beschäftiungspolitik. Zu einem guten Teil hängt die Beschäftigung vom Investitionsumfang der Wirtschaft ab, der Investitionsumfang seinerseits von den Gewinnerwartungen der Investierenden. Jeder potentielle Investor wird abwägen, ob aus der wirtschaftlichen Nutzung produktiver Anlagen höhere oder niedrigere Gewinne als durch Finanzanlagen zu erwarten sind. Mit anderen Worten: Höhe und Nachhaltigkeit der Gewinnerwartungen – und damit eben auch die Höhe der gesamtwirtschaftlichen Investitionen – werden entscheidend vom international bestimmten Zinsniveau beeinflußt. Sollen also beschäftigungswirksame Investitionen getätigt werden, muß die Kapitalseite eine Gewinnerwartung haben können, die der Rendite aus Finanzanlagen wenigstens gleichkommt. So gesehen hat die Angebotspolitik einen richtigen Ansatz. Die Unternehmen müssen in Relation zu Kapitalmarktrenditen ausreichende Erträge erwirtschaften können. Doch ist die Welt komplizierter, als es die Argumentation vieler Angebotstheoretiker – höhere Gewinne bedeuten zwangsläufig höhere Investitionen und diese wiederum mehr Arbeitsplätze – vermuten läßt. Eines hat die Politik der gegenwärtigen Bundesregierung, die solchen Theoretikern gefolgt ist, sehr deutlich gezeigt: Es genügt eben nicht, nur kräftig an der Gewinnschraube zu drehen, um die Beschäftigungsprobleme zu lösen. Zwar ist es dieser Politik gelungen, die Verteilungsrelationen zwischen Kapital und Arbeit, gemessen am Stand von 1982, zugunsten des Kapitals erheblich zu verändern, die Massenarbeitslosigkeit aber ist geblieben.

Strukturelle Verwerfungen und eine fortschreitende internationale Verflechtung werden auch künftig die hohe Arbeitslosigkeit in der Bundesrepublik mitverursachen. Mehr und mehr werden die hierzulande erwirtschafteten Gewinne im Ausland investiert. Berechnungen der Deutschen Bundesbank zufolge sind die Direktinvestitionen im Ausland allein in den vergangenen fünf Jahren um 80 Prozent gestiegen, von etwa 7,5 Prozent der im Inland getätigten Bruttoanlageinvestitionen auf etwa 12 Prozent. Dabei spielten sicherlich nicht nur Ertragsgesichtspunkte eine Rolle, sondern auch längerfristige Überlegungen zur Eroberung weltweiter strategischer Markt- und Machtpositionen. Zumal vor dem Hintergrund der Entwicklung eines europäischen Binnenmarktes ist nicht zu erwarten, daß sich dieser Trend in Kürze umkehren wird. Wer, wie die Sozialdemokraten, Solidarität internationalistisch begreift, darf den Trend, im Ausland zu investieren, nicht nur negativ werten. Gewiß schaffen Auslandsinvestitionen kaum Arbeitsplätze in der Bundesrepublik, sie schaffen sie aber dort, wo sie womöglich noch dringlicher gebraucht werden, weil ja nur die allerwenigsten Länder einen dem hiesigen Niveau vergleichbaren Wohlstand erreichen. Ganz ähnlich hat sich auch Franz Steinkühler auf einem Zukunftskongreß seiner Organisation geäußert.

Die Arbeitnehmer müssen am Produktivvermögen beteiligt werden

Eine wirtschaftspolitische Konzeption, die sich Vollbeschäftigung allein aus gewinninduziertem Wachstum erhofft, kann nicht aufgehen. Das spricht noch nicht gegen eine Angebotspolitik, in der sich die internationale Entwicklung widerspiegelt. Doch die Probleme des Arbeitsmarktes sind auf diese Weise nicht zu lösen. Bestenfalls kann man damit verhindern, daß sie von dieser Seite her verstärkt werden. Hinzu kommt, daß wir Wirtschaftswachstum gegenwärtig nicht mehr einseitig unter ökonomischen, auch nicht allein unter beschäftigungspolitischen Gesichtspunkten sehen dürfen; das sozialdemokratische Fortschrittsverständnis schließt die Versöhnung mit der Natur ein. Das war nicht immer so. Aber wir haben gelernt, daß wirtschaftliche Eingriffe dort ihre Grenze haben müssen, wo sie zur irreversiblen Zerstörung der Natur führen. Eine vernünftige Wachstumspolitik steht unter den einschränkenden Bedingungen ihrer ökologischen Folgen. Deshalb sollte eine intelligente Wirtschaftspolitik den Umweltschutz selber zu einem Träger der Beschäftigungspolitik machen. Dabei könnte eine Keynesianische Nachfragepolitik äußerst hilfreich sein – und nicht weniger hilfreich wären eine bessere Energie- und vor allem Steuerpolitik.

Es sind jedoch nicht nur die ökologischen Schranken, hinter die wir eine hemmungslose Wachstumspolitik verweisen müssen. Beruht sie rein auf der Angebotstheorie, läuft sie auch Gefahr, das Gebot der sozialen Gerechtigkeit zu verletzen. Gewiß ist die Ertragssituation der Unternehmen in Relation zu den Renditen aus Finanzanlagen zu setzen. Doch haben, wie bereits gesagt, die vergangenen Jahre gezeigt, wie sehr sich die Verteilungsrelation zwischen Kapital und Arbeit zugunsten des Kapitals verändert hat. Dieser Auseinanderentwicklung der Arbeit- und Kapitalerträge muß Einhalt geboten werden, ohne daß allerdings die Unternehmen von der Kosten- und Ertragsseite her erneut unter einen Druck geraten, der beschäftigungspolitisch kontraproduktiv wäre. Aus diesem Grund plädiere ich seit geraumer Zeit dafür, die Beteiligung der Arbeitnehmer am Produktivvermögen zu verwirklichen. Ohne einem bestimmten Modell das Wort reden zu wollen, läßt sich sagen, daß es ein Gebot der sozialen Gerechtigkeit ist, die von der Beschäftigungspolitik ausgehende Veränderung in der Einkommensverteilung durch eine Veränderung der Vermögensverteilung zumindest wieder einzuholen. Gerade aus dem Modell der »beteiligenden Gesellschaft« ist die Beteiligung der Arbeitnehmer am Produktivvermögen nicht wegzudenken. Da eine solche Form der Beteiligung auf die Änderung der Eigentumsverhältnisse bei den Produktionsmitteln zielt, ist sie vielleicht eher als andere geeignet, die Veränderung der kapitalistischen Wirtschaftsordnung zu dynamisieren.

Aus all diesem folgt, daß sich die Massenarbeitslosigkeit über Wachstum allein nicht wird beseitigen lassen. Doch dürfen wir uns mit dieser Feststellung nicht abfinden. Bleibt eine expansive Beschäftigungspolitik hinter ihren Notwendigkeiten zurück, so gibt es nur den Weg, das Beschäftigungsvolumen anders zu verteilen. Es gibt daher keine Alternative zu einer Politik der Verkürzung der durchschnittlichen Erwerbsarbeitszeit. Freilich müssen wir deren ökonomische Folgen klar sehen, müssen vor allem die Kostenseite im Auge behalten. Erhöhten sich infolge der Verkürzung der Arbeitszeit die Kosten der Unternehmen, hätten diese so wenig Interesse daran, daß der beschäftigungspolitische Effekt konterkariert würde.

Eine Möglichkeit, die Arbeitszeitverkürzung kostenneutral zu finanzieren, wäre ihre Begrenzung auf den Spielraum, der mit Produktivitätssteigerungen gewonnen wird.

Dieser Spielraum wird aber angesichts der Höhe der Arbeitslosigkeit auf absehbare Zeit zu gering bleiben. Ich habe daher – unter anderem in dem Interview mit der »Wirtschaftswoche«, das die Debatte ausgelöst hat (siehe Seite 74) – darauf hingewiesen, daß die Forderung nach Arbeitszeitverkürzung mit vollem Lohnausgleich zu einer starken Erhöhung der Arbeitskosten führt. Demnach müssen wir differenzierter argumentieren und handeln.

Eine solidarische Einkommenspolitik ist grundsätzlich notwendig

Schon bei dem Begriff Arbeitszeit müssen wir unterscheiden zwischen Wochenarbeitszeit und Lebensarbeitszeit, zwischen Normalarbeitszeiten und Teilzeitarbeit. Im Falle geregelter Arbeitszeiten kann Lohnausgleich sowohl Nominallohnsicherung wie Reallohnsicherung oder gar Reallohnsteigerung heißen. In der Debatte war hier die Verwirrung groß: Da war mitunter von Nominallohnsicherung die Rede, wo Reallohnsicherung gemeint war; da wurde Reallohnsicherung gesagt, aber Reallohnsteigerung gedacht. Und eines ist stets übersehen worden: daß es die Arbeitszeitverkürzung ohne Lohnausgleich durchaus gibt – und zwar mit dem Einverständnis der Gewerkschaften. Denn zu einer Arbeitszeitverkürzung ohne Lohnausgleich kommt es auch dann, wenn Überstunden abgebaut werden, wenn Teilzeitarbeit eingeführt oder die Lebensarbeitszeit verringert wird. Dies alles zeigt, wie sehr in dieser Debatte begriffliche Klarheit nottut.

Ebenso wichtig für eine wirksame Umsetzung der Beschäftigungspolitik ist die Frage nach den Auswirkungen eines bestimmten Modells auf die Verteilungsrelationen zwischen Kapital und Arbeit sowie auf die Kosten- und Ertragssituation der Unternehmen. Jeder Versuch, die Auswirkungen von Arbeitszeitverkürzungen auf die Einkommen über den Produktivitätsspielraum hinaus durch Lohnerhöhungen auszugleichen, wird sich auf das Investitionsverhalten der Unternehmen und damit auf die Beschäftigung auswirken. Die beschäftigungspolitischen Grenzen von ertragsmindernden Arbeitskostensteigerungen liegen dort, wo die geschmälerten Gewinne gerade noch mit den Renditen an den internationalen Kapitalmärkten konkurrieren können. An der Höhe des internationalen Zinsniveaus läßt sich ermessen, wie gering die Spielräume sind.

Die Konsequenzen liegen auf der Hand. Kann die Bekämpfung der Arbeitslosigkeit nicht allein aus den Wachstumsraten finanziert werden, müssen andere Finanzierungsinstrumente gefunden werden. Häufig wird vorgeschlagen, man sollte auf die Kreditfinanzierung zurückgreifen. Kreditfinanzierte zusätzliche öffentliche Ausgaben sind sicherlich möglich. Die Anhänger dieses Vorschlages übersehen aber die engen Grenzen, die – solange die Realzinsen über den Wachstumsraten liegen – durch die Verschuldung der öffentlichen Haushalte gezogen sind. Da nicht zu erwarten ist, daß sich in absehbarer Zeit an dieser Relation etwas ändern wird, bleibt auch die Kreditfinanzierung hinter den Notwendigkeiten einer wirksamen Beschäftigungspolitik zurück.

Es hilft nichts: Ohne eine Einkommenspolitik, die Solidarbeiträge von den Beschäftigten zugunsten der noch Beschäftigungslosen einfordert, werden wir den großen Durchbruch bei der Beseitigung der Massenarbeitslosigkeit nicht erzielen. Dabei versteht sich von selbst, daß diejenigen Einkommensgruppen ausgenommen werden müssen, die sich einen solchen Solidarbeitrag nicht leisten können. Es versteht sich auch von selbst, daß die Beiträge nach Einkommenspositionen gestaffelt sein müssen. Das ändert aber nichts an der grundsätzlichen Notwendigkeit einer solidarischen Einkommenspolitik.

Ihre Instrumente sind im Prinzip die Tarif- und die Steuerpolitik. Aus systematischen Erwägungen sollte man sich nicht für oder gegen das eine oder das andere dieser beiden Instrumente entscheiden. Es gilt, pragmatisch zu denken, denn es kommt auf die Praktikabilität und die schnelle Wirksamkeit an. Ich bin sicher, daß sich über die Tarifpolitik mehr erreichen ließe, wenn die Tarifpartner auch in ihren Verhandlungen der Bekämpfung der Arbeitslosigkeit die Priorität gäben, die ihr gesellschaftlich zukommt.

Ich selber habe mich 1988 in der Tarifrunde des öffentlichen Dienstes in meiner Eigenschaft als Arbeitgeber gegen eine durchgängige lineare Erhöhung für alle Vergütungs- und Lohngruppen ausgesprochen und statt dessen eine sofortige, deutlichere Reduzierung der Arbeitszeit gefordert. Allerdings habe ich diese Forderung an die Bedingung geknüpft, daß die Arbeitszeitverkürzung über einen Solidarbeitrag der Besserverdienenden finanziert wird. Leider wurde diese Bedingung nicht akzeptiert und mir somit die Möglichkeit genommen, die Arbeitszeiten im öffentlichen Dienst des Saarlandes weiter zu verkürzen und neue Stellen auszuweisen. Um wenigstens im Teilbereich der Beamtenbesoldung die notwendigen Mittel für neue Stellen freizusetzen, hat die saarländische Landesregierung im Rahmen ihrer Zuständigkeiten einen entsprechenden Entschließungsantrag und einen Gesetzentwurf im Bundesrat eingebracht. Auch diese Anträge haben keine Mehrheit gefunden. Nichtsdestoweniger zeigen diese Beispiele, daß die Tarifpolitik prinzipiell ein wirksames Instrument sein könnte. Es müßte nur von allen verantwortlich Beteiligten konsequenter eingesetzt werden.

Die soziale und ökologische Ausrichtung des Steuersystems ist eine finanzpolitische Herausforderung

Wie aber kann sichergestellt werden, daß der Solidarbeitrag der Arbeitnehmer auch eine beschäftigungswirksame Verwendung findet? Mit der Lösung dieses Problems fällt oder steht eine Tarifpolitik des Solidarbeitrags. Und was für die öffentlichen Arbeitgeber gilt, gilt erst recht für die Privaten. Die Kreativität der Tarifparteien ist gefordert, Maßnahmen zu ersinnen, die eine effektive Überprüfung der Wirksamkeit solidarischer Tarifpolitik erlauben. Daß dies möglich ist, zeigt der in dem vorliegenden Buch abgedruckte Beitrag von Peter Hanau und Ulrich Preis (S. 154) – ein Beitrag, der meines Erachtens zuwenig Beachtung gefunden hat.

Zweifellos wäre das wirksamste Instrument, die Beschäftigungspolitik über die Steuerpolitik zu finanzieren. Angesichts der Größenordnung der Aufgabe sollte man sich aber darüber im klaren sein, daß die Masse des Steueraufkommens wieder von den abhängig Beschäftigten aufgebracht werden müßte, vor allem mittels Zahlung indirekter Steuern. Hinsichtlich der Verwendung dieser Mittel gibt es verschiedene Vorschläge: Zum Beispiel könnte bei den privaten Unternehmen durch Lohnkostenzuschüsse oder Zusatzabschreibungen auf die Lohnsumme, bei der öffentlichen Hand durch Erhöhung der öffentlichen Ausgaben angesetzt werden – entweder direkt durch die Ausweitung beschäftigungsintensiver öffentlicher Dienstleistungen oder indirekt durch die Verbesserung der ökologischen Infrastruktur, den Bau von Kläranlagen etwa oder die Revitalisierung von Industriebranchen. Beide Verwendungsformen sind im Prinzip gleichwertig, sofern sie zu dem gewünschten dauerhaften beschäftigungspolitischen Erfolg führen. Daß dabei ein möglichst geringer bürokratischer Aufwand oder die sinnvolle Verwendung von knappen Ressourcen eingrenzende Nebenbedingungen sind, liegt auf der Hand.

Indes gilt es dabei zu beachten, daß die Kompetenz für die in diesem Zusammenhang relevanten öffentlichen Ausgaben bei den Ländern und Gemeinden liegt und daß auch die Arbeitslosigkeit nicht gleichmäßig über die Bundesrepublik, sondern differenziert nach Ländern und Gemeinden verteilt ist. Weil die geltende Finanzverfassung der Bundesrepublik dieser Situation nicht Rechnung trägt, werden wir um eine einschneidende Änderung nicht herumkommen. Es kann auf Dauer nicht angehen, daß in einem föderativen Gemeinwesen diejenigen Länder und Gemeinden, die unter strukturellen Verwerfungen zu leiden haben, kaum mehr in der Lage sind, sich durch eigene finanzpolitische Entscheidungen selber zu helfen, sondern durch den Bund oder die reichen, beschäftigungsstarken Länder mit ihren anders gelagerten Interessen dauerhaft blockiert werden können. Hier liegt eine der großen Aufgaben der Finanzpolitik der neunziger Jahre.

Insofern die menschliche Arbeit noch immer Grundlage des gesellschaftlichen Wirtschaftens ist, macht es wenig Sinn, die Zukunft der Arbeit zu diskutieren, ohne zugleich die Probleme der wirtschaftlichen Ordnung, also die Rahmenbedingungen zu bedenken, innerhalb derer gearbeitet werden soll. Staatliche Wirtschaftspolitik kann sich heute weniger denn je darauf beschränken, die ökonomische Prosperität zu fördern. Sie muß auch eine Antwort auf die sozialen und ökologischen Probleme finden, die in einer marktwirtschaftlichen Ordnung entstehen, an deren Lösung aber der Markt selber kein »Interesse« hat. In solchen Fällen muß der Staat direkt Einfluß nehmen – sei es mit Anreizen, sei es durch Steuerung, sei es mittels Geboten und Verboten. Er muß versuchen, gleichsam das »Interesse des Marktes« über die Kostenseite zu wecken, indem er zum Beispiel den Verbrauch der Umwelt, den Energieverbrauch vor allem, besteuert und somit verteuert. Zum Ausgleich für die Wirtschaft sollten dafür andere Unternehmenssteuern oder -abgaben gesenkt, zum Ausgleich für die Verbraucher geringere Steuern auf die menschliche Arbeitskraft erhoben werden – was sich zudem günstig auf die Beschäftigungslage auswirkte, da die Kosten der Arbeit die Zahl der Arbeitsplätze beeinflussen. Die marktwirtschaftliche Verteilungsordnung grundsätzlich zu bejahen heißt, wo immer möglich, marktkonforme Lösungen für die in der Folge des gesellschaftlichen Wirtschaftens auftretenden Probleme zu suchen. Zu den finanzpolitischen Herausforderungen der neunziger Jahre gehört also die ökologische Ausrichtung des Steuersystems.

Bei der Wochenendarbeit müssen Kompromisse geschlossen werden

Jedes Wirtschaftsunternehmen, ob kapitalistisch oder sozialistisch strukturiert, ob marktwirtschaftlich oder planwirtschaftlich orientiert, ob privat oder öffentlich geführt, muß auf Rentabilität achten. Wirtschaftlichkeit gebietet, die Produktionskosten zu minimieren und die Ausnutzung der Maschinen zu optimieren. Und Wirtschaftlichkeit ist erst recht gefordert, wenn die Arbeitszeit noch weiter und radikaler verkürzt werden soll. Für die deutschen Gewerkschaften wie für die Sozialdemokratische Partei steht außer Frage, daß die Laufzeit der Maschinen bei einer weiteren Verkürzung der durchschnittlichen Arbeitszeit von den Arbeitszeiten entkoppelt werden muß. Da aber die laufenden Maschinen bedient werden wollen, hat dies zur Konsequenz, daß die Arbeitszeiten für mehr und mehr Arbeitnehmerinnen und Arbeitnehmer auch flexibler, das heißt phantasievoller als bisher geregelt werden müssen. Dies schließt meines Erachtens Kompromisse bei der Wochenendarbeit – samstags wie sonntags – mit ein.

»Sollen wir jetzt *auch noch* sonntags arbeiten?« – so fragen immer wieder polemisch die Gegner derartiger Kompromisse. Solche Fragen sind symptomatisch für die mangelnde Sachlichkeit in der Debatte über die Sonntagsarbeit. Wer an fünf Werktagen gearbeitet hat, soll ja jetzt nicht zusätzlich an den Wochenenden arbeiten, sondern es geht darum, ob eine erhebliche Verkürzung des wöchentlichen Arbeitspensums es ihm wert wäre, an dem einen oder anderen Sonntag zu arbeiten. Dergleichen Regelungen gibt es bereits zur Genüge und sind von den betroffenen Arbeitnehmerinnen und Arbeitnehmern angenommen worden. In den Continental-Werken im lothringischen Saargemünd zum Beispiel sind etwa 150 bis 200 Mitarbeiter eigens für eine neue, ständige Wochenendschicht eingestellt worden. Diese Mitarbeiter haben eine 28-Stunden-Woche, arbeiten nicht montags, dienstags, mittwochs oder donnerstags, sondern freitags von 5.45 Uhr bis 14.00 Uhr, samstags von 6.00 Uhr bis 16.00 Uhr und sonntags von 18.45 Uhr bis 4.30 Uhr (Montag früh). Selbst der Sonntag ist also noch weitgehend frei für religiöse Zwecke, der Samstagabend ebenso für gesellige Vorhaben. Es wird auch gar nicht zu verhindern sein, daß sich in Zukunft solche Regelungen mit dem Einverständnis der Gewerkschaften mehren, bedeuten sie doch auch die Durchsetzung der 28-Stunden-Woche bei vollem Lohnausgleich. Soll dem gegenüber die Politik Stellung beziehen wie die katholische Kirche zur Sexualität: eine Moral predigen, an die sich kaum einer hält? Die Arbeiterbewegung hat nicht das Mittel der Beichte, auch auf Druck der Belegschaft, um den »sündig« gewordenen Betriebsräten das Gewissen wieder zu erleichtern und sie von dem Gefühl zu befreien, sie seien die schlechteren Kollegen, nur weil sie im echten oder vermeintlichen Interesse ihres Betriebes der Sonntagsarbeit zugestimmt haben.

Dabei steht die Abschaffung des Sonntags nicht zur Debatte. Eine kollektive periodische Ruhephase in der Woche wird weiterhin zum kulturellen und religiösen Bestandteil unseres Lebensrhythmus gehören. Es ist ja auch bisher schon an Sonntagen gearbeitet worden, und zwar in einem Ausmaß, das ich nur schwerlich als Ausnahmefall betrachten kann. Ganze Branchen sind auf Sonntagsarbeit angewiesen oder leben davon. In dem Maße, wie sich die Umwertung der Arbeit in den Köpfen durchsetzt, wird man begreifen, daß Sonntagsarbeit nicht die Ausnahme, sondern die Regel ist: Informelle Arbeit, Familienarbeit etwa, wird sonntags praktisch von allen geleistet.

Doch bleiben wir vorerst bei der Erwerbsarbeit. Was die Bereiche der mechanisierten Produktion betrifft, so habe ich meine Kompromißbereitschaft hinsichtlich der Wochenenderwerbsarbeit an klare Bedingungen geknüpft. Wochenenderwerbsarbeit sollte – wie bisher auch – dort stattfinden können, wo aus produktionstechnischen Gründen eine Unterbrechung des Fertigungsprozesses erhebliche Nachteile hat. Mit dem technischen Fortschritt werden zu den alten Bereichen, für die dies gilt, neue hinzukommen. Wochenenderwerbsarbeit muß an eine deutliche Verkürzung der Erwerbsarbeitszeit gekoppelt sein. Es wäre außerdem zu überlegen, ob nicht durch die Ausweitung der Wochenendschichten die Zahl der gesundheitsschädigenden Nachtschichten reduziert werden könnte. Die Zustimmung zur Wochenenderwerbsarbeit sollte, wie in einigen Tarifverträgen der IG Chemie bereits geschehen, an einen Beschäftigungseffekt gekoppelt sein. Beschäftigungswirksam ist Wochenenderwerbsarbeit unmittelbar dort – etwa im Bereich einiger neuer Technologien –, wo die Nachfrage auf den nationalen und internationalen Märkten noch nicht gesättigt ist und durch Expansion der Produktion die Position auf dem Weltmarkt gefestigt werden kann. Und sie ist es mittelbar dort, wo sie durch eine rationellere Ausnutzung kapitalintensiver Maschinen Kosten sparen und somit die Verkürzung der allgemeinen Erwerbsarbeitszeit finanzieren hilft – eine Verkürzung der Erwerbsarbeitszeit, die ihrerseits wiederum Neueinstellungen erforderlich macht. Gewiß darf man den Beschäftigungseffekt, den die Wochenenderwerbsarbeit auslösen kann, nicht überschätzen. Es wäre aber genauso falsch, ihn gänzlich zu leugnen. Schließlich wird ein Beschäftigungseffekt auch dann erzielt, wenn die Zustimmung zur Wochenenderwerbsarbeit den Produktionsstandort sichert. (Auch mir gefällt nicht, daß fast jede Drohung, die Produktion auszulagern, etwas Erpresseri-

sches an sich hat. Doch weiß ich kein probateres marktwirt-
schaftliches Mittel, solche Drohungen abzuwenden.)

Individuelle Wünsche der Lebensgestaltung sollten berücksichtigt werden

Die Ausdehnung der Wochenenderwerbsarbeit, so lautet eine
weitere meiner Bedingungen – und es ist nicht die unwichtig-
ste –, sollte von denen, die davon betroffen sind, gewünscht
sein. Eine an den Wünschen und Bedürfnissen der Arbeitnehmer vorbeigeplante und vorbeiflexibilisierte Arbeitszeit wäre
alles andere denn Fortschritt zu mehr Menschlichkeit. Den
Menschen, die lieber am Wochenende arbeiten, weil sie dafür
fast die ganze Woche über frei haben, sollte diese Wahl gestat-
tet sein. Warum nicht versuchen, solche individuellen Wünsche der Lebensgestaltung zu berücksichtigen? Mit Peter
Glotz stimme ich darin überein, daß es falsch und unzeitge-
mäß wäre, den Wunsch vieler Arbeitnehmerinnen und Arbeitnehmer nach Blockfreizeiten oder nach sozial abgesicherter
Teilzeitarbeit abzuqualifizieren, auch wenn sich vielleicht die
Mehrheit eine andere Regelung wünscht, etwa die Fünf-
Tage-Woche bei einem Sechs-Stunden-Tag. Ich gebe ja gerne
zu, daß der Sechs-Stunden-Tag eine gerechtere Verteilung der
Erwerbs- und Familienarbeit zwischen Frauen und Männern
erleichtern würde – zumindest dann, wenn die Kinder noch
im Hause sind. Nichts also gegen den Wunsch nach einem ge-
regelten Sechs-Stunden-Tag. Doch wie sieht es aus, wenn die
Kinder erwachsen sind, wie, wenn die Ehe kinderlos ist, wie
bei Alleinstehenden? Das sind ja nicht wenige! Ändern sich
dann nicht die individuellen Bedürfnisse und Wünsche hinsichtlich der Arbeitszeiten? Ist nicht auch die Vielfalt ein de-
mokratisches Prinzip?
   In einer stärker individualisierten Gesellschaft mit ausdif-
ferenzierten Berufsstrukturen scheint sich langsam die Einsicht durchzusetzen, daß die bisher gültigen, verbindlichen
Arbeitszeitregelungen, die sich am exklusiven Leitbild des alleinstehenden, allzeit verfügbaren Arbeitnehmers orientieren, der gesellschaftlichen Emanzipation von Frau und Mann

im Wege stehen. Es wäre meines Erachtens aber verfehlt, jetzt den verheirateten, kindererziehenden Arbeitnehmer zum exklusiven Leitbild für neue, allgemein verbindliche Arbeitszeitregelungen zu erheben. Gewiß soll dies in vielen, vielleicht in den meisten Fällen so sein, aber es sollte auch die Ausnahme zur Regel werden. Die Exklusivität der Leitbilder und die Ausdifferenzierung der Strukturen passen schlecht zueinander.

Dies gilt selbstverständlich auch für eine Strategie, die auf Verkürzung der Erwerbstätigkeit setzt. Das mit der wachsenden Produktivität schrumpfende Volumen der gesellschaftlich notwendigen Arbeit kann nur auf alle verteilt und somit muß auch die *durchschnittliche* Erwerbsarbeitszeit reduziert werden. Dabei wird und soll es durchaus Disparitäten geben: Der eine wird länger arbeiten müssen, weil er nicht ersetzt werden kann; die andere wird länger arbeiten wollen, weil ihr der Beruf Spaß macht; und wiederum andere sollen oder wollen kürzer als die meisten arbeiten können, weil ihre Arbeit besonders belastend ist.

Ich weiß, daß die Vielfalt schwieriger als die Einfalt zu organisieren ist. Phantasie wird also vonnöten sein, um nicht mehr alle »Arbeit« über denselben Kamm zu scheren. Doch hat bisher jede industrielle Revolution eine neue Zeitregelung etabliert. Warum sollte ausgerechnet die Revolution der Kommunikationstechnologien nicht eine Zeitregelung mit sich bringen können, die auch den unterschiedlichen menschlichen Kommunikationsbedürfnissen gerechter wird? Die Regelarbeitszeit ist eine Zwangsfolge des Fabriksystems. Es hat viele ökonomische Gründe, aber nie einen menschlichen Grund gegeben, sie zu bejubeln.

Unbeschädigte Individualität kann nur im Schoße gesellschaftlicher Solidarität gedeihen

Vielleicht fällt es den Deutschen schwerer als den Angehörigen anderer Nationen, einer Deregulierung der Arbeitszeit auch positive Seiten abzugewinnen (daß sie negative Seiten hat, will ich gar nicht bestreiten), weil hierzulande der Hang, nach Regeln zu leben, ausgeprägter als in manchen anderen Ländern ist – eine Stärke und eine Schwäche zugleich. Der gesellschaftliche Mangel an Spontaneität und Individualität aber – dies lehrt die deutsche Geschichte – kann schlimme Folgen haben, denn es ist keine Frage, daß sich starke Individuen ihrer Manipulierung und Mobilisierung auch stärker widersetzen. Freilich hat eine »individualisierte« Gesellschaft auch ihre Kehrseite, wie das nordamerikanische Beispiel zu bestätigen scheint: Die Wertschätzung einer staatlich organisierten und institutionalisierten Solidarität ist deutlich geringer. Wenn ich dennoch für eine stärkere Individualbewegung plädiere, so nicht im Sinne eines kurzsichtigen Liberalismus und auf Kosten der gesellschaftlichen Solidarität. Ich gehöre nicht zu denen, die über kollektive Regelungen klagen. Jede Gesellschaft kann sich nur auf der Grundlage von kollektiven Übereinkünften konstituieren, ein Rechtssystem ist anders nicht denkbar.

Die Organisierung der gesellschaftlichen Solidarität bedarf solcher verbindlichen kollektiven Regelungen, wie sie zum Beispiel zwischen den Tarifpartnern getroffen werden. Doch sollten die Gewerkschaften alles daransetzen, den Ruch des Paternalismus loszuwerden und innerhalb von kollektivvertraglichen Rahmen Raum für Differenzierungen zu lassen. Ich weiß, daß die Gewerkschaften nicht auf meinen Rat gewartet haben, um solche Möglichkeiten zu prüfen, und ich weiß ebenfalls, wie schwierig etwas derartig Kompliziertes in der Praxis zu bewerkstelligen sein wird.

Es scheint mir aber der einzige Weg, um zu verhindern, daß wie in Frankreich oder vor allem in Italien auch in der Bundesrepublik große »Basisbewegungen« oder auf Betriebsebene organisierte »Basiskomitees« in Konkurrenz zur Einheitsgewerkschaft treten. Gelänge es, dem einzelnen klarzumachen, daß jeder Angriff auf die getroffenen Kollektivregelungen einem Angriff auf die darin abgesicherten individuellen Entfaltungsräume gleichkäme, die Solidarität könnte sogar aus den Individualisierungswünschen der Arbeitnehmer neue Kraft schöpfen.

Allein im Schoße gesellschaftlicher Solidarität können unbeschädigte Individualitäten gedeihen. Geht es der politischen Linken letztlich um die menschliche Freiheit, so muß ihre Strategie darauf hinzielen, solidarische Lebensformen in der Gesellschaft zu fördern. In der Verbindung von Individualität und Solidarität liegt die Zukunft.

Die Debatte

WILLY BRANDT

MEHR BESCHÄFTIGUNG DURCH WENIGER ARBEIT

I.

Die Forderung nach Verkürzung der Arbeitszeit ist eine der ältesten Forderungen der Gewerkschaften und ihrer Vorläufer in der Arbeiterbewegung. Diese Forderung hat die Veränderung der Arbeitsgesellschaft seit deren Entstehen im vorigen Jahrhundert entscheidend mitgeprägt. Der Kampf um den Acht-Stunden-Tag, der die bis dahin übliche Schinderei von Sonnenaufgang bis Sonnenuntergang – und nicht selten darüber hinaus – beseitigen sollte, war ein Hauptmotiv für die Solidarisierung der Arbeitenden in der zweiten Hälfte des 19. Jahrhunderts.

Arbeitszeitverkürzung – Stück um Stück erkämpft und erstreikt – war einer der Wege, um Lohnarbeit menschlicher zu machen. Aber der Kampf um sie war über weite Strecken zugleich ein Kampf gegen die Arbeitslosigkeit: Jede erkämpfte Stunde, jeder Tag der Jahresarbeitszeit, jedes Jahr der Lebensarbeitszeit konnte Saisonarbeiter und Tagelöhner in ein festeres Arbeitsverhältnis bringen.

In eben jenem Doppelsinn hat dieses Thema heute Aktualität. Sie ergibt sich einerseits aus der drängenden Suche nach Wegen, bei geringen wirtschaftlichen Wachstumsraten und bei steigendem Potential an Erwerbspersonen die Arbeitslosigkeit in den Griff zu bekommen, andererseits aus den unverändert erforderlichen Bemühungen um weitere Humanisierung der Arbeit: an der Schwelle einer neuen »technologischen Revolution« und in einer Phase rasch sich verändernder Lebens- und Sozialformen. In beide Richtungen – Bekämpfung der Arbeitslosigkeit und Humanisierung des Arbeitslebens – kann Arbeitszeitverkürzung, sinnvoll angewendet und als mittelfristiger Weg des gesellschaftlichen Wandels verstanden, uns um entscheidende Schritte voranbringen.

Ausgangspunkt aller gegenwärtigen Überlegungen muß die hohe Arbeitslosigkeit in unserem Lande sein. Sie hat fast die Zwei-Millionen-Grenze erreicht, und sie wird – wenn unsere Gesellschaft nicht die Kraft für eingreifende Änderungen findet – uns nicht allein das ganze Jahrzehnt begleiten, sondern kann sogar noch drastisch ansteigen.

Ihr Hauptgrund liegt – neben den aktuellen Einflüssen eines konjunkturellen Tiefs – in der strukturellen Anpassungskrise der Wirtschaft: Sie muß den zweiten Ölpreisschock abfangen, mit zunehmender Konkurrenz auf dem Weltmarkt, mit Sättigungstendenzen in bestimmten Bereichen des Inlandsmarktes fertig werden. Diese Strukturanpassung wird, darüber sind sich die Beobachter einig, auch unter günstigen Bedingungen mehrere Jahre beanspruchen.

Hinzu kommt die »demographische Welle«: Mit Eintritt der geburtenstarken Jahrgänge in das Berufsleben wächst die Nachfrage nach Arbeit. Die Bundesanstalt für Arbeit erwartet allein aus diesem Grund eine Zunahme des Erwerbspersonenpotentials um eine Million bis 1985. Und hinzu kommt schließlich der Produktivitätsschub, der von technologischen Neuerungen, insbesondere dem Einsatz der Mikroelektronik, zu erwarten ist. Der Bundesforschungsminister rechnet damit, daß davon zwölf bis dreizehn Millionen Arbeitsplätze betroffen sind, von denen möglicherweise ein Fünftel oder ein Sechstel wegrationalisiert werden wird.

Das heißt, um Vollbeschäftigung wieder zu erreichen, müssen drei Probleme gleichzeitig gelöst werden: Die jetzt schon Arbeitslosen und diejenigen, deren Arbeitsplätze aufgrund der Strukturanpassung wegfallen werden, müssen wieder oder neu Arbeit finden. Die zusätzlich ins Arbeitsleben dringenden geburtenstarken Jahrgänge brauchen Arbeitsplätze. Und die durch wahrscheinlich rascheren Produktivitätsfortschritt entstehenden Arbeitsplatzverluste müssen ausgeglichen werden.

II.

Es gibt drei gute Gründe, Arbeitszeitverkürzung neben aktiver Beschäftigungspolitik als wichtiges beschäftigungspolitisches Instrument zu empfehlen:

– Erstens, nur eine Umverteilung der Arbeit wird die drohende Konfrontation zwischen Arbeitsbesitzern und Arbeitslosen verhindern und Arbeit für alle schaffen helfen.

– Zweitens, Arbeitszeitverkürzung ist offenbar das einzig wirksame Mittel, um die gegenwärtigen und anstehenden Produktivitätsfortschritte beschäftigungspolitisch auszugleichen.

– Und drittens, Arbeitszeitverkürzung kann ihren Teil dazu beitragen, die Entfremdung der Arbeit aufzuheben.

Wir stehen heute vor der einigermaßen absurden Situation, daß in den westlichen Industrieländern 90 bis 95 Prozent der Beschäftigten oft bis zur Erschöpfung arbeiten, während fünf bis zehn Prozent objektiv auf Kosten der Arbeitenden zum Nichtstun verurteilt sind. »Auf Kosten« insofern, als die Arbeitenden mit ihren Steuern und Beiträgen die Sozialleistungen für die Arbeitslosen aufbringen müssen. Diese Umverteilung ist bitter nötig, aber sie ist weder für die Empfänger noch für die Zahler befriedigend. Sinnvoll wäre also eine Umverteilung der Arbeit, welche die Minderheit wieder in Arbeit und Brot bringt, indem ihr ein Teil der von der Mehrheit geleisteten Arbeit übertragen wird.

Der heutige Zustand dagegen ist allein schon ökonomisch absurd. Unsere Gesellschaft leistet sich zum Beispiel in diesem Jahr die Ausgabe von mehr als 20 Milliarden Mark dafür, daß nicht gearbeitet wird. Diese Summe muß, in welcher Form auch immer, von der Gemeinschaft aufgebracht werden; sie lähmt die Handlungsfähigkeit des Staates, schränkt seine anderen Leistungen ein und wirkt direkt und indirekt ungünstig auf den Wirtschaftsprozeß und somit auch auf die

Sicherheit bestehender Arbeitsplätze. Dieser Zustand ist auch sozial- und gesundheitspolitisch absurd. Der Arbeitsdruck auf viele der im Produktionsprozeß Stehenden steigt.

Gesundheitspolitisch heißt dies konkret in den Zahlen der Rentenversicherung: Jeder zweite Arbeiter und jeder dritte Angestellte muß wegen Invalidität vor Erreichen der Altersgrenze aus dem Arbeitsleben ausscheiden. Jeder sechste Arbeiter und jeder zehnte Angestellte wird vor dem 50. Lebensjahr erwerbsunfähig. Eben dieser Druck – der durch die Angst um den Verlust des Arbeitsplatzes noch steigt – könnte durch das Potential derer, die heute vergeblich nach Arbeit suchen, gemildert werden; die wiedererreichte Vollbeschäftigung würde zugleich die Arbeitsplatzsorge beseitigen.

Und endlich der gesellschaftspolitische Aspekt: Die Gesellschaft ist auf dem Weg, in eine Klasse der Arbeitsbesitzer und eine der Arbeitslosen auseinanderzufallen. Die heutige Siuation ist zugleich extrem unsolidarisch: Sie gefährdet und zerstört tendenziell die materielle Gleichheit und soziale Gerechtigkeit, die wir in den letzten Jahrzehnten in unserem Lande erreicht haben. Die Lösung der ökonomischen und sozialpolitischen Vernunft und auch der sozialen Gerechtigkeit kann der Zielsetzung nach nur lauten: Alle arbeiten weniger, damit die vorhandene Arbeit auf mehr Köpfe und Hände verteilt werden kann.

Natürlich bin ich mir darüber im klaren, daß dieser Weg nur gesamtgesellschaftlich und nur mittelfristig begangen werden kann. Die Milchmädchenrechnung: zehn Prozent Arbeitszeitverkürzung gleich zehn Prozent neue Arbeitsplätze, stimmt natürlich nicht. Die Gewerkschaften gehen davon aus, daß die Produktivitätssteigerung im Zuge der Arbeitszeitverkürzung 50 Prozent der freiwerdenden Arbeit kompensieren würde.

Dennoch ist das Ziel auch unter dieser Einschränkung erreichbar. Hinzu kommt, daß die in den Betrieben steckenden Produktivitätsreserven gegenwärtig allgemein – zum Beispiel von der Bundesanstalt für Arbeit – als wesentlich geringer veranschlagt werden als in dieser Rechnung unterstellt wird.

Vor allem aber: Der sicherlich zunächst zu erwartende

»Abwehreffekt« der Arbeitgeber gegen kompensierende neue Einstellungen dürfte mittelfristig einer Anpassung weichen. Wie ich zu dieser optimistischen Einschätzung komme? Aufgrund der hohen Arbeitszeitverkürzungen der letzten Jahrzehnte, die trotz allen Wehgeschreis im Endeffekt reibungslos über die Bühne gegangen sind; und dies sogar – ökonomisch weniger »vernünftig« – meist in Zeiten des Arbeitskräftemangels.

Wenn ich Arbeitszeitverkürzung als ein besonders wirksames Mittel der Bekämpfung von Arbeitslosigkeit hervorhebe, dann liegt darin keine Absage an die beiden anderen Strategien der Beschäftigungspolitik, weder an Wachstums- noch an Strukturpolitik.

Die deutschen Sozialdemokraten haben sich auf dem Münchner Parteitag 1982 mit guten Gründen zur Mitverantwortung des Staates für das Beschäftigungsproblem bekannt und darum eine deutliche Verstärkung der öffentlichen Investitionen und eine Verbesserung der Rahmenbedingungen für private Investitionen gefordert. Dies vor allem darum, weil alle Strategien einer Umverteilung der Arbeit eine gesunde Ökonomie voraussetzen – das heißt eine solche, die den volkswirtschaftlichen Modernisierungsprozeß zu leisten imstande ist und die nur auf dem Wege gezielten Wachstums, der Förderung zukunftssicherer Sektoren, Arbeitsplätze erhalten oder neu schaffen kann. Vorausschauende Technologie- und Strukturpolitik ist unverzichtbar. Doch sie allein würde nicht ausreichen, um das Beschäftigungsproblem zu lösen.

Noch weniger könnte dies klassische Wachstumspolitik allein leisten. Auch auf sie kann nicht verzichtet werden – schon weil auch ein entschlossener Wechsel zur Politik des qualitativen Wachstums Übergänge und Anpassungen erforderlich macht. Einem Arbeitnehmer, der um seinen Arbeitsplatz fürchtet, ist mit der Mitteilung nicht gedient, er arbeite nun einmal unglücklicherweise in einer nicht wachstumsträchtigen Branche. Dennoch, die Zeit hoher Wachstumsraten, die dem Produktivitätsfortschritt wenigstens hinterhereilen konnten, ist aufgrund objektiver Bedingungen zu Ende. Wollte man sich bei der Lösung des Arbeitslosenproblems allein auf die Steigerung des Wirtschaftswachstums verlassen, so wären Zuwachsraten zwischen vier und sieben Prozent (die Schätzungen schwanken) nötig. Sie sind aller Wahrscheinlichkeit nach nicht erreichbar.

Der Wachstumseinbruch hat manche zu Alarmrufen veranlaßt. Und man hat, gerade aus beschäftigungspolitischen Gründen, nach Wachstum um jeden Preis gerufen, da Arbeitslosigkeit nicht zu vermeiden sei, wenn das Wachstum mit der Produktivität nicht Schritt halte. Zu diffusen Alarmrufen indessen besteht kein Anlaß. Und einen Gleichschritt der Produktion mit der Produktivität (oder gar ein Überholen) hat es nur während der stürmischen Wirtschaftsentwicklung in den Nachkriegsjahren gegeben; als wirtschaftspolitischer Leitsatz ist dies ein Mythos, der schon bei einer mittelfristigen Zeitprojektion durchschaubar wird. Das Wachstum der Produktivität ist tendenziell unbegrenzt; das Wachstum des Sozialprodukts hingegen – das haben uns spätestens die letzten Jahre gelehrt – ist vielfach begrenzt. Vor der vielberufenen Schere zwischen den beiden Entwicklungen brauchen wir indes keine Angst zu haben.

Natürlich bleibt folgende Überlegung prinzipiell richtig: Wenn die Produktivität jährlich um einen gewissen Prozentsatz steigt, so sinkt entsprechend die Nachfrage nach Arbeit, denn das Sozialprodukt läßt sich mit weniger Beschäftigten herstellen. Nur wenn die Produktion von Waren und Dienstleistungen um mindestens den nämlichen Faktor zunimmt, läßt sich Arbeitslosigkeit vermeiden. Indessen belegen die Statistiken, daß die Produktivität schon seit mehr als 20 Jahren erheblich stärker steigt als das Sozialprodukt. Des Rätsels Lösung, warum es gleichwohl nicht zu großer Arbeitslosigkeit in all den Jahren kam, ist einfach: Gesamtrechnerisch haben die Gewerkschaften den Produktivitätsvorsprung durch erkämpfte Arbeitszeitverkürzung wettgemacht.

Die beliebte einfache Koppelung von Wachstum und Vollbeschäftigung trifft nur einen unvollständigen Ausschnitt der Wirklichkeit. Wir sollten uns nicht in zu einfache Gleichungen hineinreden lassen, die uns anschließend argumentativ zu Gefangenen konservativer wirtschaftspolitischer Lehren (und Mythen) machen. Zugleich zeigt sich der richtige Weg. Die Gewerkschaften und die ihnen verbundenen politischen Kräfte haben deutlich zu machen: Hoher Produktivitätszuwachs muß in Form von Arbeitszeitverkürzungen weitergegeben werden!

An dieser Stelle ist daran zu erinnern, daß gerade in den letzten Jahren der stetige Prozeß der Arbeitszeitverkürzung, der uns – eben trotz des hohen Produktivitätsfortschritts – Vollbeschäftigung sicherte, stark erlahmt ist. Von der Mitte der siebziger Jahre an – ausgerechnet mit dem Ansteigen der Arbeitslosigkeit – hat sich das Tempo der Arbeitszeitverkürzung halbiert. Das Institut für Arbeitsmarkt- und Berufsforschung der Nürnberger Bundesanstalt hat errechnet, daß die Verkürzung allein in den Jahren von 1973 bis 1979 die Arbeitsplätze für 824 000 Beschäftigte gesichert hat.

Dies belegt übrigens, gleichsam von der anderen Seite der Argumentation, die hohe Beschäftigungswirksamkeit von Arbeitszeitverkürzungen. Tatsache aber ist, daß dieser Prozeß nunmehr ins Stocken gekommen ist. Die Ursachen dafür liegen wohl auf der Hand: In Zeiten der Arbeitslosigkeit können Gewerkschaften weit weniger effektiv Arbeitszeitverkürzungen erzwingen als in Zeiten der Vollbeschäftigung. Arbeitslosigkeit lähmt so, kräftepolitisch gesprochen, das wichtigste Mittel zu ihrer Bekämpfung. Nicht weniger, sondern mehr Arbeitszeitverkürzung ist jedoch heute das Gebot wirtschaftspolitischer Vernunft. Oder mit den Worten des AfA-Vorsitzenden Helmut Rohde: Verzicht auf flexiblere Arbeitszeitgestaltung ist heute gleichbedeutend mit zusätzlicher Produktion von Arbeitslosigkeit.

III.

Drei Formen der Arbeitszeitverkürzung – abgesehen von Varianten der »inneren« Arbeitszeitverkürzung wie Änderungen am Arbeitsablauf oder Pausen – sind in der Diskussion: Verkürzung der
– Lebensarbeitszeit
– der Wochenarbeitszeit und
– der Jahresarbeitszeit

Dabei spricht alle Vernunft dafür, sich vorrangig um solche Sparten zu kümmern, in denen die Arbeitskraft überdurchschnittlich gefordert ist. Bei der Verkürzung der Jahresarbeitszeit sind, das wird oft übersehen, gerade in letzter Zeit bedeutende Fortschritte erzielt worden: Rund 25 Prozent der Arbeitnehmer erhielten 1981 sechs Wochen Urlaub; 1980 waren es nur vier Prozent. Im kommenden Jahr werden es mindestens 40 Prozent sein. Die Steigerungsrate zeigt, daß auf diesem Weg erfolgreich weitergegangen werden kann.

Der mittelfristige Einstieg in die 35-Stunden-Woche ist ein Gebot wirtschafts- und beschäftigungspolitischer Vernunft. Die 35-Stunden-Woche ist eine einmütige Forderung der Gewerkschaften; und ich füge hinzu: Die Sozialdemokratie hat sie als Programmpunkt übernommen und hält an ihr fest. Diese Forderung wird nicht kurzfristig zu verwirklichen sein. Aber ein Einstieg ist dringend angezeigt, aufgrund der allgemeinen beschäftigungspolitischen Gründe für Verkürzung der Arbeitszeit, aber auch, weil der seit Jahrzehnten dauernde Prozeß der Wochenarbeitszeitverkürzung, der seit einigen Jahren ins Stocken gekommen ist, wieder vorangetrieben werden muß.

Wahrscheinlich rascher zu bewältigen ist die Verkürzung der Lebensarbeitszeit. Die Tarifrente ist primär eine Angelegenheit, die die Tarifpartner angeht und die in deren Verantwortung bleiben muß. Der Gesetzgeber sollte jedoch den Part, den er zu erfüllen hat, so rasch wie möglich angehen: die Bedingungen für eine freiwillige Vorruhestandsregelung schaffen und eine auszuhandelnde Beteiligung der Bundesanstalt für Arbeit an den Übergangsregelungen sicherstellen.

Ich weiß wohl, daß diese Vorschläge bei den Gewerkschaften nicht unumstritten sind – einfach deshalb, weil die Bedingungen von Beruf zu Beruf und oft auch von Betrieb zu Betrieb sehr verschieden sind. Bei bestimmten kleinen Betriebsgrößen sind zum Beispiel die gegenwärtig erwogenen Finanzierungsquoten des Arbeitgebers (neben den Leistungen der Bundesanstalt, der Gewerkschaften und des betroffenen Arbeitnehmers) nicht zu verkraften. Auch in strukturschwachen Branchen gibt es besondere Schwierigkeiten.

Aber es spricht nichts dagegen, daß die Gewerkschaften entsprechend differenzierte Regelungen anstreben. Grundsätzlich jedenfalls bleibt eben sowohl wirtschaftspolitisch wie gesellschaftspolitisch richtig: Es ist vernünftiger, für einen älteren Arbeitnehmer die Rente als für einen jungen die Arbeitslosenunterstützung zu zahlen.

Allerdings: Zu diesem Stück Freiheit gehört andererseits auch die Möglichkeit, den Zeitpunkt des Ausscheidens aus dem Arbeitsleben später legen zu können. Auch unter dem Druck der Arbeitslosigkeit darf es kein Hinausdrängen der Älteren geben, sondern stets nur ein Angebot für die vielen, die es gern nützen. So dringend der Weg der »Frühverrentung« von Arbeitnehmern beschäftigungspolitisch angezeigt ist – wir dürfen nicht nur nach der beschäftigungspolitischen Wirkung fragen, sondern auch danach: Wie ist den Arbeitnehmern zumute, die nicht nur unvermittelt wie eh und je, sondern jetzt auch noch früher aus dem Berufsleben hinauskomplimentiert werden?

Eine humane Sozialpolitik wird also für die Zukunft darauf zielen müssen, daß der Vorteil der Arbeitsentlastung für ältere Menschen nicht mit dem Nachteil des »Verrentungsschocks« einhergeht. Ein gleitender, den individuellen Bedürfnissen angepaßter Übergang ist sinnvoll, der relativ früh von der vollen Arbeitsanforderung entlastet und andererseits die Möglichkeit gibt, weit über die normale Ruhestandsgrenze hinaus am gesellschaftlichen Arbeitsleben teilzuhaben.

Gefordert ist eine größere Flexibilität, nicht nur für den gleitenden Ausstieg aus dem Arbeitsleben. Ich berühre damit die empfindlichen Punkte Teilzeitarbeit, Langzeiturlaub, flexible Altersgestaltung allgemein. Es gibt gegen diese Arbeitsformen – besonders gegen bestimmte Spielarten wie Job-Sharing – gravierende Bedenken bei den Gewerkschaften und ebenso bei der Sozialdemokratie – das will ich in aller Klarheit sagen.

Denn wer nur eingeschränkt arbeitstätig ist, wird mit der offenen und versteckten Forderung konfrontiert, auch nur eingeschränkten sozialen und Arbeitsschutz zu akzeptieren –

jedenfalls solange sich derzeit verbreitete Praktiken halten. Es besteht also die Gefahr, daß auch auf diesem Gebiet Arbeitnehmer zweiter Klasse geschaffen werden, und darüber hinaus die Gefahr, daß der erkämpfte arbeitsrechtliche und soziale Schutz für alle auf breiter Front ins Wanken gerät.

Dennoch – die Vorteile flexiblerer Regelungen springen ins Auge. Nicht nur weil es uns beschäftigungspolitisch darum gehen muß, derzeit die Nachfrage nach der Arbeit nicht künstlich hoch zu halten. Sondern weil solche Regelungen für viele eben individuell immer wünschenswerter werden – für Ältere, für gesundheitlich Gefährdete, für Frauen, und auch für solche, die im Zuge des allgemeinen Wertwandels in der Gesellschaft das Ziel hoher Arbeitsleistung und Einkommensmaximierung zugunsten verschiedener Formen der Selbstverwirklichung außerhalb des regulären Berufslebens, auch um den Preis geringerer Einkünfte, hintansetzen.

Ich glaube, daß wir hier viel Fleiß und Phantasie investieren sollten, um zeitflexible Beschäftigungsformen zu finden, welche die heutige rechtliche und soziale Sicherung dennoch weder unterlaufen noch durchlöchern. Ich vertraue hier auf die Fähigkeit unserer Gewerkschaften, sich neuen Umständen anzupassen, ebensosehr wie ihrer Stärke, den Schutz der Arbeitnehmer vor neuer Ausbeutung zu gewährleisten. Es wird auf diesem Feld nicht ohne Experimente, wohl auch nicht ohne Irrwege abgehen. Falsch aber wäre es, den Kopf vor den sich wandelnden Bedürfnissen der Menschen und der Gesellschaft in den Sand zu stecken.

Ein anderer sensibler Punkt: Verkürzung der Wochenarbeitszeit mit vollem Lohnausgleich oder nicht? Ich will keinen Hehl daraus machen, daß ich zumindest bei dem gegenwärtig beschäftigungspolitisch notwendigen Maß der Verkürzung – also hinausgehend über gleichsam den Nachholbedarf, der sich in den letzten Jahren angestaut hat – eine Forderung nach vollem Lohnausgleich nicht für realistisch halte. Dennoch muß es dabei nicht sein Bewenden haben. Es sind Ersatzleistungen denkbar, welche die Arbeitnehmerschaft vor negativen Umverteilungseffekten schützen können.

Ich denke etwa an die Vermögensbildung in Arbeitnehmerhand. Der Münchner SPD-Parteitag hat sich mit großer Mehrheit dafür ausgesprochen, alsbald gesetzgeberische Initiativen zu ergreifen, um eine Teilhabe der Arbeitnehmer am Produktivvermögen zu ermöglichen. Auch hier ist uns bewußt, daß es dazu im gewerkschaftlichen Lager ein recht differenziertes Meinungsbild gibt, zu dem auch ablehnende Positionen gehören.

Ich habe auch – offen gestanden – Verständnis für eine Haltung, die meint: Nachdem die Arbeitnehmer nun bereits im zweiten Jahr reale Lohneinbußen hinnehmen mußten, empfinden wir dieses Thema als etwas abseitig. Ich denke aber, daß in der speziellen Beziehung zur Wochenarbeitszeitverkürzung der Vorschlag einen ganz anderen Stellenwert bekommt. Am Rande will ich hier noch einmal an die vergleichbare Sparförderungsdiskussion erinnern, als das 312- und spätere 624-Mark-Gesetz ursprünglich in weiten Teilen der Gewerkschaften auf tiefe Skepsis stieß. Später hat sich niemand ausgeschlossen, und heute gibt es eine ansehnliche Bilanz; rund 14 Millionen Arbeitnehmer haben dank dieser Gesetzgebung über 100 Milliarden Mark gespart.

Im übrigen gibt es noch andere Formen des Ausgleichs: Ich will in diesem Zusammenhang nur noch ein Stichwort nennen: »Solidarische Lohnpolitik«, also Anhebung der unteren Lohngruppen, die sich eine Arbeitszeitverkürzung um den Preis minderer Löhne am wenigsten leisten können und somit im Endeffekt an einen vollen Ausgleich herangeführt werden müßten. Ich plädiere für eine solche Anhebung trotz der Warnrufe der Unternehmerverbände, sie bewirke schon jetzt eine überdurchschnittlich hohe Arbeitslosigkeit Ungelernter.

Da ist was dran, leider – solange wir nicht wieder Vollbeschäftigung erreicht haben werden. Hier aber geht es um Reallohnausgleich im Fall der Arbeitszeitverkürzung – also um Besitzstandswahrung. Und es ist eine Tatsache, daß viele Hilfsarbeiter, Verkäuferinnen, Friseusen sich eine Arbeitszeitverkürzung um den Preis einer Lohnminderung buchstäblich nicht leisten können. Will man sie also von Arbeitszeitverkürzung nicht ausnehmen, so muß die Last des Ausgleichs im

Rahmen solidarischer Lohnpolitik getragen werden. Im übrigen hätte eine grundsätzliche Strategie zugleich den enormen Vorteil, mittelfristig den Sozialstaat um Milliardenausgaben zu entlasten. Ich bin dafür, daß wir uns um diese Themen kümmern.

IV.

Der Weg der Arbeitszeitverkürzung ist heute, so meine ich, schlichtweg ökonomisch und beschäftigungspolitisch vernünftig. Aber er ist zugleich auch ein Weg voran in die Zukunft, in eine menschlichere und gerechtere Arbeitsgesellschaft. Es geht um mehr als nur darum, jeweils vorhandene Arbeit möglichst gerecht zu verteilen, gleichsam nur zu rationieren: Dies wäre eine formale und zu fatalistische Sicht der Dinge.

Die gesteigerte Produktivität einer modernen Wirtschaft muß den Menschen nicht etwa nur zunehmend Arbeit nehmen, sondern kann die Arbeit humaner und sinnerfüllter machen. Die gegenwärtige Krise, das Ende hoher Wachstumsraten, muß nicht Lähmung, sondern kann Übergang und sogar Hoffnung bedeuten, in der Sprache des sozialdemokratischen »Orientierungsrahmens '85«: den Übergang zu mehr qualitativen Maßstäben. Noch einfacher ausgedrückt: Nicht allein das Mehr, sondern vor allem das Besser kann und sollte in Zukunft im Vordergrund stehen.

Dies gilt für die Wirtschaftsentwicklung und die Kontrolle des technischen Fortschritts, die sich verstärkt an der Qualität des Lebens orientieren müssen, an dem, was wir in einer menschlicheren Gesellschaft wirklich produzieren und haben wollen. Und es gilt erst recht für die Qualität des Arbeitslebens.

Humanisierung des Arbeitslebens: das bedeutet zunächst einmal, daß alle Arbeitnehmer ein volles Arbeitsleben lang ohne Gesundheitsgefährdung bleiben können – davon sind wir noch weit entfernt. Aber es bedeutet auch, daß Arbeitnehmer in Berufen mit monotoner Tätigkeit, körperlich schwer anstrengender Tätigkeit oder gar körperlicher Gefährdung stärker entlastet werden – durch technische Verbesserungen der örtlichen Arbeitsbedingungen, aber eben auch durch Arbeitszeitverkürzungen.

Humanisierung des Arbeitslebens bedeutet, Arbeitsumstände menschlicher zu machen – auch durch »innere Verkürzung« der Arbeitszeit. Das heißt: Arbeitszeitverkürzung darf nicht durch eine weitere Perfektionierung, durch verstärkte Bindung der Arbeitenden an die Maschine erkauft werden, sondern umgekehrt: Der Produktivitätsfortschritt durch neue Technik muß zu einer größtmöglichen Abkehr von solchen Arbeitsabläufen führen. Auch für das Ziel weniger entfremdeter Arbeit – mehr Verantwortlichkeit und weniger zerstückelte Arbeitstätigkeiten – können hier Spielräume geschaffen werden.

Dies fordert übrigens auch die wirtschaftliche Vernunft. Nur Fertigungsverfahren *und* Arbeitnehmer, die sich rasch auf neue Produkte in vielen Varianten mit hoher Qualität einstellen können, geben uns dauerhaft die Chance, auf dem Weltmarkt mitzuhalten. Dazu sind aber die starren Systeme der Vergangenheit nicht in der Lage, die das Mitdenken und das aktive Mitgestalten der Arbeitnehmer geradezu verhindern.

Humanisierung der Arbeit bedeutet weiter Ausbau der Mitbestimmung, der Beteiligung vor allem auch am Arbeitsplatz selbst. Wir alle wissen, daß der Kampf um die Mitbestimmung so lange nicht eine breite Bewegung werden kann, wie diese Idee nicht stärker von den Arbeitnehmern als ihr unmittelbares und persönliches Anliegen ergriffen wird. Dies liegt daran, daß die Möglichkeit wirklicher Mitbestimmung allzu häufig nicht bis »nach unten« durchkommt, vor allem aber auch daran, daß Arbeitnehmer oft zu erschöpft und ausgelaugt sind, um sich um mehr als die direkt an sie gerichteten Aufgaben zu kümmern. Je mehr sich der Akzent der Arbeit hin zur Leitungsfunktion – zum Beispiel von Produktionsabläufen – verschiebt, desto höher ist die Verantwortung des arbeitenden Menschen. Wahrnehmung von Verantwortung aber, das ist eine simple Wahrheit, braucht ein bestimmtes Maß von Zeit und Kraft.

Und Humanisierung der Arbeit bedeutet endlich Qualifizierung des Arbeitenden. Wir müssen die berufliche Qualifikation vieler Arbeitnehmer steigern. Zum einen, damit wir in der internationalen Arbeitsteilung mithalten können, zum anderen, weil die berufliche Flexibilität der Arbeitnehmer, die der vor uns liegende Strukturwandel fordert, in der Regel nur durch zusätzliche Qualifikationsmaßnahmen erreicht werden kann. Auch diese Zeitreserven müssen erst geschaffen werden.

Dies sind Perspektiven für eine menschlichere Arbeit unmittelbar in der Berufstätigkeit. Aber zugleich eröffnen beide Wege – Arbeitszeitverkürzung und Humanisierung des Arbeitslebens – auch den Weg zu einer sinnvolleren, verantwortungsvolleren Rolle des Arbeitnehmers in einer solidarischen Gesellschaft. Immer weniger wird er auf seine für die Industriegesellschaften kennzeichnende traditionelle Daseinsspaltung verwiesen – einerseits Arbeitnehmer zu sein und andererseits bloßer Privatmensch. Dazwischen erschließt sich ihm zunehmend ein Feld sozialer Aktivität und Verantwortlichkeit.

Und dies kann zugleich ganz neue Reserven sozialer Leistungsbereitschaft steigern. Soziale Dienstleistungen wie Kindererziehung, Altenpflege und Krankenbetreuung könnten in einem ins Gewicht fallenden Umfang in die kleinen Netze der Familie, des Freundeskreises und der Nachbarschaft zurückverlagert werden.

Überdies: Reale Mitbestimmung in allen Lebensbereichen erhielte eine realere Grundlage. Denn für all dies hätten die Menschen dann mehr Zeit. Dies ist die Alternative zu jener »pathologischen Gesellschaft«, die der Philosoph Adam Schaff im letzten Bericht des Club of Rome fürchtet: in der die Menschen krank seien, weil sie nicht genug zu tun haben.

Dies mag heute utopisch klingen; aber Tatsache ist, daß diese Möglichkeiten von Angehörigen privilegierter Schichten schon heute mehr und mehr genutzt werden. Die Verpflichtung zu sozialer Gerechtigkeit wird in Zukunft verstärkt die Aufgabe einschließen, solche Möglichkeiten der Selbstverwirklichung *allen* Arbeitnehmern zugänglich zu machen. Welch erbärmliche Heuchelei jener Konservativen übrigens, die meinen, mehr Freiheit bedeute für die arbeitenden Menschen bloß mehr Bier und mehr Fernsehen. Macht die Arbeit humaner – gerade auch durch die Arbeitszeitverkürzung –, dann bleibt den Menschen mehr Kraft für sinnvolle Tätigkeit! Die erzwungene und menschlich zutiefst deprimierende »Freizeit« der Arbeitslosigkeit dagegen stört die konservativen Ideologen viel weniger.

In all dem liegt zugleich ein Weg, um unser soziales Netz unversehrt zu erhalten. Es droht zu zerreißen, weil so viele hineingestoßen werden – durch Gesundheitsschäden, Arbeitsunfähigkeit, Invalidität. Es ist zutiefst ungerecht und überdies ökonomisch falsch, die berüchtigten »Schnitte« als Ausweg anzupreisen: Dies ist im ganzen kein Ausweg, aber gerade die Schwächsten wären die Leidtragenden.

Notwendig ist vielmehr, die Zahl der Schäden einzudämmen – eben durch Arbeitszeitverkürzung und Humanisierung der Arbeit. Andererseits kann die Förderung jenes neuen Sozialengagements das soziale Netz dadurch entlasten, daß aktive Bürger Aufgaben erfüllen, die nicht zwangsläufig, ja nicht einmal am besten in den öffentlichen Händen liegen. Ein Kindergarten zum Beispiel, der von einem Gremium beteiligter Eltern geleitet wird, kostet ein Bruchteil einer Tagesstätte oder eines Horts, die von Angestellten der Gemeinde geleitet werden. Doch Zeit und Kraft hierfür müssen dann freilich nicht nur Beamten, Lehrern und gehobenen Angestellten, sondern auch zum Beispiel Industriearbeitern zur Verfügung stehen.

Es ist in letzter Zeit viel geredet worden vom Abschied von der Arbeitsgesellschaft, vom Ende der Industriewelt und von der historischen Überholtheit der in der Arbeitnehmerschaft verwurzelten Parteien. Vieles davon war fahrlässig geredet, und manches war schlichtweg empörend – für die deutschen Arbeitnehmer, ihre Gewerkschaften und auch für die deutschen Sozialdemokraten.

Wir sollten aber den Kern der Sache begreifen. In der Tat wird in dieser neuen Phase der Industriegesellschaft die Arbeit weniger. Das ist im Prinzip kein Grund zum Erschrecken. Allerdings droht zunächst einmal dauerhafte Massenarbeitslosigkeit. Arbeit aber ist in der Tat ein Kernbereich menschlicher Selbstverwirklichung, doch dies kann keineswegs für jede berufliche Tätigkeit gelten.

Immer mehr Menschen, die es sich leisten können, entdecken neue Formen produktiver Arbeit im zwischenmenschlichen und sozialen Bereich. Beide Probleme, die sich hieraus ergeben, können wir lösen. Die Kraft dazu werden freilich, wenn überhaupt einer, nur Gewerkschaften und Parteigänger der sozialen Demokratie finden.

Heute aber drängen konservative Kräfte zur Macht, die Arbeitslosigkeit als unvermeidliches Übel behandeln, das hinzunehmen sei wie andere Folgen der wirtschaftlichen Anpassungskrise auch. Die Konsequenz ihrer Rezepte wäre eine lang andauernde und sich steigernde Massenarbeitslosigkeit. Und die Konsequenz wäre, daß diese Arbeitslosigkeit auch von den Arbeitnehmerschichten und, am meisten fühlbar, von den Betroffenen selbst bezahlt werden müßte – denn die enormen Kosten der Arbeitslosigkeit sollen ja nach Vorstellungen der Neokonservativen durch Abbau des Sozialstaats finanziert werden. Wer sich dies konkret vorstellen will, der blicke nach England und studiere die Folgen der dortigen konservativen Gewaltkur.

Noch ist der andere Weg offen. Wir stehen, am Ende der Zeit hoher quantitativer Wachstumsraten, in einem Umbruch. Aber die Krise kann zugleich eine Chance sein, eine Chance zu gerechterer Verteilung und zu einer menschlicheren Form der Arbeit. Eine Zukunft mit weniger Arbeit enthält viele Möglichkeiten realer Freiheit. Der Kampf um gerechte Umverteilung der Arbeit ist eine der großen Herausforderungen, der wir uns in diesem Jahrzehnt zu stellen haben.

FRITZ W. SCHARPF/RONALD SCHETTKAT

ARGUMENTE FÜR EINE BETEILIGUNG DER ÖFFENTLICHEN HAND

Professor Fritz W. Scharpf ist Direktor des Max-Planck-Instituts für
Gesellschaftsordnung an der Universität Köln, Dr. Ronald Schettkat ist
Mitarbeiter des Wissenschaftszentrums Berlin.

Eine wesentliche Umverteilung von Beschäftigungschancen wäre also mit einer lediglich produktivitätsorientierten Arbeitszeitverkürzung nicht zu erreichen. Wenn die Arbeitslosigkeit rascher abgebaut werden soll, dann müßte die Arbeitszeitverkürzung über den durch die Summe von autonomen und induzierten Produktivitätsfortschritten definierten realen Verteilungsspielraum der Sozialpartner hinausgehen. Sie müßte in größeren Schritten durchgeführt werden und könnte nicht mehr zugleich einkommens- und kostenneutral bleiben. Dann aber würde entweder durch die Verminderung der Realeinkommen der abhängig Beschäftigten oder durch die Erhöhung der realen Lohnstückkosten das gesamtwirtschaftliche Produktionsvolumen und damit auch das Arbeitszeitvolumen zusätzlich vermindert. Aus diesem Dilemma gibt es für die Sozialpartner allein keinen Ausweg. Nur die öffentliche Hand könnte den verfügbaren Verteilungsspielraum erweitern.

Die Logik einer solchen Lösung wäre die gleiche, die bei der Diskussion über Vorruhestandsregelungen wie selbstverständlich angewandt wird. Von einer Verminderung der Arbeitslosigkeit profitieren nicht in erster Linie die Sozialpartner (die Arbeitgeber noch weniger als die Gewerkschaften), sondern die öffentlichen Kassen. Wenn ein bisher Arbeitsloser Beschäftigung findet, dann entfallen öffentliche Ausgaben für Arbeitslosengeld, Arbeitslosenhilfe oder Sozialhilfe, und dann erhöhen sich die öffentlichen Einnahmen bei den Steuern und Sozialabgaben. Auch wenn man berücksichtigt, daß nicht alle registrierten Arbeitslosen öffentliche Unterstützung beziehen und daß nicht alle Neueinstellungen aus der registrierten Arbeitslosigkeit kommen, verbessert sich mit jedem zusätzlichen Vollzeit-Beschäftigungsverhältnis die Lage der öffentlichen Kassen um etwa DM 18.500,– pro Jahr – also etwa um 50 Prozent der durchschnittlichen Bruttolohnkosten eines Vollzeitbeschäftigten. Der politischen Verantwortung des Staates für den Abbau der Arbeitslosigkeit entspricht also ein fiskalisches Interesse. Deshalb spricht alles dafür, dieses Interesse nicht nur bei Vorruhestandsregelungen, sondern gerade auch bei der Verkürzung der Wochenarbeitszeit beim Wort zu nehmen.

Dabei ginge es um flankierende Maßnahmen zur Begrenzung der Arbeitsvolumen-Verluste, die andernfalls bei einer über den Produktivitätsfortschritt hinausgehenden Arbeitszeitverkürzung zu erwarten wären. Es käme also darauf an, einerseits den bei Reallohnsenkung drohenden gesamtwirtschaftlichen Nachfrageausfall und andererseits den bei Erhöhung der realen Lohnstückkosten drohenden Beschäftigungsrückgang zu vermeiden oder jedenfalls zu vermindern. Prinzipiell könnte dies sowohl durch die staatliche Subventionierung von Arbeitnehmereinkommen (bei Lohnverzicht) als auch durch Lohnkosten-Subventionen für Arbeitgeber (bei einer Erhöhung der Lohnstückkosten) erreicht werden. Praktikabler erscheint allerdings die zweite Möglichkeit. Sie setzt voraus, daß durch die Vereinbarung konstanter Reallöhne sowohl gesamtwirtschaftliche Nachfrageverluste als auch Mindereinnahmen der öffentlichen Kassen vermieden werden. Dann könnten die bei abnehmender Arbeitslosigkeit zu erwartenden Minderausgaben/Mehreinnahmen der öffentlichen Kassen in vollem Umfang als Lohnkostenzuschüsse für zusätzliche Beschäftigung an die Arbeitgeber weitergegeben werden. Durch die Subventionierung würde also für Arbeitgeber, die die Zahl ihrer Beschäftigten erhöhen, der Anstieg der Lohnstückkosten vermindert oder sogar vermieden.

Die kostenseitigen Beschäftigungsverluste, die andernfalls mit einer über den Produktivitätsfortschritt hinausgehenden Arbeitszeitverkürzung verbunden wären, ließen sich also durch Lohnkostenzuschüsse für zusätzliche Beschäftigung neutralisieren oder jedenfalls begrenzen.

Gegenüber anderen Formen einer Kostenbeteiligung des Staates hätte die Subventionierung zusätzlicher Beschäftigungsverhältnisse den Vorteil, daß öffentliche Mittel nur dann aufgewendet werden müssen, wenn ein Arbeitgeber die Zahl seiner Beschäftigten gegenüber einem Stichtag tatsächlich erhöht und damit einen Beitrag zum Abbau der Arbeitslosigkeit leistet. Damit würde es auch finanzwirtschaftlich sinnvoll, die staatlichen Aufwendungen gegen die finanzielle Entlastung der öffentlichen Haushalte zu verrechnen. Beschäftigungspolitisch ist die öffentliche Förderung kürzerer Wochenarbeitszeiten ohnehin vorteilhafter als die von der Bundesregierung gegenwärtig favorisierte Subventionierung von Vorruhestandsregelungen. Während dort die freiwerdenden Arbeitsplätze nur teilweise wieder besetzt werden und deshalb die Zahl der Beschäftigten zurückgehen wird, bleibt hier die Beschäftigtenzahl zunächst einmal konstant und werden Subventionen überhaupt nur in dem Maße fällig, wie die Zahl der Beschäftigten tatsächlich ansteigt. Für die öffentlichen Haushalte liegt deshalb in der Subventionierung zusätzlicher Beschäftigungsverhältnisse ein geringeres Risiko als in der Finanzierung von beendeten Beschäftigungsverhältnissen bei ungewisser Hoffnung auf Ersatzeinstellungen.

»NÄHE ZUR FDP ENTDECKT«

Oskar Lafontaine im Gespräch mit Wilfried Herz
und Roland Tichy

Frage: Herr Ministerpräsident, Sie melden sich als Befür-
worter der Marktwirtschaft zu Wort. Muß die SPD die
Schlacht von Godesberg um Markt oder Staat nach 30 Jahren
noch einmal schlagen?

Lafontaine: Nein. Es gilt die Formel: Soviel Markt wie
möglich, soviel Staat wie nötig.

Frage: Ihr Parteifreund Friedhelm Farthmann plädiert
aber beispielsweise für mehr Staat.

Lafontaine: Da ging es um die Höhe der *Staatsquote*. Das
ist eine theoretische Diskussion. Ich diskutiere soziale, ökonomische und steuerliche Fragen, die jetzt zur Entscheidung
anstehen, nicht von einer theoretischen Größe Staatsquote
her.

Frage: Sie haben die SPD in der Debatte um ihr neues
Grundsatzprogramm vor einem Verantwortungsimperialis-
mus gewarnt. Ist der Programmentwurf in seinem Wirt-
schaftsteil eine Art Warenhauskatalog, der allen etwas bietet?

Lafontaine: Ich sehe in diesem Bereich allenfalls die Notwendigkeit, weiter zu konkretisieren. Der Markt und das
freie Unternehmertum sind nicht in Frage gestellt. Ein
Grundsatzprogramm kann kein Regierungsprogramm sein.
Es kann also keine Einzelfragen des Steuerungssystems behandeln. Dort hat aber sehr wohl die grundsätzliche Aussage
die Berechtigung, daß das Verbrauchssteuersystem, das früher stärker dem sozialen Kriterium unterworfen war, heute
viel stärker den ökologischen Kriterien unterworfen werden
muß.

Frage: Sie wollen die Effizienz von Marktmechanismen
steigern, zugleich will die SPD auch mehr Demokratie durch
Mitbestimmung und eine breitere Beteiligung der Arbeitnehmer am Produktivvermögen. Ist nicht die Verfügungsgewalt
des Unternehmers über das Kapital eines der Elemente einer
Marktwirtschaft?

Lafontaine: Den Unternehmer im Sinne Schumpeters gibt es ja immer seltener. Zunehmend haben wir Gesellschaften mit Geschäftsführern oder Vorständen. In großen Gesellschaften brauchen wir eben Angestellte mit attraktiven Gehältern, die entsprechenden Dispositionsraum brauchen. Der Markt ist nicht gekoppelt an die Eigentümerfrage. Aber die wirtschaftliche Macht muß demokratisch legitimiert sein. Das ist der Punkt. Wir wollen nicht, daß etwa 10 000 Automobilarbeiter in Volksabstimmung entscheiden, was jetzt investiert werden muß.

Frage: Gibt es denn Unternehmer ohne Eigentum?

Lafontaine: Die Frage ist, bedarf etwa ein gutbezahlter Manager der Kopplung ans Eigentum, um unternehmerisch zu handeln? Ich bestreite dies. Die Motivationslage ist bei ihm ja schon dann gegeben, wenn er einen Vertrag hat, der an den Erfolg gekoppelt ist.

Frage: Der dynamische Unternehmer als Angestellter?

Lafontaine: Wenn man nach wie vor viele dynamische unternehmerische Existenzen haben will, ist die Kopplung an das Kapital problematisch. Da gibt es risikobewußte junge Menschen, Frauen wie Männer, die sagen: Okay, ich habe eine Idee, aber ich habe eben kein Geld. Die stehen nach wie vor ohne große Unterstützung da. Und dann gibt es den anderen Fall, den wir oft in kleineren Unternehmen haben: Gründungsvater gut, Sohn mittelmäßig, Enkel nicht geeignet, ein Unternehmen zu führen. Das ist auch ein nicht gelöstes Problem unserer Wirtschaftsverfassung. Vielleicht liegt die Lösung in der gerechten Verteilung des Produktivkapitals.

Frage: Rund 130 Unternehmen führen jedes Jahr eine *Mitarbeiterbeteiligung* ein. Ist das der richtige Weg?

Lafontaine: Das ist ein richtiger Weg.

Frage: Die Verteilungsgerechtigkeit hat für die SPD immer eine Hauptrolle gespielt. Erst seit einigen Jahren findet ein Umdenkungsprozeß statt – daß zunächst produziert werden muß, was dann verteilt werden kann.

Lafontaine: Das ist nun wirklich bei Sozialdemokraten mit großer Mehrheit akzeptiert. Nur, wir haben erhebliche Verteilungsprobleme in unserer Gesellschaft. Die nicht gelöste

Frage der Arbeitslosigkeit ist eine verteilungspolitische Frage.

Frage: Ist das nur eine Frage der Verteilung, oder ist es nicht eine Frage, daß zuwenig produziert wird.

Lafontaine: Wir haben gelernt, daß die Wachstumsraten der früheren Jahre nicht mehr möglich sind. Wer das heute noch bestreitet, der beherrscht noch nicht einmal die Prozentrechnung. Wir können auch die Wachstumsfrage nicht entkoppeln von der ökologischen Frage. Die ökologische Frage setzt schlicht und einfach Grenzen, die Arbeitslosigkeit mit immer mehr Wachstum beseitigen zu wollen.

Frage: Und wie schaffen Sie genügend Arbeitsplätze?

Lafontaine: Wenn beispielsweise die Lehrer einverstanden wären, etwas weniger Stunden zu arbeiten und damit auch etwas weniger Einkommen zu haben, wäre es kein Problem, die Lehrerarbeitslosigkeit zu beseitigen. Das können Sie ebenso für ungezählte andere Berufsgruppen durchrechnen.

Frage: Also Verkürzung der Arbeitszeit ohne Lohnausgleich.

Lafontaine: Ohne vollen Lohnausgleich nach Einkommen gestaffelt, das habe ich bereits auf dem SPD-Parteitag in Essen gesagt. Als gewerkschaftliche Ausgangsforderung ist sie plausibel. Schließlich beginnt die Verhandlung nicht mit dem Kompromiß.

Frage: Ist das in der SPD mehrheitsfähig?

Lafontaine: Das weiß ich nicht. Aber ich denke nicht immer so, wie die Mehrheit denkt.

Frage: Sie geben sich nicht nur als Verfechter der Marktwirtschaft, Sie wollen auch das Steuersystem so gestalten, daß Unternehmer etwas unternehmen. Konkret nennen Sie aber nur die steuerfreie Investitionsrücklage und die Entlastung unterer Einkommen. Reicht das als Modell?

Lafontaine: Das, was Unternehmer oder Leute mit unternehmerischer Funktion unternehmen, wurde oft in der Formel »Die Gewinne von heute sind die Investitionen von morgen, die Arbeitsplätze von übermorgen« zusammengefaßt ...

Frage: Der sozialdemokratische Kanzler Helmut Schmidt hat dieses Wort stets zitiert.

Lafontaine: Bis Mitte der siebziger Jahre war diese Formel auch richtig. Heute geht sie auf dem nationalen Markt der Bundesrepublik nicht mehr auf, weil sie ignoriert, daß die Zinsmärkte sich weltweit auf ganz andere Art und Weise organisiert haben. Es ist ein Grundirrtum der Koalition, daß sie an dieser Formel festhält. Sie geht an den internationalen Kapitalmärkten vorbei.

Frage: Gibt es denn nicht auch einen internationalen Wettbewerb der verschiedenen Steuersysteme?

Lafontaine: Selbstverständlich, aber wir dürfen auch die Nachfrageseite nicht aus den Augen verlieren. Bei dem amerikanischen Wirtschaftsnobelpreisträger Samuelson habe ich die Formulierung gefunden, daß ein gelehrter Papagei, der Angebot und Nachfrage plappern kann, schon als ein durchaus beachtlicher Nationalökonom gilt. Es gibt Leute, die können nur noch Angebot plappern. Eine steuerliche Erleichterung, die zum Beispiel eine hohe Kapitalrendite gar nicht kompensiert, bewirkt überhaupt nichts. Liquide Unternehmen wie Daimler-Benz oder Siemens legen, statt zu investieren, dann lieber eine Milliarde Mark dort an, wo ordentliche Renditen zu erzielen sind.

Frage: Eine generelle Senkung der Steuerbelastung für Unternehmen halten Sie nicht für sinnvoll?

Lafontaine: Nein. Was hat denn die Senkung der Vermögensteuer, eine der vermeintlich großen Taten der Koalition, gebracht? Vielleicht wäre es in einer solchen Situation durchaus sinnvoll gewesen, den Realzins zu senken. Aber bei uns ist es doch so, daß die ausgeschütteten Gewinne weniger besteuert werden als die reinvestierten Gewinne. Hier ist ein echter Reformbedarf.

Frage: Sie beschäftigen sich jetzt stärker mit der Wirtschaftspolitik ...

Lafontaine: Ich muß es ja.

Frage: ... füllen Sie damit eine Marktlücke in der SPD?

Lafontaine: Nein. Ich muß mir ein Urteil bilden, wenn zur Umsatzsteuer, zur Mineralölsteuer oder zur Unternehmensbesteuerung im Bundesrat entschieden wird. Als stellvertretender Bundesvorsitzender der SPD muß ich zu wirtschaftspolitischen Fragen Stellung nehmen, ebenso als geschäftsführender Vorsitzender der Programmkommission.

Frage: Sie haben auch schon Berührungspunkte mit der FDP ausgemacht – bei allem Vorbehalt.

Lafontaine: Ich habe festgestellt, daß sich der wirtschaftspolitische Sprecher der FDP, Graf Lambsdorff, positiv zur Montanpolitik der Saar-Regierung geäußert hat. Niemand wird widersprechen, wenn die FDP sagt: Wir müssen die Unternehmensteuern so gestalten, daß die Unternehmer Anreize zum Investieren haben. Wenn man dann ins Konkrete geht und die FDP sagt, unser Weg ist die Senkung der Vermögensteuer und die Entlastung großer Einkommen, dann halten wir das für falsch, weil der internationale Zinsmarkt und die konjunkturelle Situation andere Maßnahmen verlangen.

Frage: Wenn Sie sich mit Wirtschaftspolitik als Helmut Schmidt der neunziger Jahre profilieren – könnten Sie dann auch mit der FDP koalieren?

Lafontaine: Zuviel Ehre. Aber ich habe als Oberbürgermeister in Saarbrücken zehn Jahre mit der FDP koaliert. Im Moment betrachte ich mit Vergnügen, wie wohl sich die FDP in der Koalition fühlt.

»DIE TRADITIONELLEN ROLLEN AUFBRECHEN«

SPIEGEL-Streitgespräch der Sozialdemokraten
Oskar Lafontaine und Hermann Rappe

Spiegel: In der Bundesrepublik gibt es 2,5 Millionen Arbeitslose. Im Ruhrgebiet bilden Metaller und Kumpel Menschenketten. Der öffentliche Dienst kämpft mit Warnstreiks für die 35-Stunden-Woche und höheren Lohn. Da plädieren Sie, Herr Lafontaine, für eine Arbeitszeitverkürzung ohne vollen Lohnausgleich. Was hat Sie geritten, dieses Gewerkschaftsprinzip mitten in der Tarifauseinandersetzung in Frage zu stellen?

Lafontaine: Ich sehe die steigenden Arbeitslosenzahlen. Der Produktivitätszuwachs ist nur einmal zu verteilen. Daher halte ich es für richtig, daß die, die im Arbeitsleben stehen, einen Solidarbeitrag leisten. Bei den unteren Einkommensgruppen muß am Lohnausgleich festgehalten werden. Wir haben aber im mittleren und oberen Bereich der Einkommen hinreichend Spielräume, um durch Nicht-Lohnausgleich Mittel freizubekommen, daß mehr Arbeitslose beschäftigt werden.

Rappe: Ich sehe das etwas anders. Wir in den Gewerkschaften machen seit 1984 eine Tarifpolitik zwischen den beiden Schwerpunkten Geld und Zeit – mehr Arbeitszeitverkürzung heißt weniger Geld und umgekehrt. Aber Lohnausgleich muß sein, um erstens die Kaufkraft derer, die Arbeit haben, zu erhalten, und um zweitens Renten-, Kranken- und die Arbeitslosenkasse nicht ins Rutschen kommen zu lassen.

Spiegel: Stört Lafontaines Vorstoß die laufenden Tarifverhandlungen im öffentlichen Dienst?

Rappe: Jetzt, zu diesem Zeitpunkt, ist das natürlich für eine Gewerkschaft, die verhandelt, eine Belastung.

Lafontaine: Aber wann soll man denn eine solche Diskussion führen? Doch nicht, wenn die Verträge abgeschlossen sind. Im übrigen: Ich bin Mitglied einer Gewerkschaft, ich bin Mitglied einer Partei, ich trage Verantwortung als Ministerpräsident. Ich bin also gefordert, mich zu einer Frage zu äußern, die eine wichtige Bedeutung hat für die Entwicklung der öffentlichen Haushalte und für die Bekämpfung der Arbeitslosigkeit.

Spiegel: Auf Ihre Funktion als öffentlicher Arbeitgeber hat Ihr Parteichef Hans-Jochen Vogel ja verwiesen – und hinzugefügt, *er* stünde im Zweifel auf seiten der Arbeitnehmer.

Lafontaine: Ich auch. Und ich wäre mal gespannt auf die Antwort der ÖTV, wenn die öffentlichen Arbeitgeber der ÖTV anböten: Jawohl, eine kräftige Arbeitszeitverkürzung, Lohnausgleich für die unteren Gruppen, oben kein Lohnausgleich, und dafür stellen wir soundsoviel tausend Leute ein.

Spiegel: Herr Rappe, läßt sich das, was im öffentlichen Dienst funktionieren mag, auf die gewerbliche Wirtschaft übertragen?

Rappe: Mein Eindruck ist, daß die Diskussion am falschen Ende begonnen wurde.

Spiegel: Von Lafontaine?

Rappe: Ja, von ihm und anderen. Die Gewerkschaften haben zwischen Zeit und Geld genau verteilt. Jetzt brauchen wir eine gesamtgesellschaftliche Verabredung unter verschiedenen Partnern. Zuallererst: Die Bundesregierung muß eine andere Steuerreform-Konzeption auf den Tisch legen – nicht mehr Geld für die oberen Einkommensschichten, sondern für die Städte und Gemeinden, damit diese durch Infrastrukturmaßnahmen mehr Menschen in Arbeit bringen können. Der zweite Punkt: Es muß eine Einstellungsoffensive der Unternehmer geben, zu der die Gewerkschaften beitragen können, etwa durch längere Laufzeiten von Lohnabschlüssen. Auch die Beamten müssen nun endlich ihren Teil leisten, etwa in Form eines Arbeitsmarktbeitrages.

Lafontaine: Praktisch wäre dies auch eine Einkommensminderung der Beamten, jedenfalls kein Lohnausgleich.

Rappe: Das wäre eine Folge. Ich würde auch darüber reden, ob man für eine Zeit auf Rentenerhöhung verzichtet, um mit diesem eingesparten Geld eine Frühverrentung älterer Arbeitnehmer zu bezahlen. Nur glaube ich, daß Oskar Lafontaines Ansatzpunkt, allein beim Lohnausgleich einen Solidarbeitrag zu verlangen, nicht geht. Es muß ein Paket geschnürt werden.

Lafontaine: Ich sehe hier Schwierigkeiten der Gewerkschaften, die man fairerweise zur Kenntnis nehmen muß. Sie vertreten zunächst ihre Mitglieder, und das sind in der Regel diejenigen, die Arbeit haben. Die Gewerkschaften kämen in große Schwierigkeiten, wenn sie für eine starke Arbeitszeitverkürzung gestaffelt auf Lohnausgleich verzichten würden und die Arbeitgeber das Angebot dagegensetzen: keine Arbeitszeitverkürzung, aber Reallohnsteigerung.

Im übrigen hat die Gewerkschaft Erziehung und Wissenschaft schon vorgeschlagen, für mittlere und höhere Beamtengruppen auf Gehaltserhöhungen zu verzichten und dafür stärker Arbeitszeit zu verkürzen, um Freiräume zu schaffen für Mehreinstellungen, also Arbeitszeitverkürzung ohne Reallohnausgleich. Die ist beschlossen bei der GEW ...

Spiegel: ... die eine Gewerkschaft des öffentlichen Dienstes ist.

Lafontaine: Aber auch der IG-Metall-Vorsitzende Franz Steinkühler hat immerhin gesagt, bei Einkommen ab 8000 Mark fände er meine Vorschläge akzeptabel, und er hat gleichzeitig darauf hingewiesen, daß ...

Spiegel: ... Ihr Vorstoß insgesamt »töricht« sei.

Lafontaine: ... er hypothetisch mit den Unternehmern schon einmal darüber gesprochen habe. Und da Franz Steinkühler keine »törichten« Gespräche führt, gehe ich davon aus, daß auch er sehr wohl die Notwendigkeit erkennt, darüber nachzudenken, ob nicht die Solidarbeiträge stärker sein müssen. Schließlich ist auch der von vielen Gewerkschaften lange Zeit vertretene Vorruhestand keine Arbeitszeitverkürzung mit Lohnausgleich.

Rappe: Vorruhestand bringt mit sich, daß der, der davon Gebrauch gemacht hat, natürlich nicht mehr arbeitet. Er ist dann bei 90 Prozent seines letzten Nettoeinkommens gelandet. Der Vorschlag, den du jetzt machst, zielt natürlich auf die, die weiterhin erwerbstätig bleiben. Da liegt der Hase im Pfeffer. Und deshalb kriegst du nicht unseren Beifall.

Lafontaine: Ich verstehe das. Aber ich kann meine Argumente in der These zusammenfassen: Die Frage, ob es Arbeitszeitverkürzung ohne vollen Lohnausgleich gibt, ist für die Arbeitslosen längst beantwortet. Die werden auf Arbeitszeit Null gesetzt und haben keinen vollen Lohnausgleich. Und von denen gibt es zu viele. Das heißt: Die Verteilung der Arbeit und der Einkommen ist die eigentliche Frage. Wir brauchen einen stärkeren strukturellen Eingriff, weil all unsere beschäftigungspolitischen Rezepte in der Vergangenheit sich als höchst unzureichend erwiesen haben, übrigens auch die Tarifpolitik. *Hier* liegt der Hase im Pfeffer.

Rappe: Bist du wirklich der Meinung, daß Tarifpolitik die Arbeitslosigkeit beseitigen kann? Tarifpolitik kann von der Größenordnung her nur als ein Hebel wirken, und den haben wir ja auch eingesetzt seit 1984. Das Ergebnis sind etwa 260 000 Arbeitsplätze aus den unterschiedlichen Formen der Arbeitszeitverkürzung. Das ist natürlich immer noch zuwenig. Diese Schwäche nun allein den Arbeitnehmern und deren tarifpolitischen Entscheidungen anzulasten, ist undenkbar und wird mit keiner Gewerkschaft im DGB gehen. Damit wird die SPD auch Schwierigkeiten haben. Sie ist ja auch im Grunde nicht dieser Meinung.

Lafontaine: Es ist nicht zu bestreiten, daß derjenige, der die Bedingungen und die Kosten der Arbeit festlegt, auch etwas darüber aussagt, wie viele Leute beschäftigt werden können. Das heißt: eine Verantwortung der Tarifvertragsparteien auch für die Höhe der Arbeitslosigkeit – das behaupte ich.

Rappe: Dieser Auffassung bin ich nicht. Arbeitslosigkeit hat schließlich auch viel mit mangelnder Qualifikation zu tun. Wenn deine These richtig ist, heißt das ja wohl, es kann Arbeit in Industrie, Handwerk und Gewerbe geschaffen werden. Dies bezweifle ich angesichts der technologischen Entwicklung. Aber Arbeit kann geschaffen werden – auch mit Blick auf die Struktur der Arbeitslosen – im Bereich des öffentlichen Dienstes. Das heißt: Der zentrale Punkt bleibt die Verteilung der Staatseinnahmen und nichts anderes.

Lafontaine: Wir können im öffentlichen Dienst etwas tun.

Ich bin aber der Meinung, daß es solche Spielräume auch in der Privatwirtschaft gibt. Man kann natürlich durch eine, jetzt sage ich mal: maßvolle Tarifpolitik den Rationalisierungsdruck geringer gestalten, als wenn man eine, jetzt sage ich mal: aggressive Tarifpolitik macht.

Rappe: Da möchte ich doch feststellen, daß die Tarifpolitik spätestens seit 1984 betrieben wird mit Blick auf die gesamtwirtschaftliche Lage und eine wirklich maßvolle Tarifpolitik war.

Spiegel: Herr Lafontaine, Sie fordern für die laufende Programmdiskussion von Ihrer SPD eine völlige Neubewertung der Arbeit: Unbezahlte, aber gesellschaftlich unverzichtbare Arbeit – etwa die in der Familie oder in der Weiterbildung – sollte aufgewertet werden. Wollen Sie damit die Arbeitslosigkeit wegdefinieren?

Lafontaine: Das wäre zu platt. Aber schon bei der Verwendung des Wortes Arbeitslosigkeit muß man eben unterscheiden zwischen Erwerbsarbeit und nichtbezahlter Arbeit. Die Hausfrau ist im Sinne dieses Arbeitsbegriffes arbeitslos; aber wer die Praxis in den Familien kennt, weiß, daß dort sehr viel gearbeitet wird. Das Ganze sehe ich an unter dem Stichwort der sozialen Gerechtigkeit. Ich kann mich nicht damit abfinden, daß eine wichtige gesellschaftliche Arbeit gewissermaßen als Arbeit zweiter Wahl behandelt wird. Auch der Gleichstellung von Frauen und Männern kommen wir tatsächlich erst näher, wenn Familienarbeit und Erwerbsarbeit vereinbar sind.

Rappe: Ich bin bei diesen etwas mehr philosophischen Betrachtungen zum Stellenwert der Arbeit anderer Meinung. Das wird noch ein schwieriger Diskussionsprozeß in der SPD-Programm-Kommission. Wir haben im Irseer Entwurf die erwerbsorientierte Arbeit ganz klar in den Mittelpunkt gerückt. Das muß auch so sein, denn von der Erwerbsarbeit hängt die soziale Sicherheit ab. Deshalb muß es um die Vermehrung sozialversicherter Arbeit gehen und nicht um deren Verringerung. Der überragende Stellenwert der Erwerbsarbeit kann von uns überhaupt nicht in Frage gestellt werden.

Lafontaine: Die lange Fixierung auf die Erwerbsarbeit ist

historisch bedingt und verständlich. Aber als die Beschäftigung der Arbeiterbewegung mit der Erwerbsarbeit begann, hatten wir noch die 80-Stunden-Woche. Wir nähern uns heute im Produktionsbereich der 35-Stunden-Woche, und wahrscheinlich geht der Prozeß weiter. Das heißt: Der Mensch verbringt immer mehr Zeit außerhalb der Erwerbsarbeit. Da Politik den Anspruch hat, sich den Problemen der gesamten Gesellschaft zu stellen, wird sie in immer stärkerer Form gefordert, sich mit der Freizeit zu beschäftigen, also auch mit der nichtbezahlten Arbeit.

Rappe: Meine Strategie ist genau gegenteilig: Wir müssen die vorhandene informelle, außerhalb des erwerbsorientierten Spektrums liegende Arbeit in die erwerbsorientierte Arbeit ziehen, zum Beispiel, um Frauen-Arbeitsplätze zu schaffen.

Lafontaine: Auch ich will keine Beschäftigungsverhältnisse ohne soziale Sicherung. Aber es ist nach wie vor ungelöst, wie man die sogenannte Familienarbeit verbinden kann mit der Erwerbsarbeit. Das geht nur, wenn wir die Arbeitsstrukturen ändern. Daher fordert die Arbeitsgemeinschaft Sozialdemokratischer Frauen (ASF) den Sechs-Stunden-Tag.

Rappe: Das wird die Arbeitgeber übrigens ungemein erfreuen, weil sie dann eine Arbeitszeitverkürzung ohne Lohnausgleich kriegen; daraus machen die Unternehmer zwei Jobs, dann haben sie zusammen eine Zwölf-Stunden-Schicht und die seit langem angestrebte bessere Ausnutzung der Aggregate und Maschinen.

Lafontaine: Moment, Moment! Die ASF zielt darauf ab, Berufswelt und Familie miteinander vereinbar zu machen, nicht darauf, den Anteil an Schichtarbeit zu erhöhen. Mann und Frau sollen frei sein in der Entscheidung, sich an der Erwerbsarbeit und an der Familienarbeit zu beteiligen. Der erste Schritt ist aber sicher – und ich glaube, da stimmen wir überein –, möglichst viele Erwerbsarbeitsplätze zu schaffen, Frauen und Männern den Zugang zu qualifizierter Arbeit zu öffnen ...

Rappe: Jawohl.

Lafontaine: ... und die Arbeitszeit so zu gestalten, daß Familienarbeit aber dennoch leistbar ist, und zwar für beide. Ob wir auch hier übereinstimmen?

Rappe: Also hier fängt dein philosophisch dünnes Eis an. Du glaubst offenbar, über den Stellenwert von erwerbs- oder nichterwerbsorientierter Arbeit die Partnerschaftsprobleme in der Familie lösen zu können. Das geht nun bei Gott nicht!

Lafontaine: Hier sind wir verschiedener Auffassung. Das geht.

Rappe: Das hätte gerade noch gefehlt, daß wir auf erwerbsorientierte Arbeit verzichten, damit die Partnerschaftsdiskussion der ASF weitergehen kann. Das kann doch nicht wahr sein!

Lafontaine: Es gibt doch die ungezählten Diskussionen in der Familie, die mit dem Satz enden: Ich bringe schließlich das Geld nach Hause. Schon Simone de Beauvoir hat gesagt: Die Selbständigkeit beginnt beim Portemonnaie. Deshalb müssen wir, ob wir es wollen oder nicht, die traditionellen Rollen bei der Verteilung zwischen Erwerbsarbeit und Familienarbeit aufbrechen, wenn wir nicht den Begriff der Gleichheit aufgeben wollen.

Rappe: Ich will doch nicht die kaputte Familie. Mein strategischer Ansatz ist: Wie kann man die Bedingungen für die arbeitenden Frauen verbessern, und wie kann man erreichen, daß mehr Frauen in die Arbeitswelt kommen?

Lafontaine: Warum eigentlich?

Rappe: Weil die Frauen erwerbsorientierte Arbeit wollen.

Lafontaine: Sie wollen es, um selbständiger zu sein.

Rappe: Natürlich.

Lafontaine: Und deshalb wollen sie die Arbeit so organisiert haben, daß sie noch in der Lage sind, ihre Familienarbeit zu leisten, daß aber auch die Männer sich mehr als bisher an der Familienarbeit beteiligen können.

Rappe: Also, Oskar, es ist gut, wie du mich überzeugen willst. Aber ich glaube nicht, daß man durch Arbeitsorganisation das partnerschaftliche Verhalten beeinflussen kann.

Lafontaine: Doch.

Spiegel: Sie, Herr Lafontaine, plädieren für eine staatlich finanzierte Grundsicherung für alle, damit jene, die – etwa in der Familie – ohne Lohn arbeiten, von den Beziehern von Arbeitseinkommen nicht länger getrennt sind.

Lafontaine: Wir werden wahrscheinlich in absehbarer Zeit nicht zu dem Idealzustand kommen, so viele Erwerbsarbeitsplätze zur Verfügung zu haben, daß Frau und Mann frei entscheiden können, ob und in welchem Umfang sie Erwerbsarbeit nachgehen wollen. Deswegen plädiere ich dafür, daß unsere Gesellschaft angesichts des Reichtums, den sie erarbeitet hat, einen Schritt weitergeht und die Sozial- oder die Arbeitslosenhilfe zu einer Grundsicherung ausbaut.

Rappe: Die Sozialhilfe deckt Notlagen in bestimmten Ausnahmefällen ab, ist aber kein Ersatz für Arbeit und soziale Sicherung. Ich bin für den schrittweisen Ausbau einer Grundsicherung, die aus einer Hand gezahlt werden sollte, aber sie darf kein allgemeingültiges Prinzip begründen, leistungsloses Einkommen schaffen zu wollen.

Spiegel: Lafontaine will eine gesellschaftliche Gleichstellung zwischen Erwerbstätigen und Nichterwerbstätigen.

Rappe: Genau diese Variante kann ich nicht mitmachen.

Lafontaine: Dem Prinzip, daß die sozialen Sicherungssysteme orientiert sein müssen an der Erwerbsarbeit, kann ich zustimmen. Ich muß aber darauf verweisen, daß wir in großem Umfang bei den sozialen Transferleistungen dieses Prinzip verlassen. Ich nehme jetzt auch einmal die von der EG beschlossenen leistungslosen Einkommen der Landwirte. Die arbeiten ja nicht mehr nach der alten Definition.

Rappe: Nein, Oskar, es ist auch nur Überbrückung einer bestimmten Situation, bis man möglicherweise wieder die marktgerechte Produktionsmenge in der Landwirtschaft hat. Es ist in diesem Fall wirklich eine Überbrückung.

Lafontaine: Da wir immer in einer Gesellschaft leben, die sich in einem strukturellen Wandel befindet, werden wir immer solche Bereiche in unserer Gesellschaft haben, die nicht ausreichend sozial gesichert sind. Für diese gesellschaftlichen Gruppen verlange ich die Grundsicherung, nicht für die, die noch im Erwerbsleben stehen, das wäre ja albern und nicht bezahlbar. Die Grundsicherung wird immer nur den Bereich erfassen, der nicht in der Erwerbsarbeit organisiert ist.

Spiegel: Also nur ein anderer Name für Sozialhilfe?

Lafontaine: Nein. Sie soll so hoch sein, daß der Rentner und der Arbeitslose nicht zum Sozialamt gehen müssen.

Rappe: Ich habe damit Probleme, weil du die Diskussion um nichterwerbsorientierte Arbeit in Verbindung bringst mit diesen Überlegungen der Grundsicherung. Da wird's nebulös.

Lafontaine: Du willst es nur für die Renten gelten lassen?

Rappe: Ich kann das nur für die Renten anerkennen.

Lafontaine: Für die Arbeitslosenhilfe nicht?

Rappe: Natürlich für die Arbeitslosenhilfe, weil die ja gearbeitet haben. Aber ich habe immer den Eindruck, daß deine Vorstellungen auf Kosten des Stellenwertes der erwerbsorientierten Arbeit gehen. Da wird's schlimm.

Lafontaine: Letztendlich fließen alle Transferzahlungen, ob Sozial- oder Arbeitslosenhilfe, aus der Quelle Erwerbsarbeit. Nun stellt sich die Frage: Ist es zulässig, soziale Sicherungssysteme einzuführen, die nicht rechnerisch an die Erwerbsarbeit gekoppelt sind? Die Frage ist längst beantwortet. Wir tun das in großem Umfang; fragt sich nur, in welchem Umfang wir es finanzieren können.

Rappe: Da liegt unser Dissens. Ich bin gegen das Prinzip.

Lafontaine: Ich möchte über die Grundsicherung und durch intensivere Weiterbildung erreichen, daß auch derjenige, der, obwohl im Erwerbsleben, gerade nicht im Produktionsprozeß verlangt wird, der keine bezahlte Arbeit findet, eine auf einem allgemeinen gesellschaftlichen Konsens beruhende Existenz führt, nicht sozial geächtet oder diskriminiert wird, wie es viele Arbeitslose heute erleben.

Rappe: Ich lege da eine andere Elle an. Wer in Ausbildung ist, der wird hoffentlich Arbeit anstreben. Wenn er sie bekommt und dann arbeitslos wird, dann kriegt er Arbeitslosenunterstützung. Die muß hoch genug sein. Aber es kreist alles um den Punkt, ob erwerbsorientierte Arbeit die Grundlage ist oder nicht.

Lafontaine: Meine Beispiele zeigen aber doch, daß der Arbeitsbegriff, wenn er sich reduziert auf bezahlte Arbeit, zu eng gefaßt ist.

Rappe: Das glaube ich nicht. Man kommmt ins Rutschen, wenn man ihn weiter faßt.

Lafontaine: Wir sollen ja rutschen, hin zu einer offenen Gesellschaft.

Rappe: Das klingt zwar gut, doch ich kann damit wenig anfangen. Auch du sagst, letztlich müsse alles aus der Erwerbsarbeit bezahlt werden. Wo kein Lohn oder Gehalt bezahlt wird, da ist auch nichts zu holen, weder an Steuern noch an Sozialversicherungsbeiträgen. Deswegen bin ich dafür, daß zur Sicherung des Sozialstaates über mehr erwerbstätige Arbeit und nicht über das andere nachgedacht wird.

Lafontaine: Was machen wir, wenn's nicht geht?

Rappe: Natürlich geht es, wenn man will.

Lafontaine: Ich habe aber Zweifel, daß es uns gelingen wird, auf der Grundlage der jetzigen Organisation unserer Gesellschaft die Arbeitslosigkeit in den nächsten Jahren spürbar abzubauen.

Rappe: Dieser konservativen Grundauffassung widerspreche ich. Der Staat kann sehr wohl helfen, die Arbeitslosigkeit abzubauen. Die Bundesregierung müßte nur auf diese Steuerreform verzichten und dafür Jobs im öffentlichen Dienst anbieten. Das würde jedem Ministerpräsidenten und jedem Bürgermeister helfen. Statt dessen läßt die Regierung den Sozialstaat veröden. Ich will mehr Arbeit im öffentlichen Dienst. Das ist für mich auch ein Stück Lebensqualität.

Lafontaine: Aber wenn wir mehr Arbeit nicht erreichen, haben wir gleichwohl die Pflicht, für diejenigen, die keine Arbeit bekommen, Lösungen zu finden. Wir können sie nicht auf mehr Arbeit am Sankt-Nimmerleins-Tag vertrösten. Sie wollen heute und jetzt leben, also müssen wir heute und jetzt auch ihre Fragen beantworten.

Rappe: Einen solch defensiven Programmansatz will ich nicht. Ich verlange auch von dir eine sozialdemokratische Initiative für mehr Arbeit.

Spiegel: Läuft Ihre Theorie, Herr Lafontaine, nicht darauf hinaus, daß Sie das Geschäft der Konservativen und Liberalen betreiben, indem Sie die in den Gewerkschaften versammelte Macht des Faktors Arbeit schwächen?

Lafontaine: Ich kann das nicht sehen. Tatsache ist, daß die Arbeitszeit immer weiter zurückgeht und daß die Bedeutung der Freizeit wächst. Die Gewerkschaften müssen nach wie vor die Erwerbsarbeit und ihre Bedingungen ins Zentrum ihrer Arbeit stellen. Aber eine politische Partei, die Gestaltungsanspruch für die Gesamtgesellschaft hat, kann sich nicht nur auf die Erwerbsarbeit konzentrieren.

Rappe: Ich glaube, daß wir auf solch verschlungenen Pfaden Angebote in Sachen Sozialstaat und Arbeit weder an Konservative noch an Liberale machen können. Die haben ein ganz anderes Sozialverständnis als ich. Wenn Lambsdorff, Bangemann und Biedenkopf über Grundsicherung reden, zielen sie auf eine Altersversorgung durch freie Lebensversicherungen. Das machen diese Herren natürlich nur, weil sich von 1990 an der Bevölkerungsaufbau verschlechtert, immer mehr Ältere einer kleiner werdenden Zahl von Erwerbstätigen gegenüberstehen und daher der Bundeszuschuß an die Rentenversicherung steigen muß. Insofern geht's wieder um die Verteilung der Staatseinnahmen. Und darum kommen die auch auf so schicke Ideen wie Grundsicherung. Da gibt es eine eindeutige Absage von uns.

Spiegel: Herr Lafontaine, wollen Sie mit Ihren Thesen Ihre Partei wieder koalitions- und mehrheitsfähig machen?

Lafontaine: Das Ziel, die eigene Partei mehrheitsfähig zu machen, ist eine Selbstverständlichkeit. Und die Koalitionsfrage stellt sich immer mal wieder. Aber in solch entscheidenden Fragen wie der Bekämpfung der Arbeitslosigkeit können wir nicht in erster Linie fragen, was sagen die Damen und Herren der FDP dazu.

Rappe: Die letzte Koalition ist gescheitert, als mangelndes Wachstum die Staatseinnahmen sinken ließ und der eigentliche Verteilungsprozeß diskutiert werden mußte. An der Ecke war Schluß mit der FDP. Wenn einer von uns in der jetzigen Diskussion auf die FDP zielen sollte, habe ich erhebliche Bedenken. Ich glaube auch nicht, daß wir jetzt Koalitionsüberlegungen in Richtung Union anstellen sollten. Grundsätzlich muß man allerdings sehen: Die CDU/CSU war 1969 derart verschnupft über den Machtverlust in Bonn, daß es seither zu keinerlei Landeskoalitionen mit der SPD gekommen ist. Das war nicht Ergebnis eines Diskussionsprozesses in der SPD, sondern das ist das Verhalten der beleidigten Leberwurst CDU/CSU. Daß dies nicht noch 20 Jahre so weitergehen darf, der Auffassung bin ich allerdings.

Spiegel: Herr Lafontaine, Herr Rappe, wir danken Ihnen für dieses Gespräch.

BJÖRN ENGHOLM

»VISIONEN GEBEN HOFFNUNG AUF EINE VERÄNDERTE WELT«

I.

W er nicht verändert, wird auch das verlieren, was er
noch hat.« Wer wollte diesen Satz von Gustav Heine-
mann bezweifeln angesichts der Bedrohungen, die heute all-
gegenwärtig sind.

– Spätestens seit Tschernobyl wissen wir, daß das Restrisiko
der Atomkraftwerke nicht eine vernachlässigbare Rest-
größe ist. Waldsterben, Gewässervergiftung, 1000facher
Artentod oder unzählige an Ölverschmierung krepieren-
der Seevögel in der Deutschen Bucht zeigen an, daß die
Art und Weise, wie wir unseren Wohlstand produzieren,
längst begonnen hat, die Basis unseres Reichtums und unseres Lebens zu untergraben.

– 2,5 Millionen Arbeitslose machen deutlich, daß die soziale Frage in unserer Gesellschaft nicht gelöst ist. Trotz
wachsenden Reichtums steigt die Anzahl der vom Wohlstand Ausgegrenzten. Und der Hunger auf der Welt ist un-
besiegt.

– Nirgendwo sonst auf der Welt gibt es eine solche Dichte
todbringender Waffenarsenale wie gerade in Deutschland.
Aber von dem erstrebenswerten Ziel einer strukturellen
Nichtangriffsfähigkeit sind wir hüben wie drüben weit entfernt.

Das Vertrauen in Politik und Politiker ist in den vergangenen Jahren stetig gesunken. Der Glaube, daß Politik die auf-
gezeigten gesellschaftlichen Probleme und Konflikte zu lösen
vermag, wird in den Köpfen vieler Menschen immer brüchi-
ger.

Das Gefühl, tiefgreifenden Vorahnungen ohnmächtig aus-
geliefert zu sein, lähmt viele Menschen. Deshalb sind Sozialdemokraten gefordert, Ziele und Wege zu beschreiben, die es

ermöglichen, die eigene Geschichte selbst in die Hand zu nehmen. Das setzt Aufklärung voraus. Aufklärung über Geschichte, über Gesellschaft, ihre Widersprüche und die in ihr wirkenden Interessen. Aufklärung über die Politik, ihre Möglichkeiten und Grenzen. Aufklärung über uns selbst, unser Wollen und Wünschen und unsere Fehler.

In diesem Sinne versucht Oskar Lafontaine in seinem Buch »Die Gesellschaft der Zukunft, Reformpolitik in einer veränderten Welt« neue Perspektiven zu schaffen. Er zeichnet gesellschaftliche Zusammenhänge, Probleme, Risiken nach und entwirft Antworten für eine linke, demokratische Reformpolitik.

Es ist eine intelligente, produktive Alternative zu dem plumpen und gefährlichen »Weiter so« seiner Kontrahenten.

Lafontaine fordert Neu- und Umdenken. Das geht nicht ohne Blessuren ab. Wer eingetretene Pfade verlassen will, kämpft gegen die Trägheit der Gedanken, gegen verfestigte Interessen und Denkformen. Der muß die verkehrten Regeln des Mikadospiels in der Politik »Wer sich zuerst bewegt, hat verloren« umwerfen.

Nur wer sich bewegt, kann gewinnen. Lafontaine bringt den Mut auf, über die heutigen Möglichkeiten und Grenzen der Politik zu reden. Er legt offen, daß in einer Gesellschaft, in der es mächtige Wirtschaftskonzerne gibt, in der es Presse und Öffentlichkeit gibt und in der Interessenverbände und Organisationen gesellschaftlichen Einfluß ausüben, Politik nur einen Teil der Macht verkörpert, folglich Politiker den Schein ihrer längst fragwürdigen politischen Omnipotenz abzulegen hätten.

Heute und in Zukunft geht es darum, eine neue Grundlage für die Entscheidungen in unseren Gemeinwesen zu finden, also die Politik wieder in den Stand zu setzen, das zu tun, was das Wort »polis« eigentlich besagt: die Angelegenheiten des Gemeinwesens regeln. Politik muß wieder der Ort werden, an dem die Menschen über ihre eigene Zukunft entscheiden – sie alle und nicht nur bestellte politische Repräsentanten.

Konsequent fordert Lafontaine die »Demokratisierung der Verantwortung«. Nicht die Verstaatlichung dieser Verantwortung, sondern das verantwortungsbewußte Handeln der einzelnen ist gefordert. Deshalb plädiert er für einen »diskursiven Lernprozeß«, in dem wir alle die Fähigkeiten erwerben, Verantwortung selbst zu übernehmen und souverän zu sein.

Ich stimme Oskar Lafontaine voll zu, wenn er sagt: »Die Verantwortung zu demokratisieren heißt nicht, den Handlungsspielraum der Politik einzuengen, sondern ist bis heute die einzige Möglichkeit, ihn zu erweitern.« Der Politik darf nicht länger die Sündenbockrolle für Entscheidungen zukommen, die jenseits ihres Kompetenzbereiches gefaßt werden.

Die gesellschaftliche Verantwortungsebene und die gesellschaftliche Entscheidungsebene klaffen weit auseinander. Sie zusammenzuführen, sie dabei von vermeintlichen Zwängen zu befreien, Entwicklungsziele in demokratischem Diskurs autonom zu bestimmen – eine der größten Aufgaben der Zukunft.

II.

Ein besonderes Verdienst des Buches liegt im Versuch, den Begriff der Freiheit mit neuen/alten Inhalten zu füllen. Richtig ist, daß in der Geschichte unserer nun 125jährigen Organisation und in der noch etwas längeren Geschichte der Arbeiterbewegung die Gleichheit als politisches Ziel im Vordergrund stand. Aber Gleichheit war nicht nur Leitwert, sondern auch Mittel zur Erzielung von Freiheit – der Erkenntnis folgend, daß extreme Ungleichheit immer den Kern von Unfreiheit in sich trägt.

Freiheit haben Sozialdemokraten allerdings immer anders definiert als bürgerliche Liberale und als Konservative. Für Sozialdemokraten war und ist Freiheit nie denkbar ohne Solidarität; 2,5 Millionen Arbeitslose brauchen, um frei zu sein, zuvörderst Solidarität. Und eine geschundene Umwelt regeneriert sich nicht durch immer mehr ökonomische Freiheit, sondern durch Solidarisierung mit ihren Bedürfnissen.

Es ist höchste Zeit, sich zu besinnen: Freiheit braucht notwendig eine starke Solidaritäts- und Gleichheitskomponente. Sie muß dort ihre Grenze finden, wo soziale oder ökologische Bedürfnisse mißachtet sind.

III.

Die Organisation des Systems gesellschaftlicher Arbeit ist nach wie vor der Dreh- und Angelpunkt einer jeden gesellschaftspolitischen Konzeption. Daß die Kritik an Thesen von Oskar Lafontaine gerade in diesem Bereich am vehementesten ist – auch und gerade in der eigenen Partei –, zeigt zunächst nur, daß die SPD aus ihrer Tradition heraus eine Lohnarbeiterpartei ist. Arbeit wird traditionell verstanden als Berufsarbeit. Hier liegt sowohl die Quelle des gesellschaftlichen Reichtums wie immer auch die des Elends. Wer Arbeit hatte, konnte existieren, wer seine Arbeit verlor, stürzte ins Elend. Erst durch die Erkämpfung des Sozialstaates wurde die Unterstützung in »arbeitslosen« Notfällen möglich, das Elend jedoch nicht beseitigt. Gegenwärtig verzeichnen wir zwei Entwicklungen im System der Arbeit. Mit der gegenwärtigen technologischen Entwicklung, mit der unaufhörlichen Steigerung der Produktivität in allen Wirtschaftszweigen, wird Arbeit im Erwerbssystem immer knapper. Parallel dazu nimmt die Nicht-Erwerbsarbeit, etwa im Sozialsektor, im Umweltschutz oder in der Kulturarbeit, zu.

Viele gesellschaftlich notwendige Arbeiten werden ehrenamtlich geleistet. Immer mehr Menschen wollen auch auf diese Art von Leisten nicht verzichten. Das Bedürfnis, sinnvolle Arbeit selbst zu gestalten und zu verantworten, nimmt zu. Sowohl im Berufsleben, zunehmend aber auch außerhalb der Berufsarbeit.

Ich sehe darin Ansätze zu einer Kultur, in der Erwerbsarbeit nicht mehr als einziger Weg zur Selbstverwirklichung verstanden wird; zwar der dominierende – aber nicht der einzige. Wird die Zukunft der Arbeit so betrachtet, kann man Oskar Lafontaines Aussage nicht einfach abtun: »Der Begriff der Arbeit sollte daher in Zukunft seine Bestimmung und Bewertung nicht in erster Linie aus der damit verbundenen Bezahlung erhalten, sondern daraus, inwieweit die Arbeit gesellschaftlich nützlich ist und inwieweit sie dem einzelnen Chancen zur Selbstverwirklichung, zur Emanzipation bietet.«

Das hieße im Sinne einer solidarischen Gesellschaft langfristig dazu kommen, daß alle Menschen, an welcher Stelle in der Gesellschaft der/die einzelne seinen/ihren Beitrag zur Gesamtarbeit auch leistet, ein garantiertes Mindesteinkommen erhalten, das es ihnen ermöglicht, auf sicherer materieller Basis am Leben und Arbeiten in unserer Gesellschaft teilzuhaben, ihre Kinder zu erziehen, sich um Angehörige zu kümmern, sich fortzubilden, in Vereinen mitzuarbeiten – oder zum Beispiel auf den verschiedensten Ebenen der Politik verantwortungsbewußt mitzuentscheiden.

Diese Perspektive entläßt Wirtschaft und Politik nicht aus der Verpflichtung, Erwerbsarbeit für alle anzubieten – auch über den Weg der Arbeitszeitverkürzung. Wohl aber bewertet sie Nichterwerbsarbeit höher! Den Gewerkschaften wachsen damit neue, umfassendere Aufgaben zu. Nicht nur die Humanisierung der Erwerbsarbeit, die Humanisierung des Lebens steht auf der Tagesordnung. Gewerkschaften werden in einem viel umfassenderen Sinne als heute politisch sein.

Daran gemessen ist der Konflikt über die Arbeitszeitverkürzung mit oder ohne Lohnverkürzung von geringerer Bedeutung. So ungünstig der Zeitpunkt ist, so fatal wäre die Ignorierung des Standpunktes der Solidarität. Ich plädiere, keine falschen Fronten aufzubauen und keine falschen Vokabeln zu benutzen.

Unsere Gesellschaft wird sich weiter verändern. Diesen Wandel nicht zum Selbstlauf purer ökonomischer Interessen werden zu lassen, sondern ihn sozial zu steuern und zu gestalten – dazu brauchen wir Visionen. Sie vermögen uns Hoffnung auf eine bessere, veränderte Welt zu geben. Das Buch von Oskar Lafontaine ist dazu ein wichtiger Beitrag.

MONIKA WULF-MATHIES
WO BLEIBEN DEINE TATEN?

Offener Brief an Oskar Lafontaine

Lieber Oskar Lafontaine,
wenn Dein Vorstoß wirklich dazu beitrüge, endlich den
Skandal Massenarbeitslosigkeit ins öffentliche Bewußtsein
zu rücken und Schubkraft für solidarische Maßnahmen zu
ihrer Bekämpfung freizusetzen, gebührte Dir Dank.

Mit dem Aufruf zum Lohnverzicht dienst Du jedoch eher
denen, die die Bundesregierung vom Vorwurf des beschäftigungspolitischen Nichtstuns befreien und den Unternehmern
ein gutes Gewissen beim Einheimsen von Milliardengewin-
nen bescheren wollen. Sie wissen jetzt aus Deinem berufenen
Munde, daß Arbeitnehmer und Gewerkschaften schuld sind
an der Arbeitslosigkeit.

Du diskreditierst den bisher einzig wirksamen Ansatz der
praktischen Solidarität mit den Arbeitslosen: die gewerkschaftliche Politik der Arbeitszeitverkürzung. Gewerkschaftliche Tarifpolitik hat fast 200 000 neue Arbeitsplätze geschaffen. Millionen Arbeitnehmer haben dafür gekämpft und Teile
möglicher Lohnerhöhungen geopfert. Ein Solidarbeitrag der
Unternehmer steht bis heute aus.

Die 20 Milliarden Mark, die durch die Steuerreform vom
Staat und den Gemeinden weg noch zusätzlich in die Taschen
der Höherverdienenden geschaufelt werden, haben bei den
Unternehmern keine moralische Verpflichtung zur Schaffung
von Arbeitsplätzen ausgelöst. Du hast sie noch nicht einmal
dazu aufgefordert.

Wer einfach ignoriert, daß Arbeitnehmer die 57 Milliarden
Mark, die jährlich zur Finanzierung der Arbeitslosigkeit aufgewendet werden, durch ihre Beiträge und Steuergelder mit-
bezahlen, wer aus der Bereitschaft der Gewerkschaften, das
ihnen Mögliche zur Bekämpfung der Arbeitslosigkeit zu tun,
eine Alleinverantwortung der Arbeitnehmer für den Arbeits-

markt macht, muß an einem bedrückenden Realitätsverlust leiden. Die gewerkschaftliche Politik zur Sicherung und Schaffung von Arbeitsplätzen muß seit Jahren gegen eine staatliche Politik der Umverteilung von unten nach oben und eine Unternehmenspolitik des Abbaus von Arbeitnehmerrechten und der Auflockerung von gesicherten Beschäftigungsverhältnissen durchgesetzt werden.

Nur durch eine andere Verteilung der Staatseinnahmen aber kann verhindert werden, daß der private Reichtum weiter steigt und der Staat arm gespart wird. Wenn Gemeinden in die Finanzkrise getrieben werden, bedeutet dies Abbau von Sozialleistungen und weniger Lebenqualität für alle, auch weniger Chancen für unternehmerische Initiative, die auf Infrastrukturleistungen des Staates angewiesen ist.

Wer Arbeitslosigkeit wirksam bekämpfen will, muß deshalb zuallererst hier ansetzen:

1. Wir brauchen eine Umverteilung zugunsten beschäftigungswirksamer öffentlicher Investitionen, das heißt Verzicht auf die Steuerreform 1990 und Einsatz aller verfügbaren Mittel zur Bekämpfung der Arbeitslosigkeit.

2. Es geht darum, die 57 Milliarden DM, die heute jährlich dafür ausgegeben werden, daß Menschen nicht arbeiten dürfen, produktiv zu machen, das heißt, Arbeitsplätze zu schaffen, gerade auch in den Mangelbereichen des öffentlichen Dienstes, im Umweltschutz und bei den sozialen Diensten.

3. Die Politik der Arbeitszeitverkürzung muß weitergehen. Das Tabu der 40-Stunden-Woche im öffentlichen Dienst muß endlich gebrochen werden. Die Gesamtforderung der ÖTV berücksichtigt den Zusammenhang zwischen Arbeitszeitverkürzung und Lohnerhöhung. Wir sind bereit, bei einer Verkürzung der Wochenarbeitszeit eine geringere Lohnerhöhung in Kauf zu nehmen, wenn die Arbeitgeber neue Arbeitsplätze im öffentlichen Dienst schaffen. Aber wir können dem Müllwerker und der Reinigungsfrau, dem Busfahrer und der Krankenschwester keinen Lohnverzicht zumuten. Deshalb fordern wir Arbeitszeitverkürzung bei vollem Lohnausgleich. Dafür sind die Beschäftigten des öffentlichen Dienstes bereit zu kämpfen.

Es wäre an der Zeit, sie in diesem Kampf zu unterstützen und damit konkrete Chancen für Arbeitslose zu eröffnen, statt vor lauter theoretischen Flügelschlägen praktisches Handeln zu torpedieren.

Wo bleiben Deine beschäftigungspolitischen Taten dort, wo Du als Arbeitgeber selbst Beispiele setzen könntest?

Die Arbeitgeber behaupten, daß sie über Tarifverträge keinerlei Einfluß auf die Schaffung von Arbeitsplätzen nehmen könnten, weil die Beschlußfassung über die Stellenpläne und Personalhaushalte allein in der Verantwortung der Parlamente liege. Ich vermisse Deine Initiative für einen Beschluß des Saarländischen Landtags, dieses Recht zugunsten eines Tarifvertrages mit der Gewerkschaft ÖTV aufzugeben.

KLAUS MURMANN

»TARIFE SPREIZEN«

☐ In einem *Wirtschaftswoche*-Interview hat Oskar Lafontaine den Vorschlag gemacht, die Arbeitszeit ohne vollen Lohnausgleich zu verkürzen. Dafür wird der SPD-Linke von den Linken seiner Partei und den Gewerkschaften heftig gerüffelt, von Unternehmern gelobt. Eine verkehrte Welt?

Murmann: Lafontaine hat seine Gedanken als selbstverantwortlicher Politiker geäußert. Ähnliches haben übrigens schon Politiker, Unternehmer, Gewerkschafter und Vertreter der evangelischen Kirche in Schleswig-Holstein 1985 formuliert, im sogenannten Bischof-Papier. Ein SPD-Politiker wie Björn Engholm hat dabei genauso wie ich den Satz unterschrieben, es liege im gemeinsamen Interesse von Arbeitnehmern und Unternehmen, die Arbeitskosten zu mindern, um die Konkurrenzfähigkeit zu erhalten. Lafontaine hat jetzt erneut und zum richtigen Zeitpunkt erhärtet, daß nur einmal verteilt werden kann, was zu verteilen ist – entweder als Lohnzuwachs oder Arbeitszeitverkürzung.

☐ Das hat die Tarifpartner in der NRW-Stahlindustrie aber nicht daran gehindert, sowohl Arbeitszeitverkürzung als auch Lohnzuwächse zu vereinbaren.

Murmann: Die Einigung bei der Arbeitszeit ist auch in dem Zusammenhang zu sehen, daß noch zahlreiche Arbeitsplätze in der Branche abgebaut werden müssen.

☐ Also eine Stillhalteprämie für die Duldung von weiteren Stillegungen durch die Gewerkschaften.

Murmann: Das haben Sie gesagt. Ich will in diesem Zusammenhang deutlich betonen, daß ich es nicht für richtig halte, daß auch dann die vollen Beträge des Sozialplans gezahlt werden, wenn ein freigesetzter Arbeitnehmer vielleicht schon im nächsten Monat eine neue Stelle findet. Es wäre richtiger, die Gelder ratenweise zu zahlen – also für die Dauer der tatsächlichen Nichtbeschäftigung.

☐ Oder aber, wie beispielsweise IG-Metall-Chef Steinkühler meint, Gelder aus dem Sozialplan lieber für Beschäftigungsgesellschaften zu nutzen?

Murmann: Besser gesagt: lieber für Qualifizierung und Beschäftigung, für die Bedarf besteht. So könnten die Gelder für die Sanierung von Umwelt und Städten genutzt werden.

☐ Wir hören Anklänge an Forderungen von DGB und SPD.

Murmann: Das schreckt mich nicht. Der Kampf gegen die Arbeitslosigkeit erfordert von allen Phantasie.

☐ Bleiben wir bei der Verantwortung der Tarifpartner. Immer wieder werden Öffnungsklauseln oder regionale Sondertarife für strukturschwache Gebiete gefordert. Ist das nicht auch Teil der immer wieder angemahnten Flexibilität?

Murmann: Wir könnten zwar überlegen, für Neueinstellungen Einsteigertarife für eine Übergangsfrist zu schaffen. Aber das eigentliche Problem liegt in den übertariflichen Leistungen. In einem Ort wie beispielsweise hier in Neumünster werden nach meiner groben Schätzung rund zehn Prozent mehr gezahlt als tariflich ausgehandelt, in Hamburg gar 20 Prozent. Ich kenne ein Unternehmen, das zahlt im Ruhrgebiet, dem es doch wirklich nicht so gutgeht, mehr als im vielgelobten wirtschaftsstarken Schwabenland. Vielleicht könnte manches Unternehmen gerettet werden, wenn Mitarbeiter im Ernstfall auf übertarifliche Leistungen verzichteten, wobei die Opfer an der Spitze der Einkommenspyramide überproportional sein können.

☐ Wenn es nicht der Arbeitgeberpräsident sagte, wären wir geneigt, in Ihnen einen Sozialrevolutionär zu vermuten.

Murmann: Das sind natürlich unkonventionelle Ideen. Ich plädiere damit nicht für eine leistungsfeindliche Lohnnivellierungspolitik. Was ich meine, sind reaktive Notmaßnahmen für begrenzte Zeit, das solidarische Sichbefassen mit einer Ausnahmesituation.

☐ Ist der Lohnstopp, den Daimler-Benz-Chef Edzard Reuter fordert, auch eine solche Notmaßnahme? Wollen Sie aus den bis 1990 laufenden Metalltarifverträgen aussteigen?

Murmann: Herr Reuter hat eigentlich nur reagiert auf eine Diskussion, die ich selbst mit manchen anderen in Gang gesetzt habe. Natürlich wollen wir nicht aus laufenden Tarifverträgen aussteigen, sondern nur rechtzeitig auf eine Trendwende in Richtung auf wieder steigende Arbeitskosten aufmerksam machen, nachdem die achtziger Jahre dank der Einsicht der Gewerkschaften zu einer spürbaren Kostenentlastung der Unternehmen geführt hatten ...

☐... die Lohnquote gesunken ist und der Exportüberschuß alle Rekorde gebrochen hat. So schlecht kann der Standort Bundesrepublik wohl nicht sein.

Murmann: Man muß in der Tat richtig gewichten. Die Nachteile durch Marktregulierungen und Inflexibilität des deutschen Arbeitsmarktes, hohe Lohn- und immer noch wachsende Lohnzusatzkosten, überdurchschnittlich teure Energie und überhöhte Unternehmensbesteuerung sind in der letzten Zeit überproportional hervorgehoben worden. Die Vorteile des Standorts Bundesrepublik sind aber zuwenig herausgearbeitet worden.

☐ Damit sprechen Sie auch einer prominenten CDU-Politikerin aus dem Herzen, die vor einer massiven Schelte des Standortes Bundesrepublik warnt, weil dies möglicherweise auf die Arbeitgeber zurückfallen könnte.

Murmann: Die deutschen Unternehmer, die 1988 einen höheren Anteil im Ausland investieren als 1978, sind deshalb keine schlechteren Patrioten als früher. Das Kapital wandert nur zum besseren Wirt. Aber so stark ist der Sog nun auch wieder nicht. Ich habe heute noch am Mittagstisch einen kenntnisreichen Mann des deutschen Maschinenbaus gefragt, wieviel er von einer in Europa anzulegenden Investitionsmark in der Bundesrepublik ausgeben würde. Da hat er gesagt, etwa zwei Drittel. Auf der ganzen Welt gibt es in der Metallverarbeitung nicht diese Bündelung von Qualifikationen wie in der Bundesrepublik. Das ist ein gewichtiger Vorteil. Es ging bei unseren Äußerungen in der Öffentlichkeit ja letztlich darum, die relative Verschlechterung der deutschen Wettbewerbsposition deutlich zu machen – am Vorabend einer möglichen Wachstumsschwäche.

☐ Die Folgen für den Arbeitsmarkt kann man sich ausmalen. Oder kommt das Heil von Dienstleistungen?

Murmann: Ich gehöre nicht zu denen, die glauben, der Trend zur Dienstleistungsgesellschaft werde den Arbeitsmarkt in Kürze vollends entlasten. Das dauert recht lange, und wir leben auch immer noch in erster Linie von der Industrie. Wir könnten ungeheuer viel relativ schnell erreichen, wenn wir alle Chancen der Arbeitszeitgestaltung nutzten.

□ Zitat aus dem von Ihnen genannten und unterschriebenen Bischof-Papier: Wir erwarten, daß die durchschnittliche Wochenarbeitszeit nicht bei dem heute erreichten Stand verharren wird« ...

Murmann: ... und ich ergänze: Jede Art von pauschaler Arbeitszeitverkürzung ist falsch, sonst nehmen wir weder auf die Bedürfnisse des einzelnen noch die des Betriebes genügend Rücksicht. Im übrigen sollte jede Form der Arbeitszeitregelung reversibel sein, zum Beispiel in der Lebensarbeitszeit. Wir haben eine gewisse Facharbeiterlücke – allerdings nicht so groß, wie oft angenommen –, vor allem aber einen Mangel an Ingenieuren. Die müßten länger arbeiten. Generell gesagt: Die Tarifverträge sollten möglichst weit gespreizt werden, um unterschiedlichen Qualifikationen und Anforderungen gerecht zu werden. Wir müssen aus der Gleichschrittgesellschaft heraus.

□ Gleichzeitig plädieren sie immer wieder für den Abbau von Überstunden und mehr Teilzeitarbeit. Die Appelle verhallen ungehört.

Murmann: Ich habe leider selbst im eigenen Betrieb erlebt, wie zögerlich eine Personalabteilung an die Schaffung von Teilzeitarbeitsplätzen herangeht, weil sie administrativen Mehraufwand befürchtet. Auch manche Vorgesetzte tun sich schwer, weil sie ganz vordergründige Argumente haben und sagen, wenn ich schon den ganzen Tag im Betrieb bin, dann müssen auch meine Mitarbeiter immer um mich herum sein. Ich kann nur immer wieder darauf hinweisen, daß Teilzeitarbeit nicht nur volkswirtschaftlich sinnvoll ist, sondern auch betriebswirtschaftlichen Nutzen bringen kann.

□ Durch die – nicht meßbare – größere Freude an der Arbeit und meßbare Produktivitätszuwächse?

Murmann: Ja, gerade in der Teilzeitarbeit liegen sicher erhebliche Produktivitätsreserven, die sich allerdings nur schwer schätzen lassen und von Fall zu Fall konkretisiert werden müssen. Die Unternehmensberatung McKinsey hat in einer Studie von etwa 4,5 Prozent gesprochen.

□ Wo liegt die Schätzung?

Murmann: Ich könnte mir vorstellen, daß beispielsweise bei der Verkürzung der Arbeitszeit einer Datatypistin von acht auf fünf Stunden die Produktivität in einer zweistelligen Größenordnung steigt. Aber nagel Sie mich jetzt nicht fest.

□ Nein, aber lassen Sie uns eine Modellrechnung aufmachen: Wird die Arbeitszeit in diesem Beispiel um etwa 37 Prozent gekürzt, die Produktivität aber um mindestens zehn Prozent erhöht, dann brauchte bei gleicher Kostenbelastung für das Unternehmen der Lohn nur um etwas mehr als ein Viertel reduziert werden.

Murmann: Nun, das sind natürlich Spiele mit angenommenen Zahlen. Aber ich stehe zu dem Satz, den ich schon im Bischof-Papier unterschrieben habe: Kommt es zu einer Verkürzung der Arbeitszeit, kann das mit Lohnausgleich im Rahmen des Produktivitätsfortschritts erfolgen. Mehr aber ist nicht drin. Zur Zeit sollten die kleinen Verteilungsspielräume allerdings lieber für Lohnerhöhungen genutzt werden.

□ Könnte auch eine Formel entwickelt werden, um Wechselkursveränderungen mit ihren gewaltigen Auswirkungen auf die Beschäftigungssituation in den Griff zu bekommen?

Murmann: Nicht so, daß pfennigweise pro Wechselkursveränderung die Tariflöhne und -gehälter nach oben oder unten angepaßt werden, aber wohl so, daß in die Lohnpolitik eine ertragsabhängige Komponente eingeführt wird.

□ Per Betriebsvereinbarung?

Murmann: Durchaus möglich.

□ Die Folge wäre eine noch stärkere Differenzierung zwischen den Betrieben.

Murmann: Das würde die Anpassung an Konjunktur, Branchenbesonderheiten, fachliche und regionale Arbeitsmarktbedingungen erleichtern. Ich setze gleich hinzu, daß eine Förderung der Produktivvermögensbildung in Arbeitnehmerhand in diesem Zusammenhang Essential ist.

☐ Es sieht allerdings so aus, als werde Bonn nach wie vor auch die Geldvermögensbildung alimentieren und damit Kräfte fehllenken. Rennen Sie nicht dauernd gegen Wände, Herr Murmann?

Murmann: Man muß immer wieder bohren, Möglichkeiten abklopfen. So stellt sich für mich auch die Frage, ob die Einkommensverteilung über die Zeitachse stimmt. Verdienen nicht Jüngere, die eine Familie aufbauen, relativ zuwenig gegenüber Älteren, bei denen die Kinder aus dem Haus sind? Wir sollten hierüber eine Diskussion anstoßen – wobei natürlich nicht nur Tarifpartner, sondern auch Sozial- und Steuerpolitiker gefragt sind. Müssen wir nicht eigentlich Lebensarbeitszeit, Lebenseinkommen und Lebenssozialkosten als Ganzes sehen?

☐ Dann lassen Sie uns einen weiteren ganzheitlichen Gedanken draufsatteln: Muß eine Wirtschaft, die dank technischen Fortschritts wächst, nicht auch an jene denken, die bei den Anforderungen moderner Technik nicht mithalten können? Oder soll das Einkommensgefälle ruhig größer werden?

Murmann: Es muß noch erträglich sein. Das Nettoeinkommen eines weniger qualifizierten Arbeitnehmers darf ihn nicht sozial deklassieren. Das ist eine gemeinsame Aufgabe für Steuer- und Tarifpolitik. Die soziale Marktwirtschaft kann sich hier neu bewähren.

HANS-JOCHEN VOGEL

FORUM DER PARTEIEN

In den letzten Wochen ist – angestoßen durch Äußerungen und Vorschläge Oskar Lafontaines – der gesellschaftliche Skandal der Massenarbeitslosigkeit wieder zu einem zentralen Thema geworden. Das ist ebenso zu begrüßen wie die Belebung des Gedankens, daß das Gebot der Solidarität alle verpflichtet, ihren Beitrag zur Überwindung dieses Skandals zu leisten. In diesem Zusammenhang sind folgende Fakten wichtig: Im Oktober 1982 waren 1,8 Millionen Männer und Frauen arbeitslos, am 25. Februar 1988 waren es 2,5 Millionen. Wenn man die statistischen Manipulationen der Kohl-Regierung und auch die Arbeitslosen berücksichtigt, die aus anderen Gründen in der Statistik nicht in Erscheinung treten, sind es sogar weit über drei Millionen.

In der gleichen Zeit ist das Bruttosozialprodukt einerseits erheblich gestiegen, andererseits aber in radikaler Weise zuungunsten der Arbeitnehmer umverteilt worden. Im Vergleich zu 1982 sind vom Zuwachs des Jahres 1986 nach Abzug der Steuern und Abgaben bei 22 Millionen Arbeitnehmern 53,7 Milliarden Mark, bei den Unternehmens- und Vermögensbesitzern aber 139,5 Milliarden Mark verblieben. Insgesamt ist der Anteil der Arbeitnehmereinkommen am Nettovolkseinkommen seit 1982 von 66 Prozent auf 58 Prozent gesunken, der Anteil der Erträge aus Unternehmens- und Vermögensbesitz hingegen von 34 Prozent auf 42 Prozent gestiegen. Das sind für die Arbeitnehmer die schlechtesten, für die Unternehmens- und Vermögensbesitzer hingegen die besten Werte seit Beginn der fünfziger Jahre. Weitere Bereiche der Wirtschaft verfügen deshalb über die zur Steigerung der Investitionen und für die Schaffung neuer Arbeitsplätze notwendigen Mittel. Allein ihre Auslandsguthaben bei deutschen Tochtergesellschaften und Bankinstituten belaufen sich auf 70 Milliarden Mark; an diesen Guthaben sind die 25 größten deutschen Konzerne mit 50 Milliarden Mark beteiligt.

Die Arbeitszeitverkürzung ist bisher allein von den Gewerkschaften vorangetrieben worden, und zwar gegen den Widerstand der Arbeitgeber und der Koalition. Durch die Abschlüsse, bei denen die Lohnerhöhungen jeweils unter den Beträgen geblieben sind, die von den Arbeitgebern für Abschlüsse ohne Arbeitszeitverkürzungen angeboten worden waren, sind Arbeitsplätze in beträchtlicher Zahl entstanden.

Die Arbeitszeitverkürzung stellt aber nur ein Mittel zur Bekämpfung der Arbeitslosigkeit dar. Die Erhaltung der Nachfrage und die Steigerung der privaten und öffentlichen Investitionen sind keinesfalls weniger wichtig. Dazu haben wir Sozialdemokraten konkrete Vorschläge vorgelegt. Sie umfassen außer der Arbeitszeitverkürzung das Programm »Arbeit, Umwelt und Investitionen« mit einem Wirkungsvolumen von 50 Milliarden Mark in zwei Jahren, eine steuerstundende Investitionsrücklage für mittlere und kleinere Betriebe, die Forderung nach einer differenzierteren Besteuerung der wieder investierten und der nicht investierten Gewinne sowie konkrete Maßnahmen zur Verbesserung der Gemeindefinanzen.

Der SPD-Parteivorstand hat auf seiner Sitzung am vergangenen Montag die Entwicklung einer Gesamtstrategie zur Überwindung der Massenarbeitslosigkeit gefordert und an alle politischen und gesellschaftlichen Kräfte unseres Landes appelliert, an der Erarbeitung einer solchen Gesamtstrategie mitzuwirken. Denn die Solidarität der Stärkeren mit den Schwächeren ist für Sozialdemokraten nicht eine unverbindliche Floskel, sondern stellt das Überlebensprinzip unserer Gesellschaft dar.

WOLFGANG ROTH

NACHFRAGE HOCHHALTEN

Oft erstarren Diskussionen in Formeln. Gestritten wird um so heftiger, je weniger Klarheit herrscht, worüber man sich erregt. Eben dies scheint mir inzwischen in der Debatte über Arbeitszeitverkürzung und Lohnausgleich der Fall zu sein. Für manche scheint die Unklarheit gerade die politische Erotik auszumachen.

Vorweg: Über eins kann und darf es in der SPD keinen Streit geben. Solidarität mit den Arbeitslosen ist angezeigt. Dazu gehört auch ein Verzicht der »Arbeitsbesitzenden«, wenn damit tatsächlich die Wiedereingliederung von Arbeitslosen erreicht wird. Manchmal scheint der Streit über den Lohnausgleich auch so geführt zu werden, als ob es für oder gegen Solidarität ginge. Es geht nur darum, ob man mit der Solidarität des Lohnverzichtes dem Ziel der Vollbeschäftigung näher kommt.

Die richtige Frage lautet also: Ist ein Verzicht auf Lohn entsprechend der Höhe der vereinbarten Verkürzung der Wochen- und Monatsarbeitszeit beschäftigungswirksamer als ein voller Ausgleich der Einkommen (der Entgelte) selbst bei verkürzter Arbeitszeit?

Um eine richtige Antwort zu geben, muß zunächst einmal klargestellt werden, daß es um den Ausgleich, das heißt mindestens die Beibehaltung des bisherigen Monatslohns geht. Dann bedeutet eine Arbeitszeitverkürzung natürlich eine Erhöhung der Löhne in bezug auf die dafür zu arbeitende Zeit. Aber Lohnerhöhungen werden bei den Tarifauseinandersetzungen von jeher verhandelt. Die Gewerkschaften wollen einen Ausgleich für die Preissteigerungsrate und eine Beteiligung der Arbeitnehmer am gesamtwirtschaftlichen Produktivitätsfortschritt erreichen. Lohnsteigerungen und Arbeitszeitverkürzung könnten in ihren auszuhandelnden Ausmaßen so gegeneinander austariert werden, daß die Monatslöhne wenigstens nicht sinken.

Welchem von beidem sie den Vorrang geben, müssen die Gewerkschaften und ihre Mitglieder entscheiden. Dabei sollte natürlich bedacht werden, in welchem Ausmaß die Arbeitszeitverkürzung zur Schaffung neuer Arbeitsplätze führt und welche Auswirkungen sich für die gesamtwirtschaftliche Nachfrage per saldo ergeben.

An einem Beispiel wird das Problem deutlicher. Konstruieren wir einen Fall. Die Arbeitszeit wird innerhalb von zwei Jahren von 40 auf 38,5 Stunden verkürzt. Ein Facharbeiter, der im Monat netto 2400 Mark verdient, soll – so will er es und natürlich seine Gewerkschaft – anschließend immer noch mindestens 2400 Mark netto verdienen. Also verlangt sie außer der Verkürzung der Arbeitszeit um jeweils knapp zwei Prozent eine Erhöhung der Löhne um so viel, daß der Arbeitnehmer nach der Verkürzung weiterhin 2400 Mark Monatsentgelt hat.

Das bedeutet – alles andere als konstant unterstellt –, daß die Gewerkschaft eine Lohnsteigerung um jeweils etwa zwei Prozent zusätzlich zur Arbeitszeitverkürzung in den beiden Jahren will. Zusammengenommen bedeutet das eine Ausnutzung des Produktivitätsfortschritts durch beide tarifpolitischen Maßnahmen.

Was ist für die Gesamtbeschäftigung besser? Arbeitszeitverkürzung mit Lohnverzicht oder Lohnausgleich? Das muß der Gegenstand der Diskussion sein, und dabei müssen auch die gesamtwirtschaftlichen Kreislaufzusammenhänge bedacht werden.

Die konjunkturelle Lage spricht nicht gerade für die Vernachlässigung von Lohnsteigerungen. Schon von 1980 bis 1985 wurde bei uns Lohnzurückhaltung praktiziert. Die binnenwirtschaftliche Entwicklung blieb ebenfalls schwachbrüstig. Erst seit Anfang 1986 gab es im Gefolge der Ölpreisverbilligungen wieder gewisse reale Einkommenszuwächse, die ein wenig die Konsumnachfrage und damit die Binnenwirtschaft gestützt haben. Dennoch sieht die Konjunkturentwicklung nicht gerade rosig aus.

Ein Einkommensausgleich ist daher unter heutigen Umständen ökonomisch definitiv vernünftig. Denn die kaufkräftige Nachfrage, von der wesentlich die weitere Entwicklung der Wirtschaft abhängt, wird dadurch stabilisiert. Wenn nur die Arbeitszeitverkürzung vereinbart wird, dann fehlt, jedenfalls solange nicht in vollem Umfang der Arbeitzeitverkürzung Neueinstellungen getätigt werden – und dies geschah noch nie –, Masseneinkommen, und damit fehlt die Nachfrage.

Natürlich ist es auch richtig, daß man eine Produktivitätssteigerung nur einmal verteilen kann. Man kann sie aber aufteilen. Das Plädoyer für den Einkommensausgleich bedeutet deshalb, Arbeitszeitverkürzung *und* Lohnsteigerungen gleichzeitig zu verwirklichen, die Verteilung von Arbeit mit einer nachfragesteigernden Lohnpolitik zu verbinden. Beide tarifpolitischen Maßnahmen müssen sich dabei zusammengenommen natürlich an der Produktivität orientieren.

Das Ergebnis wäre etwa eine kostenniveauneutrale Verbindung von Arbeitszeitverkürzung mit Lohnausgleich. Und das ist unter den vorgegebenen Umständen einer Volkswirtschaft mit hoher Massenarbeitslosigkeit und überschüssigem Kapital sowie unausgelasteten Kapazitäten die beste Option zur Wiederherstellung eines hohen Beschäftigungsniveaus.

Zuweilen wird auch argumentiert, der Verzicht auf den Lohnausgleich würde angesichts des Dollarkursrückgangs international Vorteile bringen. Wenn bei uns die Lohnkosten sinken, würden wir an der Grenze wettbewerbsfähiger und könnten damit in der Binnenwirtschaft mehr Arbeit schaffen.

Wenn beispielsweise – und das ist kein theoretischer Fall – die Bundesrepublik Deutschland durch Lohnzurückhaltung ihren Export nach Frankreich erhöht, muß man die D-Mark nach einiger Zeit innerhalb des Europäischen Währungssystems aufwerten oder den französischen Franc abwerten. Am Ende dieses Prozesses hat sich für die Bundesrepublik im Grunde nichts verbessert. Im Gegenteil: Die Nachfrage aus Frankreich ist wieder auf das alte Niveau zurückgefallen. Dafür ist aber die Binnennachfrage aufgrund der Lohnsenkung zurückgegangen.

PETER GROTTIAN / RONALD SCHETTKAT

Lösungsvorschlag für die Höcherl-Schiedskommission – oder: Wie die Lafontaine-Diskussion jetzt fruchtbar machen!

Professor Peter Grottian ist Leiter des Zentralinstituts für sozialwissenschaftliche Forschung an der Freien Universität Berlin.

Der Streit um die Thesen von Lafontaine – Arbeitszeitverkürzung mit differenziertem Lohnausgleich und neuen Arbeitsplätzen im öffentlichen Dienst – hat die politischen Lager aufgelockert. Nach längerer Zeit wird wieder engagiert über Arbeitslosigkeit und Strategien zu ihrer Bekämpfung gestritten, ist Arbeitszeitverkürzung wieder politisch hoffähig geworden und gibt es einen gewissen Konsens, daß zumindest bestimmte Gruppen von Beschäftigten die Finanzierung neuer Arbeitsplätze mittragen sollten.

Lafontaine zielt zu kurz ...

Diese positiven Ansätze der Diskussion drohen jetzt zu einer leerformelhaften Bekennerdiskussion pro und contra Lafontaine zu verkommen, wobei das konservative Lager die Vorstellungen Lafontaines zu einer allgemeinen Lohnsenkungsdiskussion nutzt, aber auch öffentliche Arbeitgeber und Gewerkschaften des öffentlichen Dienstes bisher auf ihren traditionellen Positionen verharren. Deshalb sind jetzt verschiedene Vorschläge dringlich, die noch die Tarifverhandlungen des öffentlichen Dienstes als Experimentierfeld neuen Denkens anstoßen könnten. Wir beziehen uns hier ausschließlich auf den öffentlichen Dienst, weil nur hier Modelle von Arbeitszeitverkürzungen und Einstellungsgarantie praktikabel sind. Wir möchten deshalb der Schiedskommission – ihrem Vorsitzenden Hermann Höcherl – einen alternativen Tarifverhandlungsvorschlag unterbreiten, der sowohl von den öffentlichen Arbeitgebern als auch von den Gewerkschaften akzeptiert werden könnte. Besonders dringlich ist ein solcher Vorschlag deshalb, weil die öffentlichen Arbeitgeber sich überhaupt nicht, die Gewerkschaften nicht weit genug und auch Lafontaine ungenügend die Kopplung von Arbeitszeitverkürzung und größenmäßig relevanten neuen Arbeitsplätzen ausgewiesen haben. Folgt man zum Beispiel der Argumentation von Lafontaine und unterstellt großzügig, daß 500000 Beschäftigte im öffentlichen und halböffentlichen Dienst DM 5000,− pro Monat oder rund DM 65.000,− pro Jahr bekommen, dann würde ein Gehaltsstopp bei dieser Gruppe (bei unterstellten 3% Gehaltszuwachs) allenfalls ein Finanzierungsvolumen von ca. 1 Mrd. DM schaffen. Diese Summe könnte bei jahresdurchschnittlichen Aufwendungen der öffentlichen Arbeitgeber von rund DM 60.000,− pro Beschäftigten zu rund 16000 bis 20000 Arbeitsplätzen führen. Zuwenig, um die Massenarbeitslosigkeit spürbar zu vermindern.

Arbeitszeitverkürzungen im öffentlichen Dienst sind beschäftigungspolitisch sinnvoll und finanzpolitisch machbar, wie wir mit unserem Vorschlag zu einem »Beschäftigungspakt« im öffentlichen Dienst aufzeigen können. Die wesentlichen Elemente eines solchen »Beschäftigungspaktes« sind:

- zweijähriger Tarifvertrag
- vierstündige Arbeitszeitverkürzung
- voller Lohnausgleich (keine Verringerung der nominellen Monatseinkommen)
- Schaffung von 280000 neuen Arbeitsplätzen
- Einstellungsgarantie der öffentlichen Arbeitgeber mit Überprüfung durch eine Kontrollkommission
- Kostenentlastung in öffentlichen Haushalten, die durch verminderte Arbeitslosigkeit eintritt
- keine Einschränkung des öffentlichen Leistungsangebotes

Besonderheiten

Nimmt man den unmittelbaren und mittelbaren öffentlichen Dienst zusammen, dann umfaßt er insgesamt rund 4,6 Mio. Personen, von denen 3,8 Mio. Personen vollzeitbeschäftigt sind. Die Tätigkeitsfelder umfassen eine breite Spanne, die von der Feuerwehr und der Müllabfuhr über den Gesundheitsdienst und das Bildungswesen bis zu den klassischen Verwaltungsaufgaben reicht. Entsprechend unterschiedlich sind auch die Arbeitsbedingungen, die von relativ autonomer Zeiteinteilung etwa bei den Lehrern bis hin zu Schichtregelungen im Krankenhaus reichen. Es ist keineswegs so, daß der öffentliche Dienst überall Produktivitätspolster gebildet hat, die durch eine Arbeitszeitverkürzung mobilisierbar wären. Dort, wo feste Schichtpläne existieren, wird es keine Produktivitätsreserven geben, und die Arbeitszeitverkürzung könnte hier voll beschäftigungswirksam werden. Bei den weniger durchstrukturierten Arbeitsaufgaben wird es, wie auch in der Privatwirtschaft, zu höheren durch die Arbeitszeitverkürzung selbst induzierten Produktivitätseffekten kommen. Bei einer vierstündigen Arbeitszeitverkürzung ist deshalb mit induzierten Produktivitätseffekten von rd. 33 % zu rechnen. Mit anderen Worten: Eine Arbeitszeitverkürzung um vier Stunden oder 10 % wird nur zu 66 % beschäftigungswirksam, was rd. 280 000 zusätzlichen Vollzeitarbeitsplätzen entspricht.

Keine Leistungseinschränkungen

Anders als in der Privatwirtschaft, wo die Konkurrenz teilweise stimulierend wirkt und die Einnahmen absatzabhängig sind, hat die öffentliche Hand häufig ein Angebotsmonopol, und häufig sind die Einnahmen nicht direkt an die Abgaben von Leistungen gekoppelt. Der öffentliche Arbeitgeber könnte deshalb auf eine Arbeitszeitverkürzung mit einer Verminderung der öffentlichen Leistungen reagieren. Dies wäre für alle Bürger wie auch für die Beschäftigungswirksamkeit der Arbeitszeitverkürzung fatal. Die Leistungseinschränkung ist eine politische Entscheidung, und politisch kann deshalb auch die Garantie gegeben werden, daß das Leistungsangebot aufrechterhalten wird. Soweit eine Einschränkung öffentlicher Leistungen aufgrund der Finanzsituation angeführt wird, ist dies kein prinzipielles Argument gegen eine Arbeitszeitverkürzung, sondern richtet sich gegen jegliche Lohnerhöhung im öffentlichen Dienst, wobei unklar bleibt, ob diese Sparmöglichkeit nicht auch bei konstanten oder sinkenden Löhnen genutzt wird.

Die Löhne und Gehälter des öffentlichen Dienstes haben sich in etwa so entwickelt wie der Durchschnitt der übrigen Wirtschaft. Hier betrugen die Lohnerhöhungen 1986 3,4%, und mit ähnlichen Größenordnungen ist auch in der laufenden Tarifrunde des öffentlichen Dienstes mit einem Zehntelprozentpunkt nach unten oder oben zu rechnen. Selbst wenn dieser Tariferhöhungsspielraum voll in eine Verkürzung der Arbeitszeit umgesetzt werden sollte, würde dies lediglich eine Verkürzung der wöchentlichen Arbeitszeit eines Vollzeitbeschäftigten um 1,4 Stunden auf rd. 38,6 Wochenstunden bedeuten.

Zu wenig, um für die Beschäftigten attraktiv zu sein, und zu gering, um spürbare Beschäftigungswirkungen zu erzielen. Im Gegenteil, die Gefahr einer Verpuffung der Beschäftigungswirkung ist sehr hoch.

Wir plädieren deshalb für einen auf zwei Jahre ausgelegten Tarifvertrag, um sowohl Praktikabilitätserwägungen der Umsetzung der Arbeitszeitverkürzung als auch die Finanzierbarkeit zu berücksichtigen.

Beschäftigungswirksamer Tarifvertrag

Im ersten Jahr des Tarifvertrages bekommen die Beschäftigten keine reale Lohnerhöhung und keine Arbeitszeitverkürzung. Die öffentlichen Arbeitgeber sparen die sonst fällig gewordene Lohnerhöhung von 3%, was bezogen auf die Vollzeitbeschäftigten rd. 6,9 Mrd. DM entspricht. Im zweiten Jahr des Tarifvertrages bekommen die Beschäftigten keine Lohnerhöhung, aber eine Arbeitszeitverkürzung von vier Stunden. In zwei Jahren hat sich damit die Arbeitszeit der Beschäftigten um 10% bei vollem Lohnausgleich reduziert. Die öffentlichen Arbeitgeber stellen dafür mindestens 280 000 zusätzliche Vollzeitbeschäftigte ein.

Die öffentlichen Arbeitgeber müssen für Personalkosten (pro Vollzeitbeschäftigten DM 60 000,– jährlich) zusätzlich 16,8 Mrd. DM und für Arbeitsplatzkosten (30% der Personalkosten) 5,0 Mrd. DM aufwenden. Sie sparen aber auf der anderen Seite je zusätzlich Beschäftigten rd. DM 21 000,– pro Jahr durch nicht mehr notwendige Ausgaben für Arbeits-

113

lose. Insgesamt entspricht dies bei 280 000 zusätzlichen Vollzeitbeschäftigten einer Einsparung von 5,9 Mrd. DM.

Am Ende des zweiten Jahres haben sich die Personal- und Arbeitsplatzkosten bei zusätzlich 280 000 Beschäftigten und einer um vier Stunden verkürzten Arbeitszeit um insgesamt 16,0 Mrd. DM erhöht. Dem sind 14,0 Mrd. DM gegenzurechnen, die im zweiten Jahr durch Lohnerhöhungen angefallen wären, sowie die im ersten Jahr von den Arbeitgebern eingesparten 6,9 Mrd. DM. Mit anderen Worten, die Arbeitszeitverkürzung kommt dem öffentlichen Arbeitgeber günstiger als Lohnerhöhungen (16,0 statt 20,9 Mrd. DM am Ende des zweiten Jahres), weil der Beschäftigungseffekt nur zu zwei Dritteln realisiert wäre, was unterstellt wird.

Vor allem die Gewerkschaften können sich auf einen solchen Tarifvertrag nur einlassen, wenn sie ein Kontrollinstrument mit dem Tarifvertrag erhalten, das die Umsetzung der Arbeitszeitverkürzung in neue Arbeitsplätze garantiert. Inhaltlich wäre deshalb die Gültigkeit des Vertrages an die Umsetzung in zusätzliche Stellen gekoppelt, und eine Überwachung müßte einer gemischten Kommission aus öffentlichen Arbeitgebern, Gewerkschaften und Experten obliegen.

HERBERT EHRENBERG

LOHN-MANIFEST AN DEN GENOSSEN LAFONTAINE

Herbert Ehrenberg war von 1976 bis 1982 Bundesminister für Arbeit und Sozialordnung und ist heute SPD-Bundestagsabgeordneter.

Ein Patentrezept geistert durch die Republik, das Rezept vom »Solidaritätsopfer«. Alle an der Tariffront nicht Beteiligten haben in unheiliger Allianz diesen Bastard gezeugt – alte Moraltheologen und junge Sozialisten, deutsche Kapitalanleger in Luxemburg und pensionierte Gewerkschaftsfunktionäre.

Zweieinhalb Millionen Arbeitslose seit fünf Jahren dokumentieren den beschäftigungspolitischen Bankrott der Angebotspolitik. Im sechsten Jahr des sogenannten Aufschwungs steigen die Arbeitslosenzahlen weiter, und dies von dem höchsten Sockel aus, den es je in dieser Republik gab. Der Sachverständigenrat ist ratlos, der Bundeswirtschaftsminister ergeht sich in beschönigenden Leerformeln; Deregulierung, Flexibilisierung, Privatisierung, mehr Markt und weniger Staat – alles seit 1983 praktiziert, alles ohne Erfolg.

Und jetzt wird über Solidaritätsopfer diskutiert. Die Debatte lenkt von der Verantwortung der Bundesregierung ab, und sie macht die Schuld an der Arbeitslosigkeit dort fest, wo sie nach konservativer Meinung immer schon lag: bei den Arbeitnehmern und ihren Gewerkschaften. Kein Blick in die Einkommens- und Investitionsstatistik, kein Durchdenken der gesamtwirtschaftlichen Kreislaufzusammenhänge trübt diese öffentliche Diskussion. Jeder Blick auf die Fakten könnte bei der Forderung nach Solidaritätsopfern nur stören.

Die Tatsachen sind unbestritten. Von 1980 bis 1986 stiegen
– die Nettolohn- und Gehaltssumme um 78 Milliarden Mark,
– die Nettoeinkommen aus Unternehmertätigkeit und Vermögen um 157 Milliarden Mark,
– die Anlageinvestitionen um 41 Milliarden Mark.

Die Einkommen aus Unternehmertätigkeit und Vermögen gingen also doppelt so stark in die Höhe wie die Arbeitnehmereinkommen. Und: Ihr Zuwachs war um das Fünffache höher als der Anstieg der Anlageinvestitionen.

Der seit 1981 radikal veränderte Saldo der Kapitalbilanz klärt die Art der Gewinnverwendung auf: Um 69 Milliarden Mark übertrafen 1986 die Kapitalanlagen Deutscher im Ausland die Summe des ausländischen Kapitals, das in der Bundesrepublik angelegt wurde. Hohe Zinsen in Luxemburg und Manhattan waren reizvoller als Investitionen in der Bundesrepublik.

Aber nicht wegen der Löhne. Die jährlichen Nettorealverdienste pro Beschäftigten – in Preisen von 1980 – lagen 1980 bei 21.174 Mark, 1986 bei 20.763, also um 411 Mark niedriger. Im gleichen Zeitraum erhöhte sich die Produktivität je geleistete Arbeitsstunde von der Basis 100 auf 120,6. Die Zahl der beschäftigten Arbeitnehmer lag 1986 bei 22,52 Millionen gegenüber 23,01 Millionen im Jahr 1980. Auch 1987 wird das Realeinkommen von 1980 nicht erreicht werden. Vor diesem Hintergrund ist der Ruf nach einem Solidaritätsopfer der Arbeitnehmer zur Verbesserung der Beschäftigungslage verteilungspolitisch makaber.

Er wäre trotzdem solidarisch zu befolgen, wenn es einen zuverlässigen Hebel gäbe, Neueinstellungen von Arbeitnehmern in der Größenordnung des Lohnverzichts durchzusetzen. Diesen gibt es aber weder rechtlich noch ökonomisch, mit der Ausnahme des öffentlichen Dienstes. Nur dort sind die hinter der Arbeitgeberseite stehenden gesetzlichen Körperschaften in der Lage, entsprechende Stellenvermehrungen verbindlich zu beschließen.

In der gewerblichen Wirtschaft dagegen können die Tarifvertragsparteien nur über Löhne und Arbeitszeit entscheiden. Einstellungen (oder Entlassungen) sind durch Branchentarife nicht regelbar, Goodwill-Erklärungen können in ihrem Vollzug weder kontrolliert noch vollstreckt werden.

Dennoch – Arbeitszeitverkürzungen bleiben ein wesentliches Element erfolgreicher Beschäftigungspolitik. Aber die Größenordnung der Beschäftigungswirkungen ist nicht abhängig von der Höhe des Lohnausgleichs; und es gibt keine Gewähr dafür, daß sie bei Lohnverzicht größer sind.

70 Milliarden Kapitalexport allein im Jahre 1986 signalisieren, wieviel »überschüssiges« Kapital in der Bundesrepublik verdient, aber nicht im eigenen Lande investiert wurde. Dies hängt ja wohl mit einem zu schwachen Binnenmarkt, dieser wiederum mit der ungünstigen Entwicklung der Masseneinkommen zusammen. Und vor diesem Hintergrund soll Lohnverzicht beschäftigungssteigernd wirken?

Zweieinhalb Millionen Arbeitslose, nicht ausgelastete Kapazitäten und eine Vielzahl unerledigter Aufgaben verlangen kürzere Arbeitszeiten bei steigenden Einkommen und nicht eine Umschichtung innerhalb des zu klein geratenen Volumens der Arbeitnehmereinkommen. Es ist dies nicht die Zeit für Opfertheorien. Werden solche Lehren befolgt, verschlechtern sie die ökonomische und soziale Lage; werden sie nicht befolgt, lenken sie von der politischen Verantwortung ab.

Wenn der saarländische Ministerpräsident Oskar Lafontaine ein Opfersignal setzen will, soll er im saarländischen Landtag und im Bundesrat einen Gesetzentwurf zur Reduzierung der Arbeitszeit für Lehrer bei entsprechender Besoldungsverringerung einbringen. Das würde zwar der Einheitlichkeit der Beamtenbesoldung in Bund und Ländern widersprechen; es würde auch mit der langjährigen Übung brechen, daß im öffentlichen Dienst die Tarifregelungen den gesetzlichen vorangehen.

Aber wer so dynamisch in laufende Tarifverhandlungen hineinredet, darf auch vor dem Aufknacken bestehender Rahmenregeln nicht zurückschrecken. Und er würde dort beginnen, wo er selbst Verantwortung trägt, statt den Tarifvertragsparteien in der gewerblichen Wirtschaft unpraktikable Ratschläge zu geben.

ERHARD EPPLER

WIR MÜSSEN UNS EINE EIGENE MEINUNG BILDEN

Erhard Eppler ist Mitglied des SPD-Präsidiums, Vorsitzender der
Grundwerte-Kommission und stellvertretender Vorsitzender
der Programmkommission.

Frage: Oskar Lafontaine hat mit seinem Vorschlag, tarifliche Arbeitszeit ohne vollen Lohnausgleich zu reduzieren, eine heftige öffentliche Diskussion ausgelöst. Hat Lafontaine mit seinen doch keineswegs völlig neuen Überlegungen zur richtigen Zeit den Nerv und das schlechte Gewissen unserer Gesellschaft getroffen, oder lassen sich Dauer und Leidenschaftlichkeit der Debatte besser damit erklären, daß sich ein »linker« Sozialdemokrat so freimütig mit Tabu-Problemen der Gewerkschaften beschäftigt hat?

Eppler: Die Gewerkschaften sind verständlicherweise empfindlich, wenn es um Fragen geht, für die sie zuerst zuständig sind. Aber so wie die Gewerkschaften das gute Recht haben, sich zu Themen zu äußern, die letztlich im Parlament entschieden werden, muß ein sozialdemokratischer Politiker auch Fragen aufgreifen können, die letztlich von den Tarifparteien zu verantworten sind. Im übrigen lohnt es sich, die Punkte zu notieren, in denen Oskar Lafontaine und Franz Steinkühler einig sind:

– Wir wollen nicht mehr warten, bis ein imaginäres Wirtschaftswachstum die Arbeitslosigkeit mindert. Wir wollen wirklich etwas tun.

– Höhere Gewinne bedeuten noch lange nicht höhere Investitionen, und höhere Investitionen vermindern nicht unbedingt die Arbeitslosigkeit.

– Arbeitszeitverkürzung ist ein wichtiges, wenn auch nicht das einzige Mittel zur Beseitigung der Arbeitslosigkeit.

– Insofern sind die Gewerkschaften zwar keineswegs schuld an der Arbeitslosigkeit, wohl aber mitzuständig für ihre Beseitigung.

– Solange Arbeitszeitverkürzung sich innerhalb des Produktivitätszuwachses bewegt, muß sie mit Lohnausgleich verbunden sein.

An zwei Fragen hat sich die Debatte entzündet: Sind Arbeitszeitverkürzungen über den Produktivitätszuwachs hinaus und dann ohne Lohnausgleich ratsam? Und: Gilt dies insbesondere für Gruppen mit höherem Einkommen?

Frage: Da die Sozialdemokraten in Bonn nicht über die politische Macht verfügen, um den Unternehmern mit den großen Gewinnen in den vergangenen Jahren einen spürbaren Beitrag zur Reduzierung der Arbeitslosigkeit abzutrotzen, hat Lafontaine wohl eher eine neue Solidarität zwischen den Arbeitsplatzbesitzern und den Arbeitslosen im Sinn. Ist mit einer solchen Methode eine »geteilte« Gesellschaft zu überwinden, oder erweist sich, wie viele Kritiker sagen, der ganze Ansatz des stellvertretenden SPD-Vorsitzenden als falsch?

Eppler: Fritz Scharpf spricht vom »Sozialismus innerhalb einer Klasse«. Das ist kein falscher, aber ein partieller Ansatz. Natürlich kann man mehr Solidarität zwischen Arbeitslosen und Arbeitsplatzbesitzern wollen, ohne deshalb die Arbeitgeber außen vor zu lassen. Und Oskar Lafontaine wäre sicher mißverstanden, wenn man ihm unterstellte, er wolle die Gewinne zum Tabu machen. Aber als Pragmatiker setzt Lafontaine jetzt da an, wo er eine Chance sieht.

Frage: Können Sie der Analyse zustimmen, daß angesichts der modernen Technik und neuer Produktionsmethoden, aber auch wegen der Sättigung der Märkte mit mehr Arbeit und damit auch mehr Arbeitsplätzen nicht gerechnet werden kann, man also die vorhandene Arbeit auf mehr Menschen verteilen muß?

Eppler: Ja. Das Wirtschaftswachstum, ob es nun zwei oder auch einmal drei Prozent beträgt, wird niemals deutlich den Zuwachs der Produktivität überschreiten. Im Gegenteil, es bewegt sich meist unterhalb des Produktivitätsfortschritts. Also muß die Arbeit gerechter verteilt werden, die Erwerbsarbeit und die Nichterwerbsarbeit. Darüber war sich die erste Programmkommission schon einig, da waren Steinkühler und Rappe dabei.

Frage: Die Vorschläge Lafontaines sind bei den Gewerkschaften und ihren Spitzenfunktionären auf erbitterte Ablehnung gestoßen; einige von ihnen haben sogar die SPD-Führung vor zustimmenden Beschlüssen gewarnt. Sehen Sie die Gefahr, daß die traditionell enge Verbundenheit zwischen Sozialdemokraten und Gewerkschaften nachhaltig gestört wird?

Eppler: Wenn sich die Wogen geglättet haben, wird die Einsicht übrigbleiben, daß sozialdemokratische Politiker gar nicht darum herumkommen, sich auch in Fragen eine eigene Meinung zu bilden, die ohne Zweifel zuerst in die Kompetenz der Gewerkschaften fallen. Das können sie aber nicht, ohne gründlich mit denen zu reden, deren Berufspraxis damit berührt ist. Dieses Miteinanderreden geschieht unentwegt. Es muß rechtzeitig und auch in der Programmkommission geschehen. Ich hatte dafür plädiert, weniger prominente Gewerkschafter in die Neukommission zu berufen, weil Gewerkschaftsvorsitzende einen zu vollen Terminkalender haben und daher meist dann nicht dasein können, wenn die Position der Gewerkschaften eingebracht werden muß. In der Grundwerte-Kommission funktioniert dies ausgezeichnet, weil wir in Klaus Mehrens einen ausgezeichneten und immer präsenten Gewerkschafter haben.

Frage: Lafontaine hat in seinen Perspektiven für die Gesellschaft der Zukunft auch den Begriff der Arbeit neu und umfassend definiert. Welche Auswirkungen können solche Überlegungen auf die gegenwärtige Diskussion der SPD über ein neues Parteiprogramm haben?

Eppler: Auch diese Diskussion ist schon in der ersten Programmkommission geführt, aber dort nicht abgeschlossen worden. Es stimmt, daß im Irseer Entwurf – nicht überall, aber an der entscheidenden Stelle – Arbeit fast nur als Erwerbsarbeit verstanden ist. Da müssen wir noch einmal ansetzen. Allerdings nicht so, daß wir papierene Forderungen nach der Aufwertung nichtbezahlter Arbeit stellen, sondern nach der Formel, auf die wir uns schon geeinigt hatten: Jeder und jede soll die Chance der Erwerbsarbeit haben. Jeder und jede soll an der Nichterwerbsarbeit teilhaben. Also nicht: Die einen machen Erwerbsarbeit und verdienen Geld, die anderen üben eine Tätigkeit aus und bekommen gute Worte, sondern alle haben an beidem Anteil. Das ist auch entscheidend für eine neue Partnerschaft der Geschlechter und jedenfalls realistischer als der Gedanke, etwa Hausarbeit zum Lohnberuf zu machen.

Frage: Die aktuelle Debatte über die Arbeitslosigkeit hat Lafontaine viel Zustimmung beschert, bei den Kritikern aber auch zu erstaunlichen argumentativen Bündnissen geführt. Unsere Frage: Ist dieser vehemente Meinungsstreit für die Sozialdemokraten nützlich, notwendig und produktiv oder eher schädlich für Ansehen und Perspektiven der SPD?

Eppler: Per saldo werden wir dabei gewinnen. Jedermann versteht: Die Sozialdemokraten meinen es ernst mit der Bekämpfung der Arbeitslosigkeit. Sie sind weit über die Positionen der CDU hinaus, die nicht einmal mehr erwähnt werden. Die Menschen spüren, daß es so – nach der Methode Kohl – nicht weitergeht. Jetzt wollen sie wissen, ob die SPD weiß, wie es anders weitergeht, ob sie es wirklich wissen will und ob sie es kann. Dabei hat die Debatte, die Oskar Lafontaine in Gang gesetzt hat, eine wichtige Funktion. Mir kommt es darauf an, daß jetzt keine Präsenzpositionen aufgebaut werden, die später die Konsensbildung erschweren.

ROBERT LEICHT

EIN RISS GEHT DURCH DAS LINKE LAGER

Robert Leicht ist stellvertretender Chefredakteur der Wochenzeitung
DIE ZEIT.

Die Tünche trocknet bald, die Risse klaffen tiefer: Ein heftiger Konflikt ist zwischen der SPD und den Gewerkschaften aufgebrochen, wie immer auch die schönfärbenden Sprachregelungen lauten, die jetzt eilends ausgegeben werden. Der Streit im linken Lager wird für die Beteiligten schmerzlich – doch notwendig ist er allemal. Wer da von einem Dolchstoß spricht, hat selber zuvor den Tatsachen den Rücken gekehrt.

Zugegeben, daß ausgerechnet ein Sozialdemokrat den Gewerkschaften die Leviten gelesen hat (ach, nur ein kleines, wenngleich scharfes Kapitel) – das muß viele in ihren Reihen erzürnen. Zugegeben auch, daß Lafontaines Inszenierungen schon öfter aufs breite Aufsehen zielten, ohne Empfindlichkeiten sonderlich zu beachten. Die schnöde Abkanzelung des Kanzlerkandidaten Rau gleich nach der Wahl, die handstreichartige Präsentation des neuen Parteischatzmeisters – das alles waren bestimmt keine Fingerübungen in Feinfühligkeit. Auch dieses Mal werden viele Genossen erst einmal fragen: Denkt er an sich – oder an uns?

Doch bei allem Verstoß gegen die guten linken Sitten: Die Sache, um die es geht, ist mit solchen Rügen nicht aus der Welt zu schaffen. Mag sein, daß Lafontaine Gefühle verletzt hat, die heute noch Mitglieder, Funktionäre und Wähler binden; zugleich aber hat er an Strukturen gerührt, die auf lange Sicht die Sozialdemokraten lähmen würden. Der Ärger ist nur deshalb so groß, weil – fast nebenbei – ein heikler Punkt getroffen wurde. Wenn ein Aschermittwochs-Satz im saarländischen Dörfchen Siersburg ausreicht, der ganzen Republik einen derart heftigen Disput zu bescheren, dann muß die Zeit dafür überreif gewesen sein. Lafontaine hat die Spannungen zwischen der SPD und den Gewerkschaften nicht erzeugt, sondern auf den Begriff gebracht.

Vor allem aber geben folgende Einsichten der Auseinandersetzung Gewicht: Was linke Politik im Wandel der Industriegesellschaften bedeutet, ist nirgendwo geklärt. Und daß Politik nur gelingen kann, sofern sie sich auch gegen starke Interessen behauptet – das ist keinesfalls nur ein Thema der Linken.

Doch um des Hausfriedens willen zünden die Sozialdemokraten jetzt erst einmal Rauchkerzen. Was soll die Harmonisierungsfloskel, Lafontaine habe verdienstvollerweise die Aufmerksamkeit auf die Arbeitslosigkeit gelenkt, wo er doch in Wirklichkeit über die Mitverantwortung der Gewerkschaften dafür geredet hatte? Was sollen Lafontaines eigene Horizontschleichereien? Falls er den Verzicht auf vollen Lohnausgleich bei Arbeitszeitverkürzungen wirklich nur den wenigen zumuten wollte, die mehr als 5000 Mark verdienen, hätte er sich die ganze Aufregung mangels Masse gleich sparen können.

Gewiß, die Industriegewerkschaften haben in den vergangenen Jahren oft Vernunft bewiesen – wenn dies heißen soll: Auch sie haben den Produktivitätsfortschritt nur einmal ausschöpfen wollen – aufgeteilt in Arbeitszeitverkürzung und höheres Einkommen. IG-Metall-Chef Franz Steinkühler sagt zu Recht, die Arbeitnehmer hätten in diesem Rahmen auf den Teil der Lohn- und Gehaltserhöhung verzichtet, den sie ohne verkürzte Arbeitszeit zusätzlich erhalten hätten. Doch heißt dies zugleich: Der Segen des Produktivitätsfortschritts wurde – so oder so – nur an jene verteilt, die schon (oder noch) Arbeit hatten. Bei *vollem* Lohnausgleich kann an die Arbeitslosen nichts weitergegeben werden. Erst an diesem Punkt aber setzt Lafontaines Argumentation ein. Was für die Interessenvertreter der aktiven Arbeitnehmer ausreichen mag, kann einer Partei, die an alle denkt, nicht genügen.

Dieser Disput um den Lohnausgleich dient freilich nur als Symbol für den grundsätzlichen Konflikt, wie er durch Lafontaine und Steinkühler in aller Schärfe formuliert wurde. Geht es nach dem stellvertretenden SPD-Vorsitzenden, so ist

»nicht zu bestreiten, daß derjenige, der die Bedingungen und die Kosten der Arbeit festlegt, auch etwas darüber aussagt, wie viele Leute beschäftigt werden können. Das heißt: eine Verantwortung der Tarifvertragsparteien auch für die Höhe der Arbeitslosigkeit.« Da die Arbeitgeber nicht eben als Förderer von Lohnerhöhungen aufgetreten sind, gibt es über die Brisanz der Feststellung keinen Zweifel. Doch gegen diese ökonomische Binsenweisheit fällt dem IG-Metall-Chef nichts Besseres ein als: »altes Märchen« und »Arbeitgeberagitation«.

Wie Steinkühlers neu-alte Floskeln vom Klassenkampf beweisen, verkennen die Gewerkschaften die Zeichen der Zeit. Tatsache ist aber: Die weltwirtschaftliche Verflechtung, die internationale Arbeitsteilung und der globale Wettbewerb der Volkswirtschaften nehmen zu, die Märkte öffnen sich weiter. Wer da unsere realen Lohnstückkosten halten oder gar steigern will, muß eine wachsende Arbeitslosigkeit in Kauf nehmen.

FRANZ STEINKÜHLER

ANGST VOR DEN FREUNDEN

Die Diskussion um die Thesen Lafontaines, wonach Lohnverzicht mehr Arbeitsplätze schafft, ist längst nicht mehr auf seine Person beschränkt. Die Zahl der Gleichgesinnten in der SPD-Führungsriege – wobei auffallend viele »Enkel« mit dabei sind – ist so groß, daß vielmehr von einem Konflikt zwischen SPD und Gewerkschaften geredet werden muß. Es stimmt auch nicht, wie der Parteivorsitzende Hans-Jochen Vogel erklärte, daß Lafontaine das Verdienst zukomme, die Diskussion um die Beseitigung der Arbeitslosigkeit neu belebt zu haben. Tatsache ist, daß die Diskussion sich ausschließlich auf einen möglichen Lohnverzicht kapriziert. Die alten Arbeitgeberparolen haben neuen Auftrieb erhalten. Die Frage, wohin die SPD will, stellt sich noch dringlicher, wenn man sich die nicht nur von Lafontaine geführte Diskussion um die Zukunft der Arbeit betrachtet. Da wird so getan, als sei die Erwerbsarbeit ein Relikt der Vergangenheit und würde im Leben des Menschen nur noch ein Randdasein führen. Strategisch müsse deshalb die SPD Politik für den Nichterwerbssektor machen, denn dort seien auch die entscheidenden gesellschaftlichen Zielgruppen der Zukunft verankert.

Eine Konsequenz dieser Orientierung wäre, künftig die Nähe zu den Gewerkschaften zu meiden. Oskar Lafontaine spricht denn auch schon von den Gewerkschaften als Tarifparteien, deren Standpunkt die SPD nicht übernehmen könne, weil sie doch eine Volkspartei sei, die auch Arbeitgeberinteressen vertrete. Vor der SPD-Arbeitsgemeinschaft für Arbeitnehmerfragen ging er sogar so weit, den beschäftigungspolitischen Effekt der Arbeitszeitverkürzung zu leugnen und die Arbeitgeber für ihre beschäftigungspolitische Verantwortung zu loben. Dabei streitet sich in dieser Republik niemand über die Tatsache, daß Arbeitszeitverkürzung Arbeitsplätze geschaffen hat. Differenzen gibt es allenfalls über das Ausmaß.

Driftet die SPD ab zu einer gesichts- und geschichtslosen ökolibertären Partei des Überbaus? Wenn dies der Fall sein sollte, wenn sie den Anspruch aufgibt, für die Schaffung von mehr Arbeitsplätzen und für die Verbesserung der Arbeitsbedingungen zu kämpfen, wenn sie sich den realen Macht- und Verteilungskämpfen in dieser Gesellschaft und in dieser Wirtschaft nicht mehr stellt, dann gehen die Originalität der SPD und ihre Legitimation in der Parteienlandschaft dieser Republik verloren. Dann ist es letztendlich egal, ob man FDP, Grüne oder SPD wählt. Die einen sind dann etwas liberaler, die anderen etwas umweltfreundlicher und die SPD etwas sozialer als die anderen.

Aber wo sind dann die Interessen der Arbeitnehmer aufgehoben? Und da meine ich jetzt nicht nur die Stahlarbeiter oder die Automobilarbeiter, sondern auch die Angestellten, die Techniker, die im High-Tech-Bereich Tätigen. Auch sie haben Arbeitsmarktprobleme, auch sie haben Arbeitsbedingungen, die es zu verbessern gilt, und auch sie haben den Anspruch auf ein gesichertes Einkommen und auf einen humanen Arbeitsplatz. Es ist logisch, daß die SPD versucht, aus dem 30-Prozent-Turm auszubrechen und neue Wählerschichten zu erschließen. Hierzu gehören ohne Zweifel die hochqualifizierten Arbeitnehmer, Angestellte, Techniker, Beschäftigte im öffentlichen Dienst, auch Freiberufler. Aber wie will die SPD in diese höheren Einkommensschichten vordringen, wenn sie gleichzeitig die alte Juso-Forderung nach der 5000-Mark-Einkommensgrenze aufs Tapet bringt?

Damit ich nicht mißverstanden werde: Ich bin sehr wohl für eine radikale Umverteilung, wie sie Lafontaine gefordert hat. Ich bin auch sehr wohl dafür, daß neben der Verteilungsauseinandersetzung zwischen Arbeit und Kapital auch innerhalb der Arbeitnehmerschaft umverteilt wird. Ich bin für einen Solidaritätsbeitrag der Spitzenverdiener. Aber ich bin entschieden dagegen, daß man dies der Tarifpolitik aufbürdet, die hierfür gar nicht über die geeigneten Instrumente verfügt. Die Gewerkschaften sind für eine höhere steuerliche Belastung der Spitzenverdiener. Wir sind für die Ergänzungsabgabe, wir fordern die Arbeitsmarktabgabe von Beamten und Selbständigen, und wir sind für die Abschaffung der Versicherungspflichtgrenzen in der Sozialversicherung. Die Gewerkschaften sind entschieden dafür, daß dieses Geld für die Schaffung von Arbeitsplätzen verwendet wird.

Nicht zuletzt deshalb haben wir nicht nur die ungerechte Steuerreform der Bundesregierung, sondern eine Steuerentlastung generell abgelehnt, weil wir der Auffassung sind, daß es auch den Arbeitnehmern mit kleineren und mittleren Einkommen zuzumuten ist, auf Steuerentlastungen zu verzichten, damit die öffentliche Hand Geld für die Schaffung von Arbeitsplätzen hat. Leider ist auch die SPD nicht auf diesen Vorschlag der Gewerkschaften eingegangen. Sie hat ein eigenes Steuerentlastungsmodell vorgelegt, das zwar sozial wesentlich gerechter als das Modell der Bundesregierung ist, das aber beschäftigungspolitisch dem Staat ebenfalls Geld entzieht und keinen Solidaritätsbeitrag für die Arbeitslosen enthält.

Wirtschaftspolitische Kompetenz gewinnt man nicht, indem man von eigenen Defiziten ablenkt und die Schuld auf andere schiebt. Auch Beifall von Unternehmerseite ist kein Beweis für wirtschaftspolitische Kompetenz.

Natürlich brauchen wir eine Zukunftsdiskussion, und sicherlich ist auch bei den Gewerkschaften nicht alles in Ordnung. Auch wir haben einen Reformbedarf. Wer wollte dies bestreiten? Aber es ist nicht nur ärgerlich, sondern es schmerzt, wenn bei der SPD und in der öffentlichen Diskussion innerhalb der Gewerkschaften bereits eingetretene praktizierte Veränderungen negiert werden und die Gewerkschaften statt dessen als Ewiggestrige, als Betonköpfe dargestellt werden.

Wir haben in der Stahlkrise erlebt, daß weder Arbeitgeber noch CDU/FDP-Bundesregierung und auch nicht die sozialdemokratisch geführte NRW-Landesregierung über Konzepte zur Lösung dieser Strukturprobleme verfügten. Das von der IG Metall entwickelte Modell der Beschäftigungsgesellschaften und der Schaffung von Ersatzarbeitsplätzen ist nach wie vor die einzig sozial gerechte und wirtschaftlich realistische Perspektive für die betroffenen Krisenregionen.

Auch hier haben die IG Metall und die Arbeitnehmer einen Solidarbeitrag eingebracht, indem sie auf rechtlich gesicherte Sozialansprüche verzichteten zugunsten neuer Arbeitsplätze. Ich habe den Eindruck, die SPD resigniert angesichts der bestehenden Probleme und scheut die Auseinandersetzung mit denjenigen Kräften in der Gesellschaft, mit denen man zwangsläufig in Konflikt gerät, wenn man die Massenarbeitslosigkeit beseitigen will. Es sind nicht die Arbeitnehmer, die die Arbeitslosigkeit verschuldet haben, sondern die Prinzipien, nach denen produziert und konsumiert wird.

Bevor nach dem Solidarbeitrag der Arbeitnehmer gefragt wird, muß deshalb zuerst die Frage nach dem Beitrag der Unternehmer zum Abbau der Arbeitslosigkeit beantwortet werden. Wie kommt man an die Milliarden nicht investierter Gewinne von Daimler, Siemens und anderen Konzernen heran? Wie kann man den Konzentrationsprozeß und die Anhäufung wirtschaftlicher Macht verhindern, die letztlich nicht nur den Arbeitnehmern schaden, sondern auch den kleineren und mittleren Unternehmen?

Wenn die SPD nun auch aufgibt, solche Fragen zu stellen, und den »Sozialismus in einer Klasse« propagiert, dann weiß ich nicht, wer in der deutschen Parteienlandschaft solche Fragen dann noch stellt. »Angst vor den Freunden« war der Titel des vorherigen Lafontaine-Buches. Angst vor den Freunden kann man angesichts der Diskussion in der SPD als Gewerkschafter tatsächlich bekommen.

INGRID KURZ-SCHERF

»REINE LINIE« GEGEN »ZEITGEIST«: GEHT ES WIRKLICH UM ARBEITSLOSIGKEIT?

Dr. Ingrid Kurz-Scherf ist Wissenschaftlerin im DGB-nahen
Wirtschafts- und Sozialwissenschaftlichen Institut in Düsseldorf.

I.

Es wäre zu hoffen, daß sich nach dem Tarifabschluß im öffentlichen Dienst die Wogen wieder glätten im Streit um Arbeitszeitverkürzung mit und ohne Lohnausgleich. Aber es wäre höchst bedauerlich, wenn damit einige der zentralen Fragen, die diese Debatte aufgeworfen hat, als erledigt ad acta gelegt würden.

Denn sie sind nicht erledigt, und sie können so schnell auch nicht erledigt werden. Sie könnten nur verdrängt werden, so wie seit Jahren ihr Ausgangspunkt, die Massenarbeitslosigkeit, aus dem öffentlichen Bewußtsein verdrängt wird und so wie schon immer der andere Streitpunkt, die Organisation von Arbeit, der Stellenwert der unbezahlten Hausarbeit, als reines Frauenproblem mißverstanden und entsprechend (nicht) behandelt wird.

Gerade die Gewerkschaften können an einer solchen Entwicklung kein Interesse haben. Sie haben erst kürzlich einen »Solidaritätskreis gegen Massenarbeitslosigkeit« initiiert, mit dem sie gemeinsam mit prominenten Persönlichkeiten aus Kultur, Wissenschaft und Kirchen die »öffentliche Sensibilität für das Problem Massenarbeitslosigkeit erhöhen« wollen. Was auch immer Oskar Lafontaine mit seiner Initiative bezweckt haben mag, die »öffentliche Sensibilität für das Problem Massenarbeitslosigkeit« hat sich in den letzten Wochen durch die von ihm angestoßene Debatte zweifelsohne erhöht – und in diesem Sinne sollte sie auch fortgeführt werden.

Was die Frage eines erweiterten Arbeitsbegriffs anbelangt, so findet diese Debatte schon längst auch innerhalb der Gewerkschaften, am intensivsten in den gewerkschaftlichen Frauenausschüssen, statt. Dies ist ein schwieriges Thema, viel schwieriger als Oskar Lafontaine meint. Denn mit definitorischen Maßnahmen ist es längst nicht getan, und erst recht nicht mit ein paar hundert Mark für die Hausfrauen und Mütter – und im übrigen bleibt alles beim alten. Die Problematisierung der Arbeitsteilung zwischen den Geschlechtern, die die Diskriminierung von Frauen in allen öffentlichen Bereichen nach sich zieht, diese Diskussion, die einen erweiterten Arbeitsbegriff voraussetzt, hat die sozialdemokratischen Frauen, die Gewerkschaftsfrauen und große Teile der sogenannten autonomen Frauenbewegung schon lange zu der Forderung nach schnellstmöglicher Durchsetzung des Sechs-Stunden-Tages gebracht.

Und so schließt sich der Kreis vom erweiterten Arbeitsbegriff zur Arbeitszeitverkürzung mit und ohne Lohnausgleich? Die Debatte könnte fruchtbar werden, wenn sie sich auf die Probleme, um die es geht, konzentrierte, statt sich in Scheingefechten um »reine Linie« versus »Zeitgeist« zu verlieren. Die Überbrückung der Spaltung zwischen den Beschäftigten und den Arbeitslosen, zwischen denjenigen im Schutzbereich des sogenannten Normal-Arbeitsverhältnisses und denen, die an dessen Rand und darüber hinaus gedrängt werden, ist zweifelsohne eines der zentralen Probleme aller Parteien, Organisationen und Bewegungen, die an einer sozialen Lösung der gegenwärtigen Probleme und Zukunftsfragen interessiert sind.

Wer Solidarität innerhalb der Arbeitnehmerschaft verlangt, hat damit noch lange nicht die Klassenfrage ad acta gelegt. Es gibt neben der Klassenfrage zum Beispiel auch eine Frauenfrage, die nicht nur eng verknüpft ist mit der kapitalistischen Wirtschaftsweise, sondern auch mit ganz persönlichen Interessen, Verhaltensweisen und Privilegien beim männlichen Teil der Arbeitnehmerschaft. Und es gibt über die Frauenfrage hinaus ein vielschichtiges Konglomerat von unterschiedlichen Interessenlagen, die sich aus unterschiedlichen Bedürfnissen, Wertorientierungen und Lebensweisen, aber eben auch aus sozialen Differenzierungen, aus Privilegien- und Herrschaftsstrukturen innerhalb der Arbeitnehmerschaft ableiten. Es ist gerade für die Gewerkschaften sehr wichtig, durch dieses Gestrüpp von disparaten Interessenlagen zur gemeinsamen Wurzel vorzudringen.

II.

Bisher blieb der Streit um Arbeitszeitverkürzung mit und ohne Lohnausgleich u. a. deswegen so unproduktiv, weil sich in ihm sehr merkwürdige Fronten gebildet haben, die auf jeden Fall nicht den eigentlichen Konfliktlinien in der politischen Auseinandersetzung um die Zukunft der Arbeit und die Lebenschancen der Menschen entsprechen.

Für einen Teil der Diskutanten ist die Massenarbeitslosigkeit nicht mehr als ein Restrisiko einer modernen Industriegesellschaft, wenn nicht sogar eine günstige Voraussetzung zur Absicherung und zum Ausbau der eigenen Herrschaftsansprüche und der eigenen Privilegien. Ihnen klingt beim Stichwort »Arbeitszeitverkürzung ohne Lohnausgleich« nur der Aspekt des *Lohnverzichts* in den Ohren, ihnen ist es nur recht, wenn die Gewerkschaften jetzt ins Kreuzfeuer der Kritik geraten sind, auf daß ihre eigene Ignoranz und Tatenlosigkeit, die eigenen Motive im Umgang mit der Massenarbeitslosigkeit gar nicht erst ins Blickfeld geraten.

Zumindest einige Argumente, mit denen Oskar Lafontaine, der Initiator der ganzen Debatte, seinen Vorschlag garniert hat, sind Wasser auf die Mühlen der Arbeitgeber und der neokonservativen Machthaber. Auch Form und Zeitpunkt der Intervention lassen genau das vermissen, was Oskar Lafontaine so heftig reklamiert, nämlich Solidarität: Solidarität mit denjenigen, die in den letzten Jahren beileibe nicht nur von Massenarbeitslosigkeit geredet haben, in ihrem praktischen Bemühen aber gerade deswegen nicht den wünschenswerten Erfolg hatten, weil sie nicht nur den Zeitgeist gegen sich hatten, sondern auch das Machtkartell von Kapital und Kabinett – also genau diejenigen, die jetzt von Massenarbeitslosigkeit reden, Lohnverzicht predigen und dabei nur die eigenen Pfründen im Sinn haben.

Indem die Gewerkschaften in ihren bisherigen Äußerungen nur auf diesen Teil der Debatte, nur auf diesen Teil der

Diskutanten Bezug nehmen, laufen sie allerdings Gefahr, sich von einem anderen, meines Erachtens größeren Teil zu isolieren. Jenem Teil der Diskussion nämlich, der nicht nur in den Medien, sondern auch zu Hause, in den Kneipen, Büros und Fabriken und auch in den Gewerkschaften selbst stattfindet – und wo sich die Sympathien für die Überlegungen Lafontaines aus echter Sorge um die Massenarbeitslosigkeit herleiten, aus Anteilnahme am Schicksal der Betroffenen und aus Furcht vor den Auswirkungen dieses gesellschaftspolitischen Skandals auf die politische und soziale Kultur der Republik. Viele wissen, daß der Verzicht auf den Lohnausgleich das Problem nicht löst, solange nicht auch der Staat sich seiner Verantwortung besinnt und die Arbeitgeber auf die Sozialbindung des Eigentums verpflichtet werden. Viele teilen auch die Sorge der Gewerkschaften, daß Lohnverzicht nur die in den letzten Jahren ohnehin schon enorm gestiegenen Gewinne der Arbeitgeber weiter in die Höhe treiben und eben nicht den Arbeitslosen zugute kommen könnte – und dennoch wären zwei Drittel aller abhängig Beschäftigten nach durchaus glaubwürdigen Umfrageergebnissen zum Lohnverzicht bereit.

Der Wirbel, den die Lafontainesche Initiative ausgelöst hat, bedarf der gründlichen Untersuchung. Er ist sicher *auch* ein Aufbegehren gegen die Gleichgültigkeit oder Resignation, mit der so viele sich schon mit der Massenarbeitslosigkeit als einem scheinbar unabwendbaren Schicksal der westlichen Industrienationen abgefunden haben, von dem man nur selbst möglichst nicht betroffen sein wollte. Die Attraktivität der Lafontaineschen Überlegungen in dem Teil der Öffentlichkeit, auf den ich mich beziehe, ist auch ein Bekenntnis zur Eigenverantwortlichkeit jedes einzelnen für gesellschaftliche Zustände, das grundsätzlich zu begrüßen ist. Statt des schon so langen vergeblichen Wartens auf die Einsicht der anderen, statt des Hoffens auf einen ungewissen Regierungswechsel mit ungewissen Aussichten auf eine veränderte Politik, Eigeninitiative – in der Hoffnung, daß diese nicht nur unmittelbar beschäftigungspolitische Wirkungen zeigt, sondern auch die Initialzündung für ein verändertes politisches Klima sein könnte, in dem der Ruf nach Solidarität und sozialer Verantwortung schließlich auch diejenigen zum Handeln zwingt, die sich bisher erfolgreich ihrer beschäftigungspolitischen Verantwortung entziehen.

In der Popularität der Lafontaineschen Thesen liegt andererseits aber zweifelsohne auch ein Moment der bewußten oder unbewußten Verdrängung und Ablenkung von den eigentlichen Ursachen der Massenarbeitslosigkeit.

Gerade die Diffusität der »Bewegung«, die Lafontaine ausgelöst hat, verschleiert und verdreht die Fragen, um die es eigentlich geht, und spielt damit denjenigen in die Hände, denen an Aufarbeitung verdrängter Problemlagen und Aufklärung über Verantwortlichkeiten wenig gelegen ist. Die Gefahr, daß die politischen Gegner der Gewerkschaften die Sorge um die Massenarbeitslosigkeit und die Bereitschaft zur Eigeninitiative, die in den Reaktionen auf die Thesen Lafontaines sichtbar wurden, auf ihre Mühlen lenken, ist um so größer, je weniger es den Gewerkschaften gelingt, eigene Antworten auf die Fragen zu finden, die die aktuelle Debatte aufgeworfen hat.

Die Suche nach »eigenen Antworten« ist zweifelsohne belastet mit duchaus berechtigten Vorbehalten gegenüber den politischen Motivationen und Positionen des Initiators der Debatte. Was aber auch immer Oskar Lafontaine im Sinn haben möge, die Auseinandersetzung mit ihm und denen, die ihm aus durchsichtigen Gründen Beifall klatschen, ersetzt nicht das Nachdenken über neue Wege zur Bekämpfung der Massenarbeitslosigkeit. Da die Forderungspolitik an den Staat und die Appelle an die Unternehmer zumindest zur Zeit keinen Erfolg haben, bleibt nur, nach zusätzlichen eigenen Handlungsmöglichkeiten zu suchen, wenn man nicht stillschweigend doch das Recht auf Arbeit ad acta legen will und sich de facto nicht reduzieren will auf die ständische Vertretung des schrumpfenden Kerns von »Auserkorenen« im Geltungsbereich des Normal-Arbeitsverhältnisses, um den sich ein immer breiterer Rand von minder und ungeschützten Beschäftigungsverhältnissen mit fließenden Übergängen zur phasenweisen und dauernden Arbeitslosigkeit anlagert.

Die Frage ist nicht nur, ob und wie »aus eigener Kraft« mehr Menschen zu einem Arbeitsplatz verholfen werden kann. Die Frage ist darüber hinaus, ob und wie die Gewerkschaften ihren seit Jahren bekannten »Vorschlägen zur Wiederherstellung der Vollbeschäftigung« den nötigen politischen Druck verleihen können. Das Problem, um das es geht, nämlich die Beseitigung der Massenarbeitslosigkeit, rechtfertigt auf jeden Fall die Anstrengung, sich mit jedem ernstgemeinten Vorschlag, ihm zu Leibe zu rücken, sorgfältig auseinanderzusetzen.

III.

Für die Abwägung der Chancen und Risiken des Vorschlags, bei Arbeitszeitverkürzung zumindest für die Besserverdienenden auf den Lohnausgleich zu verzichten, bedarf es zunächst der Klärung von Mißverständnissen und Denkfehlern, die die aktuelle Debatte zur Zeit noch beherrschen: Während Oskar Lafontaine mit Graf Lambsdorff anzunehmen scheint, der blanke Lohnverzicht sei schon eine geeignete Strategie zur Bekämpfung der Massenarbeitslosigkeit, trauen auf der anderen Seite die Gewerkschaften scheinbar ihren eigenen Argumenten zu den beschäftigungspolitischen Wirkungen von Arbeitszeitverkürzungen nicht. Hinzu kommt, daß offensichtlich immer noch große Unklarheit besteht a) über die materielle Bedeutung des Lohnausgleichs, b) über den Kosteneffekt von Arbeitszeitverkürzungen und schließlich c) über den Wirkungsmechanismus von Arbeitszeitverkürzung und Beschäftigung.

Zur Verdeutlichung der in der Tat recht komplizierten Zusammenhänge sei an die große Auseinandersetzung um Arbeitszeitverkürzung 1983/84 erinnert. Ein Teil der Gewerkschaften forderte damals die 35-Stunden-Woche, und zwar möglichst in einem Schritt oder in einem kurzfristigen Stufenplan, weil nur davon eine spürbare Entlastung des Arbeitsmarktes zu erwarten war. Die möglichen Beschäftigungseffekte der 35-Stunden-Woche wurden durch eine Modellrechnung erläutert: Wenn alle Vollzeitbeschäftigten (rund 20 Millionen) auf einen Schlag fünf Stunden weniger pro Woche arbeiten würden, dann müßten die Betriebe zur Aufrechterhaltung ihrer Produktions- bzw. Angebotsmenge ein Arbeitszeitvolumen von 100 Millionen Stunden pro Woche (5 Stunden × 20 Millionen Beschäftigte) neu besetzen, das heißt rund 2,8 Millionen zusätzliche Arbeitsplätze (100 Millionen Stunden geteilt durch 35 Stunden) schaffen – es sei denn, ein Teil des Beschäftigungseffektes würde durch zusätzliche Rationalisierungsmaßnahmen, durch den Wegfall bisher gewährter Ruhepausen, durch erhöhte Leistungsanforderungen an die Beschäftigten u. m. verlorengehen.

Ein wesentliches Argument für die Forderung nach der 35-Stunden-Woche war damals die sogenannte »Produktivitäts-/ Wachstumsschere«, also die Beobachtung, daß die Arbeitsproduktivität aufgrund beschleunigter Rationalisierung stärker zunimmt als das Wirtschaftswachstum. Daraus resultiert bei gleich bleibender Arbeitszeit zwangsläufig Arbeitslosigkeit, die zusätzlich ansteigt, wenn – wie es seit Jahren der Fall ist – mehr Menschen auf den Arbeitsmarkt drängen. Wenn durch Arbeitszeitverkürzung die Schere zwischen Produktivitäts- und Wachstumsentwicklung überbrückt wird, wird die vorhandene Anzahl von Arbeitsplätzen gesichert; es entstehen aber keine neuen Arbeitsplätze für die bereits vor der Arbeitszeitverkürzung Arbeitslosen und die neu auf den Arbeitsmarkt drängenden Menschen.

Rechnet man mit einer Differenz von Produktivitäts- und Wachstumsentwicklung in Höhe von 1 Prozent, so muß die Arbeitszeitverkürzungsrate mehr als 1 Prozent betragen, wenn durch die Arbeitszeitverkürzung nicht nur die bestehenden Arbeitsplätze gesichert, sondern auch neue Arbeitsplätze geschaffen werden sollen.

Es muß jedoch damit gerechnet werden, daß Arbeitszeitverkürzungen zusätzliche Produktivitätseffekte in dem bereits benannten Sinn (zusätzliche Rationalisierungsanstrengungen, Wegfall von Pufferzeiten, erhöhte Leistungsanforderung) auslösen. Das heißt, Arbeitszeitverkürzungen schaffen nur dann zusätzliche Arbeitsplätze, wenn die Arbeitszeitverkürzungsrate größer ist als a) die Differenz zwischen der (normalen) Produktivitäts- und Wachstumsentwicklung und b)

135

dem durch die Arbeitszeitverkürzung induzierten zusätzlichen Produktivitätseffekt.

Arbeitszeitverkürzungen sind um so eher durch Maßnahmen zur zusätzlichen Anhebung der Arbeitsproduktivität kompensierbar, je kleiner die Schritte der Arbeitszeitverkürzung sind. Aus diesem Grund, so argumentierten die Gewerkschaften damals, bedarf es einer kräftigen Arbeitszeitverkürzung innerhalb eines möglichst kurzen Zeitraums, wenn dadurch spürbar zusätzliche Arbeitsplätze geschaffen werden sollen. Selbst bei der 35-Stunden-Woche wurde noch mit einem induzierten Produktivitätseffekt von zwei Dritteln bis der Hälfte der Arbeitszeitverkürzungsrate gerechnet, so daß sich der realistischerweise zu erwartende Beschäftigungseffekt auf 1,4 bis 1,8 Millionen reduzierte.

Diese Argumentation setzt allerdings voraus, daß von Arbeitszeitverkürzungen keine negativen Impulse auf das Wachstum ausgehen. Diese Annahme rechtfertigten die Gewerkschaften gerade mit dem Hinweis auf ihre Forderung nach Arbeitszeitverkürzungen mit vollem Lohnausgleich. Da die kaufkräftige Nachfrage durch die Arbeitszeitverkürzungen keine Einbußen erleiden würde, seien negative Auswirkungen auf das Wachstum nicht zu befürchten. Sollten tatsächlich einzelne Unternehmen in Reaktion auf die Arbeitszeitverkürzung ihre Produktion einschränken, würde sich die Nachfrage auf andere Unternehmen lenken und dort zusätzliche Beschäftigung auslösen.

Diese Überlegungen zu Wachstumsneutralität und Beschäftigungswirksamkeit von Arbeitszeitverkürzungen mit vollem Lohnausgleich wurden von Arbeitgeberseite mit Hinweis auf die Kostenwirkungen der Arbeitszeitverkürzung vehement bestritten. Tatsächlich hat jede Arbeitszeitverkürzung mit vollem Lohnausgleich einen Kosteneffekt. Die effektive Kostenwirkung ist jedoch nicht identisch mit dem Lohnausgleich. Zum einen ist zu bedenken, daß der Personalkostenanteil an den Gesamtkosten im gesamtwirtschaftlichen Durchschnitt nur bei rund 20 Prozent liegt. Selbst wenn also eine Arbeitszeitverkürzung mit Lohnausgleich in vollem Volumen kostenwirksam würde, betrüge die Gesamtkostenbelastung nur weniger als ein Fünftel der Arbeitszeitverkürzungsrate. Übertragen auf die 35-Stunden-Woche bedeutet dies, daß der maximale Gesamtkosteneffekt nur 3 Prozent beträgt. Auch dies ist aber nur ein theoretischer Maximalwert, denn praktisch werden Arbeitszeitverkürzungen aufgrund des induzierten Produktivitätseffektes nicht im vollen Volumen kostenwirksam. Beziffert man den induzierten Produktivitätseffekt auf ein Drittel bis die Hälfte der Arbeitszeitverkürzungsrate, dann reduziert sich die Personalkostenbelastung auf maximal zwei Drittel bis die Hälfte der Arbeitszeitverkürzungsrate, also bei einer fünfstündigen Wochen-Arbeitszeitverkürzung auf 7 bis 9 Prozent. Der Gesamtkosteneffekt der 35-Stunden-Woche hätte demnach maximal nur 1,4 bis 1,8 Prozent betragen.

Der Personalkosteneffekt einer Arbeitszeitverkürzung (gemeint ist hier und im folgenden immer die Arbeitszeitverkürzung mit vollem Lohnausgleich) ist also nicht identisch mit dem Lohnausgleich, sondern mit dem Beschäftigungseffekt: In dem Maße, in dem Arbeitszeitverkürzungen zusätzliche Beschäftigung auslösen, werden sie kostenwirksam. Wenn Arbeitszeitverkürzungen voll durch eine Zunahme der Arbeitsproduktivität kompensiert werden, entsteht kein Beschäftigungseffekt; das heißt aber auch, daß die Personalkosten konstant bleiben.

Auch die sogenannten Lohnstückkosten, also die Personalkosten pro Produktions- oder Dienstleistungseinheit, erhöhen sich bei Arbeitszeitverkürzungen nur um die Differenz zwischen Arbeitszeitverkürzungsrate und induziertem Produktivitätszuwachs. Wenn nach einer Arbeitszeitverkürzung die Beschäftigten in der verkürzten Arbeitszeit das gleiche produzieren wie vorher, bleiben auch die Lohnstückkosten konstant. Im Unterschied zu den gesamten Personalkosten ist die Entwicklung der Lohnstückkosten allerdings nicht zwangsläufig identisch mit dem Beschäftigungseffekt. Vielmehr erhöhen sie sich auch unabhängig vom Beschäftigungseffekt um die Differenz zwischen Arbeitszeitverkürzungsrate und induziertem Produktivitätszuwachs.

An dieser Stelle scheiden sich nun die Geister: Während

die Arbeitgeber behaupten, die Wirkungen von Arbeitszeitverkürzungen mit vollem Lohnausgleich auf die Lohnstückkosten bedrohten die internationale Wettbewerbsfähigkeit
der deutschen Unternehmen (und Oskar Lafontaine scheint
den Arbeitgebern in diesem Punkt weitgehend zu folgen),
sehen die Gewerkschaften gemeinsam mit zahlreichen Ökonomen keine lineare Abhängigkeit der Wachstums- und Beschäftigungsentwicklung von der Entwicklung der Lohnstückkosten. Erst kürzlich hat wieder das Ifo-Institut, dem
nun beileibe keine Gewerkschaftsgläubigkeit nachgesagt
werden kann, nachgewiesen:

1. Der Anteil der Lohnkosten an den Gesamtkosten ist viel
zu niedrig, als daß von der Entwicklung der Lohnstückkosten
ein maßgeblicher Einfluß auf Wachstum, Beschäftigung und
Konkurrenzfähigkeit ausgehen könnte;

2. Die Entwicklung der Lohnstückkosten ist in den letzten
Jahren in der Bundesrepublik weit hinter der vergleichbarer
Industrieländer zurückgeblieben;

3. Die Wettbewerbsposition der deutschen Unternehmen
auf den internationalen Märkten beruht nicht auf Kosten-,
sondern auf Qualitätsvorteilen;

4. Die Wettbewerbsfähigkeit der deutschen Wirtschaft ist in
keiner Weise gefährdet.

Vor diesem Hintergrund scheint die gewerkschaftliche Position gerechtfertigt, daß nämlich bei Arbeitszeitverkürzungen für eine stabile kaufkräftige Nachfrage durch den Lohnausgleich Sorge zu tragen ist und daß unter dieser Voraussetzung negative Wachstumsimpulse, die die positiven Beschäfti-
gungsimpulse neutralisieren könnten, von einer Arbeitszeitverkürzung gerade dann nicht zu befürchten sind, wenn die
Arbeitszeitverkürzung mit vollem Lohnausgleich durchgeführt wird.

Unabhängig davon ist bei der ganzen Kostendebatte um
Arbeitszeitverkürzungen zu bedenken, daß auch hier das sogenannte Opportunitätskostenprinzip gilt. Das heißt, der Arbeitszeitverkürzung sind nur die Kosteneffekte anzulasten,
die ohne Arbeitszeitverkürzung nicht entstanden wären. Da
sich in der Praxis die Gewerkschaften bisher aber die Kosten-

wirkungen der Arbeitszeitverkürzung auf die Lohnforderung anrechnen ließen, hätte der Verzicht auf Arbeitszeitverkürzungen den Unternehmen kaum eine Kostenentlastung beschert, weil die Löhne dementsprechend stärker gestiegen wären. Beziehungsweise umgekehrt: Eine zusätzliche Kostenwirkung hat Arbeitszeitverkürzung nur dann und nur insoweit, als durch die Arbeitszeitverkürzung der sogenannte Verteilungsrahmen weiter ausgedehnt wird, als es ohne Arbeitszeitverkürzung, bei reinen Lohnabschlüssen, der Fall gewesen wäre.

Es ließe sich nun doch eine Vielzahl weiterer Argumente anführen: warum auch innerhalb der Logik kapitalistischen Wirtschaftens eine fünfstündige Arbeitszeitverkürzung ökonomisch durchaus vertretbar gewesen wäre, zumal man auf gesamtwirtschaftlicher Ebene die Kostenwirkungen einer Arbeitszeitverkürzung, d. h. im wesentlichen die Kostenwirkungen der dadurch ausgelösten zusätzlichen Beschäftigung, mit den gesamtwirtschaftlichen Kosten der Arbeitslosigkeit verrechnen muß. Denn immerhin belastet die bestehende Arbeitslosigkeit die öffentlichen Haushalte jährlich mit 57 Milliarden Mark an zusätzlichen Ausgaben und Einnahmeverlusten.

Dies ändert aber alles nichts daran, daß 1984 die 35-Stunden-Woche politisch nicht durchsetzbar war. Bekanntlich scheiterte 1983/84 die Strategie, in möglichst vielen Bereichen innerhalb eines möglichst engen Zeitraums die 35-Stunden-Woche durchzusetzen, zunächst schon an der Präferenz einiger Gewerkschaften für den Vorruhestand. Auch die IG Metall und die IG Druck konnten für die Metall- und die Druckindustrie trotz eines der längsten und härtesten Streiks in der Geschichte der Bundesrepublik Deutschland die 35-Stunden-Woche nicht durchsetzen, auch nicht in einem Stufenplan. Sie erreichten zunächst nur die 38,5-Stunden-Woche. Im Frühjahr vergangenen Jahres haben sie die Einführung der 37-Stunden-Woche in zwei Stufen bis zum 1.4.1989 vereinbart. Seit 1984 wurde die Arbeitszeit für insgesamt 9,8 Millionen Beschäftigte verkürzt; unter Berücksichtigung des Tarifabschlusses für den öffentlichen Dienst erhöht sich diese Ziffer auf rund 12,5 Millionen. Weil die anderen Gewerkschaften teilweise mit erheblicher Zeitverzögerung und deutlich geringerem Tempo der IG Metall und der IG Druck folgen, lag allerdings im gesamtwirtschaftlichen Durchschnitt die tarifliche Arbeitszeit Ende 1987 immer noch knapp über 39 Stunden. Das Arbeitszeitverkürzungstempo lag in den letzten Jahren deutlich über dem vor 1984, aber es betrug dennoch nur 0,5 Prozent bei der tariflichen Wochenarbeitszeit und der tariflichen Jahresarbeitszeit.

Die Beschäftigungseffekte der Arbeitszeitverkürzungen der letzten Jahre stehen außer Frage. Sie nachzuweisen, bedarf es keiner aufwendigen empirischen Erhebungen, sondern eines schlichten Vergleichs der gesamtwirtschaftlichen Entwicklung der Arbeitsproduktivität, des Wachstums und der Beschäftigung: Seit 1984 stieg die Arbeitsproduktivität im gesamtwirtschaftlichen Durchschnitt um insgesamt rund 1 Prozent stärker als das Wirtschaftswachstum. Daraus hätte sich ohne Arbeitszeitverkürzung ein Abbau von über 200 000 Arbeitsplätzen ergeben. Tatsächlich lag aber die Anzahl der abhängig Beschäftigten 1987 um rund 550 000 über der Anzahl der abhängig Beschäftigten in 1984. Andersherum ausgedrückt: Ohne Arbeitszeitverkürzung wäre die Massenarbeitslosigkeit heute noch um 750 000 Menschen höher, als sie ist.

Mehr als ein Drittel der *effektiven* Arbeitszeitverkürzung, die sich u. a. auch aus der Zunahme der Teilzeitbeschäftigung und der Abnahme der Mehrarbeit ergibt, geht auf das Konto der *tariflichen* Arbeitszeitverkürzung. Ihr Beschäftigungseffekt betrug damit mindestens 250 000 Arbeitsplätze. Dies ist nicht gering zu schätzen. Angesichts der Dimensionen der Massenarbeitslosigkeit war es dennoch nur ein Tropfen auf den heißen Stein.

IV.

Es kann dahingestellt bleiben, ob die Gewerkschaften mit einem koordinierten Vorgehen mehr Arbeitszeitverkürzung hätten durchsetzen können. Tatsache ist jedenfalls, daß in den letzten Jahren mit den Arbeitszeitverkürzungenn *und* den Lohnerhöhungen der sogenannte kostenniveauneutrale

Verteilungsspielraum nicht ausgeschöpft wurde. Ganz zu schweigen von der sogenannten Umverteilungskomponente. Eine solche gab es zwar in fast allen Tarifabschlüssen der letzten Jahre in beachtlichem Ausmaß – allerdings nicht zugunsten von Lohnerhöhungen und mehr Beschäftigung durch Arbeitszeitverkürzung, sondern ausschließlich zugunsten der Einkommen aus Unternehmertätigkeit und Vermögen. Letztere erhöhten sich netto zwischen 1980 und 1987 um 73 Prozent; demgegenüber stiegen die Nettoeinkommen aus unselbständiger Arbeit (aufgrund der Lohnerhöhungen und der Beschäftigung zusätzlicher Arbeitskräfte infolge von Arbeitszeitverkürzungen) nur um 19 Prozent. Die Lohnquote am Volkseinkommen sinkt seit Jahren und erreichte 1987 einen neuen Tiefstand noch unter dem Niveau von 1960.

Nach Kriterien der Gerechtigkeit und Moral wären also jetzt eigentlich diejenigen zu einem Beitrag für die Bekämpfung der Massenarbeitslosigkeit aufzufordern, die in den letzten Jahren ihre Kassen aufgefüllt und ihre Versprechen, zusätzliche Gewinne in zusätzliche arbeitsplatzschaffende Investitionen zu lenken, nicht eingelöst haben. Die Arbeitszeitverkürzungen der letzten Jahre und die daraus entstandene Zusatzbeschäftigung gingen ausschließlich zu Lasten der Arbeitnehmer, die für Arbeitszeitverkürzung auf ansonsten mögliche Lohnerhöhungen verzichtet haben. Die Arbeitszeitverkürzungen der letzten Jahre waren also schon eine Umverteilung innerhalb der Arbeitnehmerschaft – und nun wären eigentlich diejenigen an der Reihe, die bisher an der Beschäftigungskrise nicht schlecht verdient haben.

Es geht aber weder der Reihe nach noch nach Kriterien der Moral und Gerechtigkeit, sondern es geht nach Macht. Und die Gewerkschaften müssen sich fragen, ob sie die Machtverhältnisse im Verteilungskampf in den nächsten Jahren so massiv zu ihren Gunsten umwerfen können, daß sie mit Arbeitszeitverkürzungen plus Reallohnsicherung nicht nur den sogenannten Verteilungsspielraum ausschöpfen, sondern eine kräftige Umverteilung des Volkseinkommens zu Lasten der Besitzeinkommen und zugunsten derjenigen durchsetzen, die durch Arbeitszeitverkürzung einen Arbeitsplatz finden.

Bei dieser Überlegung drehen sich die Gewerkschaften allerdings in einem strukturellen Teufelskreis: Die Durchsetzungsmacht, die sie für den Kampf gegen die Massenarbeitslosigkeit brauchen, ist durch eben diese Massenarbeitslosigkeit geschwächt.

Hinzu kommt der § 116 AFG, den die amtierende Bundesregierung zur Begrenzung der Streitfähigkeit der Gewerkschaften in der Arbeitszeitfrage geändert hat.

In ihrem eigenen Handlungsfeld, der Tarifpolitik, verfügen die Gewerkschaften zum Kampf gegen die Massenarbeitslosigkeit über kein anderes Instrument als die Arbeitszeitverkürzung. Wenn auch dieses Instrument versagt, müssen die Gewerkschaften sich nicht generell aus dem Kampf gegen die Massenarbeitslosigkeit verabschieden. Sie sind dann aber auf Möglichkeiten der politischen Einflußnahme verwiesen, wie die betriebliche und außerbetriebliche Mobilisierung von Gegenwehr, die Forderungspolitik an den Staat, Appelle an die Unternehmer, die zumindest in den letzten Jahren auch nicht von durchschlagendem Erfolg waren. Die Anstrengungen auf diesem Gebiet müssen in den nächsten Jahren verstärkt werden. Die Initiierung des Solidaritätskreises liegt zum Beispiel durchaus auf dieser Linie. Deshalb sollte die Frage vorbehaltlos geprüft werden, welche Möglichkeiten bestehen, auf dem Weg der Arbeitszeitverkürzung erfolgreicher als bisher im Kampf gegen die Massenarbeitslosigkeit und in der Verwirklichung der gesellschaftspolitischen Intentionen der Arbeitszeitpolitik voranzukommen.

V.

Die Frage ist jedoch falsch gestellt, wenn sie sich auf Lohnzugeständnisse an die Gegenseite reduziert. Arbeitszeitverkürzung ohne Lohnausgleich bedeutet für sich genommen zunächst einmal nur Lohnverzicht, d. h., die Arbeitseinkommen mindern sich proportional zur Arbeitszeitverkürzung und bleiben nicht, wie bei Arbeitszeitverkürzung mit Lohnausgleich, konstant.

Lohnverzicht ist nach aller historischen und aktuellen Erfahrung kein geeigneter Weg zur dauerhaften Sicherung oder

Schaffung von Arbeitsplätzen. Die Annahme, Arbeitgeber würden quasi automatisch Kostenentlastungen bzw. Gewinnzuwächse aus Lohnverzichtsleistungen der Arbeitnehmer in arbeitsplatzschaffende Investitionen lenken, ist empirisch und theoretisch vielfach widerlegt, ebenso die Annahme, Tempo und Ausmaß der Rationalisierung und damit des Arbeitsplatzabbaus in den Betrieben sei im wesentlichen bestimmt durch die Lohnkosten: Die Bleisetzer in der Druckindustrie hätten ihre Arbeitskraft zum Nulltarif anbieten können, sie hätten die technologische Entwicklung und ihre »Freisetzung« damit nicht verhindern können. Daß die Gewerkschaften sich nicht auf eine Strategie des Lohnverzichts zur Bekämpfung der Massenarbeitslosigkeit einlassen, ist keine Frage von Moral, sondern des ökologischen Sachverstands.

Wenn sich hinter der Problematisierung des Lohnausgleichs für Arbeitszeitverkürzung nur die Strategie des Lohnverzichts verbirgt – einige Äußerungen von Oskar Lafontaine deuten in diese Richtung, die im übrigen auch in der Sozialdemokratie eine lange Tradition hat –, dann bestünde der Neuigkeitswert der Debatte tatsächlich nur darin, daß jetzt führende Sozialdemokraten sagen, was ihre politischen Gegner schon immer gesagt haben – auf daß sie mit denselben koalitionsfähig werden. Für die Gewerkschaften bedeutete dies »nur«, daß der Wind, der ihnen eh ins Gesicht bläst, noch einige Stärkeeinheiten zugelegt hätte.

Eine andere Qualität gewinnen die Überlegungen Lafontaines aber dann, wenn man sie über die Logik des reinen Lohnverzichts hinaustreibt. Die Frage ist dann nicht, ob durch den Verzicht auf den Lohnausgleich bei Arbeitszeitverkürzungen ein höherer Beschäftigungseffekt erzielt werden kann, sondern, ob durch den Verzicht auf den Lohnausgleich mehr Arbeitszeitverkürzung durchsetzbar ist, als mit vollem Lohnausgleich durchsetzbar wäre, und, wenn ja, ob und unter welchen Bedingungen diese zusätzliche Arbeitszeitverkürzung dann auch Beschäftigungseffekte auslösen würde. Wenn tatsächlich über den Hebel des Verzichts auf den Lohnausgleich mehr Arbeitszeitverkürzung und damit mehr Beschäftigung durchsetzbar wäre, müßten weiter die Zumutbarkeit des Lohnverzichts für die Betroffenen, die praktische Umsetzbarkeit und schließlich das Problem der längerfristigen politischen Wirkungen eines solchen Ansatzes geprüft werden.

Gesetzt den Fall, die Tarifvertragsparteien haben sich auf ein Abschlußvolumen von 3,5 Prozent geeinigt. Von diesen 3,5 Prozent sollen 2 Prozent auf die Anhebung der Tarifverdienste zum Ausgleich der Preissteigerungsrate entfallen, 1,5 Prozent sollen in Arbeitszeitverkürzungen fließen. Entsprechend den bestehenden Produktivitätsreserven sei davon auszugehen, daß eine Arbeitszeitverkürzung von einer Stunde auf 39 Stunden zu 40 Prozent durch Leistungsintensivierung und zu 60 Prozent durch Neueinstellungen aufgefangen würde. Damit wäre das nach der zweiprozentigen Lohnerhöhung verbleibende Verteilungsvolumen von 1,5 Prozent durch eine einstündige Arbeitszeitverkürzung (bei vollem Lohnausgleich) bzw. die davon ausgehende Mehrbeschäftigung ausgeschöpft.

Wenn die Gewerkschaften für die besserverdienenden Beschäftigten einen Verzicht auf den Lohnausgleich anböten, dann könnte bei gleicher Kostenbelastung für die Unternehmen eine stärkere Arbeitszeitverkürzung durchgeführt werden; die dadurch notwendigen *zusätzlichen* Neueinstellungen würden aus dem Lohnverzicht der Besserverdienenden finanziert, denn Verzicht auf Lohnausgleich heißt absolute Absenkung des Einkommens proportional zur Arbeitszeitverkürzung. Dieser zusätzliche Beschäftigungseffekt entstünde *nicht* aus dem Lohnverzicht, sondern nur aus der zusätzlichen Arbeitszeitverkürzung, die durch den Lohnverzicht der Besserverdienenden ermöglicht würde.

Beispiel:
Ausgangssituation: 2000 Beschäftigte mit einer Arbeitszeit von 40 Stunden pro Woche; darunter 1700 Beschäftigte mit einem Bruttomonatsentgelt von durchschnittlich 3300 DM und 300 Beschäftigte mit einem Bruttomonatsentgelt von 5000 DM und mehr.

144

Modell 1:
Eine Stunde Arbeitszeitverkürzung bei vollem Lohnausgleich für alle; Annahme: 40 Prozent Produktivitätseffekt.
31 Neueinstellungen werden bei Aufrechterhaltung des Produktionsvolumens zum Ausgleich der Arbeitszeitverkürzung notwendig; Kosteneffekt der Arbeitszeitverkürzung bzw. der Neueinstellungen: 1,5 Prozent.

Modell 2:
Eineinhalb Stunden Arbeitszeitverkürzung ohne Lohnausgleich für Beschäftigte mit 5000 Mark im Monat.
47 Neueinstellungen; Kosteneffekt: 1,5 Prozent.
Die Zusatzkosten für 16 zusätzliche Neueinstellungen, die durch die gegenüber Modell 1 um eine halbe Stunde höhere Arbeitszeitverkürzung notwendig werden, entsprechen der Kostenbelastung aus dem Lohnverzicht der Besserverdienenden. Dieser beträgt unter Berücksichtigung der zweiprozentigen Lohnerhöhung durchschnittlich 110 Mark pro Monat.
Unter unseren Modellannahmen, die in etwa der tatsächlichen Verteilung der Vollzeitbeschäftigten auf die Bruttomonatsverdienstklassen in der Gesamtwirtschaft entsprechen, wäre also durch den Lohnverzicht der Besserverdienenden bei gleicher Kostenbelastung für die Unternehmen eine um 50 Prozent stärkere Arbeitszeitverkürzung möglich, die einen um 50 Prozent höheren Beschäftigungseffekt nach sich ziehen würde – und zwar mit derselben Sicherheit, mit der Arbeitszeitverkürzungen überhaupt Beschäftigungseffekte haben.
Zur Verdeutlichung des Gedankengangs sei nun unterstellt, zugunsten der Beschäftigungschancen der Arbeitslosen und zugunsten von mehr Freizeit für sich selbst wären auch Beschäftigte mit einem geringeren Monatseinkommen als 5000 Mark brutto zu einem Verzicht auf den Lohnausgleich für einen Teil der Arbeitszeitverkürzung bereit.
Ausgangspunkt der Berechnungen ist die in Tabelle 1 dargestellte Verteilung der Vollzeitbeschäftigten auf die Bruttomonatsverdienst (BMV)-Klassen. Tabelle 2 zeigt die Auswirkungen eines gesamtwirtschaftlichen Modelles einer fünf-

Tabelle 1 Vollzeitbeschäftigte Personen mit einem Bruttomonatsverdienst von ... bis ... – Schätzung für 1987 auf der Basis der Ergebnisse der Beschäftigtenstatistik für 1984 (vgl. Statistisches Bundesamt, Fachserie 1, Reihe 4.2.2):

Brutto-Monats-verdienst-klasse[1)] DM	*Personen*		*durchschnittlicher Brutto-Monats-verdienst DM*
	in 1000	*Prozent*	
bis 3000	6800	34	2400 ⎫
3000–4000	6400	32	3500 ⎬ 3300
			⎭
4000–5000	3800	19	4500
5000 und mehr	3000	15	6000
insgesamt	20000	100	3700

[1)] einschl. jährlicher Einmalzahlungen (z. B. Urlaubsgeld)

stündigen Arbeitszeitverkürzung innerhalb von drei Jahren. Unterstellt ist ein Verteilungsrahmen von 3,5 Prozent jährlich, ein Produktivitätseffekt von einem Drittel der Arbeitszeitverkürzung und eine nach Bruttomonatsverdienstklassen differenzierte Regelung des Lohnausgleichs, der nur bis 3000 Mark voll gewährt wird. In den darüberliegenden BMV-Klassen beträgt der Lohnausgleich 75 Prozent (3000 bis 4000 Mark), 50 Prozent (4000 bis 5000 Mark); bei den Beschäftigten mit einem BMV von mehr als 5000 Mark entfällt der Lohnausgleich. Die Arbeitszeitverkürzung wird in drei Stufen – zweimal zwei Stunden, einmal eine Stunde – durchgeführt.

Die Tabelle 2 zeigt, daß sich in dem hier durchgerechneten Modell eine nennenswerte nominelle Lohnkürzung nur in der BMV-Klasse ab 5000 Mark brutto ergibt. Sie tritt aber nur in zwei Jahren auf. Bei »normaler« Einkommensentwicklung nach der Arbeitszeitverkürzung haben die Besserverdienenden ihren Einkommensverzicht zwei Jahre nach dem Inkrafttreten der letzten Stufe der Arbeitszeitverkürzung aber schon wieder aufgeholt. In den beiden Jahren mit zweistündiger Arbeitszeitverkürzung beträgt die Einkommensminderung in der höchsten BMV-Klasse jeweils rund 3 Prozent. Dies liegt der Größenordnung nach nicht über der von den Gewerkschaften geforderten Ergänzungs- und Arbeitsmarktabgabe. Im Unterschied zu diesen Konzepten wird hier aber die Einkommensbelastung in zusätzliche Arbeitszeitverkürzung übersetzt, d. h., ihre Verwendung wird von den Gewerkschaften kontrolliert. Sie kommt nicht nur den Arbeitslosen in Form von Beschäftigungschancen, sondern auch allen Beschäftigten und den Besserverdienenden selbst in Form zu-

Tabelle 2 Verdienst-, Beschäftigungs- und Kosteneffekte eines gesamtwirtschaftlichen Modells einer fünfstündigen Arbeitszeitverkürzung mit nach Bruttomonatsverdienstklassen gestaffeltem Lohnausgleich

BMV-Klassen	BMV im Durchschnitt der einzelnen BMW-Klassen in DM					
	Ausgangsjahr	1. Jahr 2 Std. AZV	2. Jahr 2 Std. AZV	3. Jahr 1 Std. AZV	4. Jahr –	5. Jahr –
bis 3000	2400	+ 54	+ 53	+ 70	+ 90	+ 93
bis 4000	3500	+ 54	+ 28	+ 74	+ 127	+ 132
bis 5000	4500	– 13	– 24	+ 61	+ 158	+ 164
5000 und mehr	6000	– 172	– 189	– 4	+ 197	+ 204
Entwicklung der BMV insgesamt in v. H.		– 0,2	– 0,2	+ 1,6	+ 3,5	+ 3,5
Anzahl der Beschäftigten in 1000	20000	+ 700	+ 750	+ 400	± 0	± 0
Entwicklung der Personalkosten in den Unternehmen in v. H.	+ 3,5	+ 3,5	+ 3,5	+ 3,5	+ 3,5	–

sätzlicher Freizeit zugute. Der Beschäftigungseffekt dieses Modells einer Arbeitszeitverkürzung in der Gesamtwirtschaft beträgt 1,8 Millionen; der Lohnkosteneffekt für die Unternehmen jährlich 3,5 Prozent.

Meine vorläufigen Schlußfolgerungen aus den vorgetragenen Überlegungen sind:

1. Zugeständnisse beim Lohnausgleich für Arbeitszeitverkürzungen stehen nicht im Widerspruch zur Ausschöpfung des sogenannten Verteilungsspielraums einschließlich Umverteilungskomponente; sie können sich verhandlungsstrategisch nur an die Festlegung des Verteilungsrahmens anschließen, wenn dadurch eine stärkere Arbeitszeitverkürzung ermöglicht werden soll, als innerhalb des Verteilungsrahmens durchsetzbar war.

2. Durch Zugeständnisse beim Lohnausgleich können bei gleicher Kostenbelastung für die Unternehmen mehr Arbeitszeitverkürzungen durchgesetzt werden als unter Aufrechterhaltung der Forderungen nach vollem Lohnausgleich. Das mögliche »Mehr« an Arbeitszeitverkürzung hängt von der Definition der Zumutbarkeitsgrenze für Lohnverzichtsleistungen nach unten sowie vom Volumen des Lohnverzichts ab.

3. Zugeständnisse beim Lohnausgleich für Arbeitszeitverkürzungen sind nur dann beschäftigungswirksam, wenn sie in vollem Volumen in zusätzliche Arbeitszeitverkürzungen übersetzt werden.

4. Die Übersetzung des Verzichts auf Lohnausgleich in zusätzliche Arbeitszeitverkürzung ist eine implizite Gewährleistung von Beschäftigungswirkungen des Lohnverzichts, da sich zusätzliches Volumen an Arbeitszeitverkürzung aus der Anzahl der aus dem Volumen des Lohnverzichts finanzierbaren Neueinstellungen ergibt. Wenn das Volumen des Lohnverzichts beispielsweise 1,5 Prozent der Bruttolohn- und -gehaltssumme beträgt, ergibt sich daraus eine zusätzliche Arbeitszeitverkürzung von 3 Prozent, wenn ein Produktivitätseffekt der Arbeitszeitverkürzung von 50 Prozent zu unterstellen ist.

5. Wenn der Verzicht auf Lohnausgleich in vollem Volumen

beschäftigungswirksam wird, entfällt das Kaufkraftargument für den Lohnausgleich für Arbeitszeitverkürzungen, weil der Kaufkraftverlust durch den Lohnverzicht durch Kaufkraftgewinn der zusätzlich Beschäftigten ausgeglichen wird.

6. Für die praktische Durchführbarkeit einer beschäftigungspolitischen Strategie der zusätzlichen Arbeitszeitverkürzung durch Zugeständnisse beim Lohnausgleich ist allerdings zu bedenken, daß die Tarifverträge in aller Regel nicht bis an die Einkommensgrenze heranreichen, die zur Zeit als Zumutbarkeitsgrenze für einen Verzicht auf Lohnausgleich für Arbeitszeitverkürzungen genannt wird.

In der Metallindustrie beträgt beispielsweise das höchste Tarifentgelt 4479,– DM pro Monat. Für die darüberliegenden Beschäftigten kann durch den Tarifvertrag kein Verzicht auf Lohnausgleich bei Arbeitszeitverkürzungen vereinbart werden, zumal auch die Geltung von Arbeitszeitverkürzungen für die sogenannten AT-Angestellten nicht gewährleistet ist. Damit wird die ganze Debatte für die Privatwirtschaft entweder gegenstandslos, oder es wird ein Verfahren gefunden, wie tarifliche Verabredungen auch den AT-Bereich mit erfassen können.

Im Kern ist dies allerdings kein Problem der Gewerkschaften: Wenn sie sich in einer Tarifverabredung mit einer Arbeitszeitverkürzung ohne Lohnausgleich im AT-Bereich einverstanden erklären, ist es das Problem der Arbeitgeber, wie sie eine solche Verabredung in der Praxis handhaben. Die Gewerkschaften hätten allerdings darauf zu achten, daß der von ihnen akzeptierte Lohnverzicht im AT-Bereich voll in das Volumen der zusätzlichen Arbeitszeitverkürzung eingerechnet wird.

7. Der Vorschlag, zusätzliche Arbeitszeitverkürzungen durch den Verzicht auf Lohnausgleich bei den Besserverdienenden zu ermöglichen, hat, wenn der Lohnverzicht tatsächlich über das sonst durchsetzbare Verkürzungsvolumen hinaus zusätzliche Arbeitszeitverkürzung bewirkt, eine eingebaute Garantie der Beschäftigungswirkung. Dies unterscheidet ihn von bedingungslosen Lohnverzichtsparolen. Dennoch haben die Unternehmen mannigfaltige Möglichkeiten,

Beschäftigungswirkungen von Arbeitszeitverkürzungen zu unterlaufen. Eine Verabredung über die Arbeitszeitverkürzung mit gewerkschaftlichen Zugeständnissen beim Lohnausgleich muß demnach unabdingbar eine verbindliche und überprüfbare Gewährleistung des Beschäftigungseffektes enthalten, die durch klare Sanktionen zu sichern ist.

8. Grundsätzlich ist den Arbeitnehmern, auch den Besserverdienenden, nicht zumutbar, Lohnverzicht zu üben, wenn sich nicht auch die Arbeitgeber zu einem Beitrag zur Bekämpfung der Massenarbeitslosigkeit bereit finden. Dabei ist zu unterscheiden zwischen erstens den persönlichen Einkommen der Selbständigen und zweitens den Gewinnen der privaten Unternehmen. Die Haushaltseinkommen der Selbständigen stiegen nach Angaben des Deutschen Instituts für Wirtschaftsforschung (DIW) zwischen 1980 und 1986 um 30 Prozent, die der abhängig Beschäftigten dagegen nur um 15 Prozent. Die Gewinne der privaten Unternehmen erhöhten sich im gleichen Zeitraum je nach Berechnungsweise um 60 bis 70 Prozent.

Eine Ursache der Massenarbeitslosigkeit ist, daß die privaten Unternehmen aus den steigenden Gewinnen einen immer geringeren Anteil in arbeitsplatzschaffende Investitionen lenken. Neben Maßnahmen der steuerlichen Diskriminierung von nichtinvestiver Verwendung der Gewinne neben Abgaben anderer Art der Unternehmen zum Beispiel an einen Beschäftigungsfonds (siehe unten) müßten hier Möglichkeiten der direkten und indirekten öffentlichen Investitionskontrolle und -lenkung überprüft werden. Die Haushaltseinkommen der Selbständigen müßten zur Schaffung von Arbeitsplätzen in mindestens dem gleichen Ausmaß in Anspruch genommen werden, wie die Haushaltseinkommen der Arbeitnehmer durch den Lohnverzicht belastet werden.

9. Auch der Staat kann aus seiner beschäftigungspolitischen Verantwortung nicht entlassen werden. Mindestens wäre sicherzustellen, daß die Entlastung der öffentlichen Haushalte aus dem von den Arbeitnehmern ermöglichten Abbau der Massenarbeitslosigkeit in beschäftigungswirksame Maßnahmen des Staates übersetzt wird.

10. Massenarbeitslosigkeit ist nicht das Resultat zu hoher Arbeitskosten. Ihre Ursache liegt in der Fehlsteuerung des Wirtschaftssystems durch das Profitprinzip und in der grundsätzlich revisionsbedürftigen Organisation von Arbeit. Nicht der Mangel an gesellschaftlich notwendiger Arbeit produziert Massenarbeitslosigkeit, sondern der Mangel an sinnvollen Kriterien und Maßstäben zur Organisation der vorhandenen Arbeit und zur Verteilung des daraus entstehenden gesellschaftlichen Reichtums. Das Recht auf sinnvolle Arbeit, die zugleich eigenständige Existenzsicherheit vermittelt, läßt sich dauerhaft nur durch eine grundlegende Umgestaltung der Grundstrukturen und Grundprinzipien des Wirtschafts- und Gesellschaftssystems erreichen. Die Erfolgsaussichten einer solchen Politik haben sich in den letzten Jahren bei steigender Massenarbeitslosigkeit allerdings nicht verbessert. Vielleicht würden sie sich verbessern, wenn es wieder eine reale Hoffnung auf Beseitigung der Massenarbeitslosigkeit gäbe. Dafür wäre die Erbringung einer weiteren Vorleistung der Arbeitnehmer zugunsten des Gewinns an eigener Lebenszeit und zugunsten der Arbeits- und Lebenschancen anderer kein zu hoher Preis.

11. Lohnverzicht ist aber auch dann, wenn er für zusätzliche Arbeitszeitverkürzung geübt wird und dadurch beschäftigungswirksam ist, kein geeignetes Instrument zur Wiederherstellung und vor allem dauerhaften Sicherung der Vollbeschäftigung. Selbst wenn es gelänge, auf diese Weise die bestehende Arbeitslosigkeit zu beseitigen, so wäre damit keine Gewähr gegeben, daß nicht innerhalb weniger Jahre wieder eine millionenfache Arbeitslosigkeit bestünde. Es kann sich bei den hier diskutierten Möglichkeiten beschleunigter Arbeitszeitverkürzung durch partiellen Verzicht auf den Lohnausgleich deshalb allenfalls um eine möglichst einmalige, auf jeden Fall aber befristete Notmaßnahme handeln.

Zur Sicherung eines Maximums an beschäftigungspolitischer Wirkung und zur Überwindung der im Tarifvertragssystem enthaltenen Barrieren gegen kurzfristige und massive Veränderungen der Normsysteme müßte diese Notmaßnahme durch eine für die jeweiligen Mitgliedsverbände verbindliche Verabredung der Dachverbände der Tarifvertragsparteien eingeleitet werden, in der die Grundzüge einer drastischen Arbeitszeitverkürzung festgelegt würden, die dann von den Tarifvertragsparteien der einzelnen Bereiche zu konkretisieren wären. Einer solchen Vorgehensweise steht das Tarifvertragsgesetz nicht entgegen! »Zusammenschlüsse von Gewerkschaften und Vereinigungen von Arbeitgebern (Spitzenorganisationen) können im Namen der ihnen angeschlossenen Verbände Tarifverträge abschließen, wenn sie eine entsprechende Vollmacht haben« (Tarifvertragsgesetz, § 2 Abs. 2). Auch die jeweiligen Satzungen sind kein unüberwindbares Hindernis. Erst recht nicht Kündigungstermine von Tarifverträgen, da von diesen jederzeit im gegenseitigen Einvernehmen abgewichen werden kann.

12. Eine solche Verabredung der Tarifvertragsparteien hätte allerdings nicht nur die Stufen der Arbeitszeitverkürzung und die Regelungsmodalitäten des Lohnausgleichs zu beinhalten, sondern vor allem auch eine verläßliche Gewährleistung des Beschäftigungseffektes sowie einen Beitrag der Arbeitgeber zur Bekämpfung der Massenarbeitslosigkeit.

Vorstellbar wäre zum Beispiel die Einrichtung eines »Beschäftigungsfonds«, an dem die Unternehmer und Unternehmen einen Prozentsatz X ihrer Gewinnsumme bzw. ihres Monatseinkommens abführen und aus dem »Selbsthilfeprojekte« finanziell so unterstützt werden, daß sie in defizitären Bereichen der sozialen Infrastruktur, des Umweltschutzes und der Alternativproduktion existenzsichernde Arbeitsplätze bereitstellen können. Darüber hinaus könnten aus diesem Fonds die Mittel aus dem Lohnverzicht der Besserverdienenden in zusätzliche Beschäftigung gelenkt werden, die in den Unternehmen nicht im verabredeten Ausmaß zu Neueinstellungen verwandt werden. Dazu wäre eine Rechenschaftspflicht der Unternehmen über die Verwendung der Mittel aus dem Lohnverzicht der Arbeitnehmer für Neueinstellungen zu vereinbaren. Wenn trotz der Übersetzung des Lohnverzichts in Arbeitszeitverkürzung der verabredete Beschäftigungseffekt nicht eintritt, hätten die Unternehmen die eingesparten Mittel an den Beschäftigungsfonds abzuführen.

Die Mittel des Beschäftigungsfonds könnten zusätzlich dadurch aufgestockt werden, daß sich die öffentliche Hand daran beteiligt. So könnte sie beispielsweise Teile der durch den Abbau der Massenarbeitslosigkeit freigesetzten Mittel in den Beschäftigungsfonds einbringen.

Wenn die Gewerkschaften im Rahmen einer solchen Anstrengung bereit wären, Zugeständnisse bei wesentlichen Prinzipien gewerkschaftlicher Tarif- und Arbeitszeitpolitik zu machen, dann müßten Unternehmer und Staat allerdings auch bereit sein, eigene Bastionen, die dem Abbau der Massenarbeitslosigkeit entgegenstehen, zu räumen. Dazu gehört unter anderem auch die Steuerreform und das geplante Arbeitszeitgesetz, die beide dem Geist der aktuellen Diskussion um ein Solidaropfer der Bessergestellten zugunsten der Arbeits- und Lebenschancen der zur Zeit Ausgegrenzten diametral entgegengesetzt sind.

Die aktuelle Debatte bleibt ein Spiegelgefecht, wenn außer dem Lohnausgleich für Arbeitszeitverkürzungen nicht auch andere eingetretene Pfade verlassen werden. Ob dazu die Bereitschaft und die Fähigkeit besteht, sollten die Gewerkschaften testen. Auch wenn die Hoffnung klein ist – nach traditionellen Mustern ist der Massenarbeitslosigkeit nicht beizukommen, auch nicht nach dem traditionellen Muster konsequenzloser Klassenkampfrhetorik und erst recht nicht nach dem Muster des Regierungswechsels.

PETER HANAU / ULRICH PREIS

GEMEINSAME EINRICHTUNGEN DER TARIFPARTEIEN WÄREN EINE LÖSUNG

Prof. Dr. Peter Hanau ist Direktor des Forschungsinstituts für
Sozialrecht an der Universität zu Köln; Dr. Ulrich Preis ist
wissenschaftlicher Assistent am selben Institut.

Der frühere Vorsitzende des Deutschen Gewerkschafts-
bundes (DGB), Heinz Oskar Vetter, hat eine für das
Bundesgebiet geltende »Spitzenvereinbarung« vorgeschlagen. Wegen des hierdurch möglichen Eingriffs in Investitionsentscheidungen der Unternehmen sind rechtliche Bedenken
unter dem Gesichtspunkt »Grenzen der Tarifmacht« geltend
gemacht worden (FAZ v. 8. März 1988). Die niedersächsische
Finanzministerin Breuel hat ebenfalls rechtliche Bedenken
gegen eine zwingende Arbeitsplatzgarantie als Gegenleistung für einen Lohnverzicht erhoben.

Die von H. O. Vetter vorgeschlagene Spitzenvereinbarung
auf Bundesebene erscheint in der Tat als rechtlich problemati-
sches, vielleicht sogar ungeeignetes Mittel, die Verpflichtung
zur Schaffung neuer Arbeitsplätze bei einem Verzicht auf vollen Lohnausgleich zu erreichen. Für eine Spitzenvereinbarung auf Bundesebene, sofern sie als Tarifvertrag abgeschlossen werden soll, wäre eine entsprechende Vollmacht aller Ein-
zelgewerkschaften zugunsten des DGB erforderlich. Ob ein
solcher Zusammenschluß in dieser Frage gegenwärtig möglich und sinnvoll wäre, erscheint zweifelhaft.

Außerdem ist nicht ersichtlich, wie eine starre Kopplung
zwischen Arbeitszeitverkürzung und der Schaffung neuer Arbeitsplätze tarifrechtlich auf Bundesebene regelbar sein
sollte. Allenfalls bei Haustarifverträgen, die sich mit der konkreten Situation eines Unternehmens befassen können,
könnten solche Modelle praktikabel und rechtlich machbar
sein.

Es bestehen allerdings noch tarifrechtlich unausgeschöpfte

Möglichkeiten, den Verzicht auf vollen Lohnausgleich arbeitsplatzwirksam einzusetzen. Mit Hilfe sogenannter »Gemeinsamer Einrichtungen« der Tarifparteien könnte ein Modell zur Verfügung stehen, das rechtlichen Bedenken nicht ausgesetzt, flexibel zu handhaben und praktisch bewährt ist. Kerngedanke des Modells ist, die durch Lohnverzicht der Tarifpartner freiwerdenden Mittel einem Fonds zur Verfügung zu stellen. Aus dem so geschaffenen Fonds, der gebiets- oder branchenbezogen gebildet werden kann, könnten neue Arbeitsplätze finanziert werden.

Die unausgeschöpften Möglichkeiten der Gemeinsamen Einrichtungen haben bereits im Jahre 1970 den 48. Deutschen Juristentag beschäftigt. § 4 Abs. 2 Tarifvertragsgesetz (TVG) erkennt die Möglichkeit an, durch Tarifvertrag sogenannte »Gemeinsame Einrichtungen« der Tarifvertragsparteien mit unmittelbarer und zwingender Wirkung für die Satzung dieser Einrichtung und das Verhältnis der Einrichtung zu den tarifgebundenen Arbeitgebern und Arbeitnehmern zu schaffen.

Mit dem Institut der Gemeinsamen Einrichtung hat man in der Vergangenheit vorwiegend in der Bauwirtschaft (Urlaubskassen, Lohnausgleichskassen, Zusatzversorgungskassen) Erfahrungen gesammelt. Trotz einer gewissen Zurückhaltung der Tarifpartner besteht arbeitgeber- und arbeitnehmerseitig Einigkeit darüber, daß mit den Gemeinsamen Einrichtungen ein Instrument zur Verfügung steht, mit dessen Hilfe sich wichtige sozialpolitische Aufgaben lösen lassen und weiter reichende Zukunftsausgaben übernommen werden können.

Friedhelm Farthmann und Detlef Hensche haben im Jahre 1972 in den Gemeinsamen Einrichtungen eine Chance zur Fortentwicklung unserer industriellen Beziehungen gesehen. In den Gemeinsamen Einrichtungen könnte der Schlüssel für die Frage liegen, ob bei einem Lohnerhöhungsverzicht der Arbeitnehmer in befriedigender Weise sichergestellt werden kann, daß proportional zu diesem Verzicht auch neue Arbeitsplätze geschaffen werden können.

Bei einer »Gemeinsamen Einrichtung« i. S. des § 4 Abs. 2

TVG handelt es sich um gemeinsam von Gewerkschaft und Arbeitgeber bzw. Arbeitgeberverband tariflich geschaffene privatrechtliche Institutionen. Eine gemeinsame paritätische Verwaltung und Kontrolle der Einrichtung ist möglich. Der Vorteil einer Gemeinsamen Einrichtung läge darin, daß die Tarifpartner gemeinsam für die Schaffung neuer Arbeitsplätze tätig werden könnten.

Die Gemeinsamen Einrichtungen sind ein Anwendungsfall sozialer Selbstverwaltung. Hinsichtlich der Zweckbestimmung solcher Gemeinsamen Einrichtungen haben die Tarifpartner einen weiten Gestaltungsspielraum. Dieser Gestaltungsspielraum ist in der Vergangenheit auch bereits genutzt worden.

So betrat man Neuland, als im Tarifvertrag über die Berufsbildung im Baugewerbe vom 19. September 1975 geregelt wurde, die Vergütung für die Auszubildenden über eine branchenweite Umlage zu finanzieren und damit auch die nichtausbildenden Betriebe an den Ausbildungskosten zu beteiligen. In der chemischen Industrie wurde am 18. April 1975 ein Tarifvertrag über die Gründung eines Unterstützungsvereins als Gemeinsame Einrichtung zugunsten arbeitsloser Chemiearbeiter abgeschlossen. Danach erhielten Arbeitslose, die einen bestimmten Zeitraum in der chemischen Industrie beschäftigt waren, zusätzlich zum Arbeitslosengeld aus einem von den Arbeitgebern zu finanzierenden Fonds 15 % des Arbeitslosengeldes gezahlt.

Die vorerwähnten Pilotprojekte verdeutlichen, daß in der Gemeinsamen Einrichtung ein Mittel zur Lösung des tarifpolitischen Problems liegen kann. Als vereinfachtes Beispiel mag folgende Ausgangslage dienen:

In Tarifverhandlungen eines bestimmten Tarifbereichs besteht ein Lohnerhöhungsspielraum von 4 %. In Rede steht außerdem eine Arbeitszeitverkürzung. Die Gewerkschaft ist zu einem Verzicht auf vollen Lohnausgleich bereit, wenn sichergestellt wird, daß dieser Lohnerhöhungsverzicht sich in der Schaffung neuer Arbeitsplätze niederschlägt. Man erzielt Einigkeit darüber, daß 2 % unmittelbar als Lohnerhöhung an die Arbeitsplatzbesitzer weitergegeben und die als Lohnerhöhung denkbaren weiteren 2 % (= 50 % der Lohnerhöhungs-summe) zur Schaffung neuer Arbeitsplätze eingesetzt werden sollen.

Dieses Ziel könnte mit folgenden tarifpolitischen Modellen erreichbar sein: Der aus dem Lohnerhöhungsverzicht freigewordene Betrag wird in eine Gemeinsame Einrichtung eingebracht. Der einzuzahlende Betrag läßt sich pro Arbeitgeber bezogen auf die jeweilige Lohnsumme exakt berechnen. Die Gemeinsame Einrichtung verfolgt den Zweck, die Schaffung neuer Arbeitsplätze im Tarifgebiet zu fördern.

Dies kann dadurch geschehen, daß die Gemeinsame Einrichtung aus diesem Fonds neue Arbeitsplätze finanziert oder für deren Einrichtung erhebliche Zuschüsse gewährt. Durch dieses System würde auch die freie Investitionsentscheidung der Unternehmen nicht berührt, da es jedermann freisteht, mit Hilfe des Fonds in neue Arbeitsplätze zu investieren. Durch geeignete Bewilligungsbedingungen wäre festzulegen, daß diese Fondsmittel nicht zur Finanzierung ohnehin vorhandener Arbeitsplätze genutzt werden.

Über die Einrichtung müßte allein die Arbeitsplatzentwicklung in den bezuschußten Unternehmen kontrolliert werden, um den Zuschußzweck sicherzustellen. Weitere Einzelheiten der Bewilligungsbedingungen zur Sicherstellung des arbeitsmarktpolitischen Zwecks wären auszuhandeln. Als Sicherheit für die zweckgerechte Mittelverwendung wäre im Interesse der auf die volle Lohnerhöhung verzichtenden Arbeitnehmer vorzusehen, daß nach Ablauf eines bestimmten Zeitraums nicht abgelaufene Mittel wieder an diese über ihre Arbeitgeber zurückfließen.

Weiter scheint möglich, in Tarifverhandlungen bei einem zweiprozentigen Lohnverzicht eine sich hieraus ergebende Neueinstellungsquote zu berechnen. Die Nichteinhaltung dieser Quote würde darüber sanktioniert, daß die verfügbar bleibenden, an sich den Arbeitnehmern als Lohnerhöhung zustehenden Mittel an eine Gemeinsame Einrichtung durch den Arbeitgeber abgeführt werden müssen. Mit diesen Mitteln würde dann auf andere Weise die Einrichtung neuer Arbeitsplätze gefördert. Denkbar wäre im übrigen auch, die

Mittel zur Qualifizierung Arbeitsloser in überbetrieblichen Fortbildungsstätten zu verwenden.

Die Tarifverträge, die die Schaffung entsprechender Gemeinsamer Einrichtungen vorsehen, müßten – um den arbeitsmarktpolitischen Effekt voll auszuschöpfen – durch den Bundesminister für Arbeit und Sozialordnung für allgemein verbindlich erklärt werden (§ 5 TVG).

Auch im öffentlichen Dienst können vorstehende Modelle angewandt werden, zumal es dort angesichts des strengen Haushaltsrechts und des Planstellensystems noch durchsichtiger und einfacher sein dürfte, die Anzahl der durch Arbeitszeitverkürzung bei entsprechendem Lohnerhöhungsverzicht einzurichtenden neuen Stellen zu beziffern. Das Haushaltsrecht bildet hierfür keine unüberwindliche Hürde. Selbst wenn man den Lohnerhöhungsverzicht nicht unmittelbar in Planstellen ummünzen will, spricht doch nichts dagegen, die freigewordenen Beträge wie Drittmittel zur Finanzierung zusätzlicher Stellen einzusetzen.

Das Finanzvolumen, das für die Schaffung neuer Arbeitsplätze über Gemeinsame Einrichtungen zur Verfügung gestellt werden könnte, wäre enorm. Am Beispiel des öffentlichen Dienstes wird dies besonders deutlich. Bei ca. 4,9 Millionen unmittelbar und mittelbar Beschäftigten würde eine vierprozentige Lohnerhöhung zu einem geschätzten Zusatzaufwand von 7,2 Mrd. DM führen. Bei einem nur zweiprozentigen Lohnerhöhungsverzicht könnten mithin rund 3,6 Milliarden zur Schaffung neuer Arbeitsplätze eingesetzt werden. Annähernd 100 000 neue Arbeitsplätze im öffentlichen Dienst könnten so finanziert werden.

Man könnte gegen das vorgestellte Modell einwenden, die Gemeinsamen Einrichtungen führten zu einer neuen Bürokratie. Wir sehen die Gefahren nicht. Denn Arbeitgeber und Gewerkschaften hätten sicher ein gemeinsames Interesse daran, die Mittelverteilung möglichst unbürokratisch und effektiv zu gestalten.

Die Vorteile des Modells könnten die Einwände indes überwiegen. Der Lohnerhöhungsverzicht würde für die Arbeitsplatzbesitzer nachvollziehbar zur Schaffung neuer Arbeitsplätze eingesetzt. Hierfür scheint nach jüngsten Umfragen eine große Bereitschaft zu bestehen. Nicht abgerufene Mittel flössen zurück. Schon der einprozentige Lohnerhöhungsverzicht würde bundesweit zu einem erheblichen Finanzvolumen führen, das, sofern der Verzicht nicht durch nachfolgende Tarifverhandlungen wieder kompensiert wird, dauerhaft fortwirkt.

Auch für die Sozialpartner könnte das Modell attraktiv sein. Die Arbeitgeber hätten die Möglichkeit, bei neuen arbeitsplatzwirksamen Investitionen das Lohnrisiko zunächst nicht selbst tragen zu müssen. Für die Gewerkschaften bestünde über die Gemeinsamen Einrichtungen die Chance, bei dem Einsatz der Finanzmittel mitzubestimmen. Arbeitgeber und Gewerkschaften übernähmen gemeinsam beschäftigungspolitische Verantwortung. So gesehen, könnte das Modell für Arbeitgeber, Gewerkschaften und nicht zuletzt die Arbeitslosen gleichermaßen interessant sein.

Alles in allem eröffnet das tarifrechtliche Institut der Gemeinsamen Einrichtung die Möglichkeit zu flexiblen Problemlösungen, die bei weitem noch nicht ausgeschöpft sind. Quintessenz: Das Ziel ist rechtlich erreichbar, wenn es tarifpolitisch gewollt ist.

NORBERT WIECZOREK

Voodoo-Ökonomie?

Norbert Wieczorek ist Abgeordneter der SPD
im Deutschen Bundestag.

L afontaines Ansichten über die Möglichkeiten der Bekämpfung der Arbeitslosigkeit durch Arbeitszeitverkürzung ohne Lohnausgleich haben das beabsichtigte Aufsehen
erregt. Der Appell, wenn alle oder auch nur die höherverdienenden Arbeitnehmer – vorzugsweise die im öffentlichen
Dienst – auf Teile ihrer Arbeit und ihres Einkommens zugunsten der bisher Arbeitslosen verzichten, ist die Arbeitslosigkeit weitgehend zu beseitigen, hat Echo gefunden. Endlich
ist das Rezept für das lang verdrängte Problem da, die Frage
ist nur, ob es nicht nur ein Patentrezept aus der Küche der
Voodoo-Ökonomie ist.

Zunächst muß man genauer betrachten, was Lafontaine
gesagt hat. Dies ist nicht einfach, weil die einzelnen Äußerungen nicht sehr konsistent sind. Der gegenwärtige Stand
dürfte sein:

– Arbeitnehmer im öffentlichen Dienst, aber auch bei »ungezählten anderen Berufsgruppen« mit mehr als DM 5000, –
Monatseinkommen (seit dem AfA-Kongreß übrigens unter
Berücksichtigung des Familienstandes) sollen Arbeitszeitverkürzung ohne Lohnausgleich akzeptieren, damit Arbeitslose
einen Arbeitsplatz finden;

– verantwortlich – zumindest hauptverantwortlich – für die
Beschäftigung ist die Tarifpolitik: wer über Löhne entscheidet, entscheidet über Beschäftigung;

– der Unterschied zwischen Erwerbsarbeit und gesellschaftlicher Arbeit wird aufgehoben: »Die Neudefinition der
Arbeit hebt den Begriff der Arbeitslosigkeit auf.«

Betrachten wir nun die einzelnen Elemente. Sicher hat es
seinen auch populistischen Charme zu fordern, daß die Empfänger höherer Gehälter des öffentlichen Dienstes auf einen

Teil ihrer Arbeit und ihres Einkommens verzichten und damit Neueinstellungen möglich machen. Inwieweit die besonders angesprochene Gesamtgruppe der Lehrer bei den wechselnd genannten Einkommensgrenzen dazugehört, mag dabei dahingestellt sein. Es hat zu Recht darüber Aufregung gegeben, daß dieser Vorschlag zunächst undifferenziert mitten in die Tarifauseinandersetzung der ÖTV fiel, die ja vor allem die Arbeiter und Angestellten des öffentlichen Dienstes vertritt – und nur über die Koppelung der Beamtenbesoldung an die Tarife der Arbeiter und Angestellten auch die Beamten.

Aber es wäre noch verständlich gewesen, wenn der saarländische Ministerpräsident als Arbeitgeber einen solchen Vorschlag in die Tarifgemeinschaft der öffentlichen Hände oder als Initiative im Bundesrat eingebracht hätte. Tatsächlich aber will er ihn als programmatische Äußerung verstanden wissen. Da aber die schwierige Haushaltslage des Saarlandes schwerlich die Grundlage für die Programmatik der SPD sein kann, ist zu prüfen, ob der Vorschlag hält, was er verspricht.

Es ist daran zu zweifeln, denn die höheren Besoldungsgruppen sind eher in den Ministerialverwaltungen, die sinnvollen breiten Beschäftigungsmöglichkeiten dagegen eher bei den Kommunen zu finden. Es ist auch daran zu zweifeln, ob bei einer per Tarifvertrag vereinbarten Lösung alle Parlamente sich daran halten, neue Stellen zu schaffen – die Stellenpläne sind nun mal Haushaltsrecht. Es ist aber auch zu zweifeln, ob sich in der politischen Realität die Begrenzung auf die höheren Einkommen durchhalten ließe, denn selbst zahme Vorschläge, wie die einer Arbeitsmarktabgabe für Beamte, sind bisher nicht realisierbar gewesen.

Zu fragen ist aber etwas anderes: Wenn es um Programmatik geht, warum hat Lafontaine dann nicht den Ansatz gewählt, über die Struktur des Besoldungswesens, die Besoldungskegel, die generelle Hochstufung von Stellen des höheren Dienstes besonders in der Ministerialhierarchie und über die Regelbeförderung in diesen Gehaltsgruppen zu sprechen? Gerade unter dem Gesichtspunkt, daß wir große Defizite an Stellen für humanitäre Dienstleistungen haben und bei diesen Leistungen ein großes Beschäftigungsfeld für zusätzliche Arbeitsplätze brachliegt, wäre es sinnvoll gewesen, alle Public-Relations-Energien darauf zu verwenden, die bessere finanzielle Ausstattung der Gebietskörperschaften zu fordern.

Die simple Gleichung: »Weniger Arbeit und Gehalt für Höherverdienende = mehr Beschäftigung für Arbeitslose«, ist wohl doch nur eine Milchmädchenrechnung. Die Debatte darüber verhindert und verschleiert die notwendige Diskussion über die Personalstruktur des öffentlichen Dienstes bei der zukunftsträchtigen Ausweitung der längst notwendigen zusätzlichen humanitären Dienstleistungen. Sie verschüttet zudem im Tagesgeschehen die Forderung nach besserem Finanzausgleich zwischen den Gebietskörperschaften und nach einer besseren Finanzausstattung der Kommunen. Warum an diesen Punkten weiter angreifen, wenn das Zentralproblem der Arbeitslosigkeit einfach durch Umverteilung der Arbeit und der Einkommen aus den bestehenden öffentlichen Arbeitsplätzen geleistet werden kann?

Noch fragwürdiger ist jedoch die Ausweitung des Arguments auf die private Wirtschaft. Hier sind nämlich praktisch die Einkommensbezieher von über DM 5000,– monatlich erst gar nicht von den Tarifverträgen erfaßt. Vermutlich sollen die Arbeitgeber mit ihren außertariflichen Angestellten Individualvereinbarungen treffen, wobei dann wohl aber analog zu den Lehrern auch wieder nur neue Arbeitsplätze für AT-Angestellte herauskommen, denn die Arbeitszeitverkürzung der Manager schafft kein Arbeitsvolumen für Arbeiter und Tarifangestellte. Die von Lafontaine sonst mit neuen Ideen so umworbenen neuen Schichten werden sicherlich sehr dankbar für diesen Vorschlag zur Kürzung ihrer Gehälter sein, doch das braucht nicht zu kümmern, wenn denn das Argument tragen würde. Bei den von Lafontaine vorgeschlagenen Einkommenshöhen ist es jedoch mangels Masse im Tarifbereich einfach absurd. Sollte aber der Tarifbereich insgesamt einbezogen werden, so ist festzuhalten, daß eine einfache Umverteilung von Kaufkraft keine zusätzliche Nachfrage schafft. Bei Arbeitszeitverkürzung ohne Lohnausgleich wird innerhalb der gleichen Einkommensschicht – und damit der gleichen Klasse – umverteilt, die eigentlich notwendige Zusatzarbeit durch zusätzliche Nachfrage jedoch entsteht nicht. Zugleich aber – Herr Murmann, der Arbeitgeberpräsident, mag fröhlich lächelnd noch so sehr alle diese Vorschläge begrüßen – gibt es kein Mittel, einzelnen Unternehmen per Tarifvertrag Einstellungen und – im Regelfall auch notwendige zusätzliche Investitionen – aufzuzwingen. Sollte die Kraft dafür ausreichen, dies gesetzlich durchzusetzen, wäre der Kern des kapitalistischen Systems geknackt, wären Lafontaines Vorschläge wirklich linkssozialistisch. Da er aber gleichzeitig in seinen Reden die Verdienste der »Unternehmerinnen und Unternehmer« bei der Bereitstellung von Arbeitsplätzen lobt, ist das wohl doch eine nicht zulässige Interpretation seiner Absichten.

Was aber durch diese Diskussion verschüttet geht, ist, daß Arbeitszeitverkürzung ohne Lohnausgleich zunächst nur die Gewinne der Unternehmen verbessert, daß aber wegen der Nachfragewirkungen zugleich die Absatzaussichten und damit die Investitionschancen sinken. Es ist ökonomisch kein Zufall, daß die auch durch die nicht ausreichende Kampfkraft der Gewerkschaften sich in den letzten Jahren entwickelnde Lohnquotensenkung zu einer abgeschwächten Konsumnachfrage und damit zum Wegfall von Erweiterungsinvestitionen geführt hat. Lohnsenkung führt im Bereich der Massenkaufkraft zu Nachfrageausfall und unzureichende Lohnerhöhung zu Nachfragedämpfung. Gleichzeitige Gewinnsteigerungen führen daher nicht zu Erweiterungsinvestitionen, sondern nur zu Rationalisierungsinvestitionen mit Produktivitätssteigerung, die wiederum das notwendige Arbeitsvolumen senken. Sie bewirken zugleich – wie die Bilanzen nur zu deutlich zeigen – überschüssige Liquiditätsanreicherungen, die dann an den internationalen Kapitalmärkten angelegt werden. Der dort erzielbare Zins ist dann aber allemal höher als der interne Investitionszinsfuß für reale Investitionen bei geschwächter Binnennachfrage. Die Gefahr ist übrigens groß, daß dieser Prozeß sich weltweit verstärkt und die Spirale sich dann nach unten dreht. Brüning und andere lassen grüßen.

Die Lösung Arbeitszeitverkürzung ohne oder mit nur teilweisem Lohnausgleich ist daher in bezug auf die gesamtwirtschaftliche Situation unsinnig und gefährlich. Zu diskutieren wäre vielmehr, wie die Verhältnisse so gestaltet werden können, daß die für Investitionen vorhandenen Mittel tatsächlich eingesetzt werden. Dies ist dann das Thema von Mitbestimmung und Wirtschaftspolitik einschließlich der Steuerpolitik. Daß Lafontaine hierzu keine Vorschläge macht, ist zwar bedauerlich, aber hinzunehmen; schlimm ist nur, daß mit seinen Vorschlägen diese Themen aus dem Vordergrund der Diskussion verdrängt werden. Dabei ist es zulässig zu vermuten, daß dies Absicht ist, denn die Zuweisung der Hauptverantwortung für die Beschäftigungspolitik an die Tarifparteien – vorzugsweise werden dabei aber nur die Gewerkschaften angesprochen – heißt andererseits, daß die Politik offensichtlich keine oder nur geringe Verantwortung trägt. Hier ergibt sich ein auffälliger Zusammenhang der Argumentationsstränge; die Beschäftigten haben im Rahmen dessen, was die Arbeitgeber als Lohnquote akzeptieren, untereinander für ihre Beschäftigung zu sorgen, die Kapitaleigner/Unternehmer und die Regierung schauen zu, weil sie nicht oder nur teilweise verantwortlich sind. Das freilich ist nicht nur die Abdankung sozialdemokratischer Reformpolitik, es ist die Politik des defensiven Einrichtens und Einfügens in die vorgegebenen, nicht mehr als veränderbar betrachteten bzw. gar nicht mehr veränderbar gewollten ökonomischen Machtverhältnisse. Die Industriegesellschaft – was auch immer das sein soll – endet in Feudalstrukturen.

Nun gibt es allerdings noch den Einwand, ob denn Lafontaines Vorschläge nicht unter dem Gesichtspunkt der Gleichheit zu loben seien. Es ist richtig: Mehr Gleichheit kann nur durch den Abbau von Einkommens- und Beschäftigungsprivilegien erreicht werden, aber sie kann nicht nur in einer Klasse – bei den abhängig Beschäftigten –, sondern sie muß schon in der gesamten Gesellschaft angestrebt werden. Sie nur in einer Klasse über Umverteilung zu bewirken, wird nur den auch heute schon gegebenen Kampf um die relativen Privilegien in dieser Klasse verstärken.

Der dritte Punkt der Argumentation Lafontaines hat eigentlich mit der Frage der Arbeitszeitverkürzung mit/ohne Lohnausgleich/-verzicht nichts zu tun. Er ist tatsächlich mehr programmatisch. Es ist sicher notwendig, über das Verhältnis von Erwerbsarbeit zu anderer gesellschaftlicher Arbeit zu reden. Es ist sicher auch notwendig, gesellschaftliche Arbeit, die nicht Erwerbsarbeit ist, höher als bisher zu bewerten. Diese Debatte kann hier nicht geführt werden, aber der Bezug zur Arbeitslosigkeit, wie ihn Lafontaine herstellt, ist doch zu betrachten. Wenn nämlich die nicht bezahlte gesellschaftliche Arbeit – ohne hier darüber zu räsonieren, wie denn die Inhalte dafür aussähen – per Definition mit der Erwerbsarbeit zusammen in einem höheren Arbeitsbegriff aufgeht, ist das Ziel, die Arbeitslosigkeit, die sich ja als Mangel an Erwerbsarbeit erklärt, zu beseitigen, erreicht. Die Arbeitslosigkeit ist begrifflich verschwunden, nur real besteht sie weiter, und der sinnvollen und nötigen Programmdiskussion über das Verhältnis von bezahlter und unbezahlter Arbeit ist ein Bärendienst erwiesen. Die nicht nur boshafte Vermutung liegt nahe, daß diese Definition auch noch den letzten Rest von Verantwortung für die Beschäftigung von der Politik nehmen würde.

Im Ergebnis bleibt festzuhalten, was Lafontaine mit seinen Äußerungen erreicht:

– Er nimmt der Regierung die Verantwortung für die Beschäftigungspolitik ab;
– er liefert den Arbeitgebern Argumente für weiteren Lohndruck;
– er macht Arbeitslosen Hoffnung, ohne diese erfüllen zu können;
– er behindert die Debatte um eine gerechtere Steuer- und Sozialpolitik;
– er behindert die Diskussion zur Schaffung neuer zusätzlicher Arbeitsplätze durch Mobilisierung von Kaufkraft bei unteren Einkommensschichten und bei den öffentlichen Händen;
– er lenkt von der sozialen Verantwortung der Kapitaleigner ab und behindert zugleich die Kampfkraft der Gewerk-

schaften durch Beeinflussung der öffentlichen Meinung gegen sie;
- er bereitet der Idee eines statischen Gesellschaftsmodells, das Reformen nur noch in der eigenen Klasse zuläßt, den Boden und gibt damit den Anspruch auf gesamtgesellschaftliche Veränderungen auf.

Wenn die Gegner dieser Vorschläge Lafontaines als Betonköpfe von gestern bezeichnet werden, die dem modernen Zukünftigen nicht folgen, dann ist daran zu erinnern, daß die Grundwidersprüche der Gesellschaft nicht per Definition verschwinden, daß ökonomische Zusammenhänge zwar interpretierbar, aber nicht abzuschaffen sind, daß gesellschaftlicher Fortschritt immer nur durch den Kampf – gerade auch der Gewerkschaften – und nicht durch Anpassung erreicht wurde. Es ist aber auch daran zu erinnern, daß jede Gegenreformation ihre Redner und Anhänger hatte, jede auch ihre Siege und ihre Nachwirkungen.

ALFRED HERRHAUSEN

»DEBATTE ÜBER LOHNAUSGLEICH WAR ÜBERFÄLLIG«

Dr. Alfred Herrhausen war Vorstandssprecher der Deutschen Bank AG.

Die zur Zeit in der SPD und den Gewerkschaften geführte Debatte über die Fragwürdigkeit des Lohnausgleichs bei Arbeitszeitverkürzungen scheint uns notwendig und überfällig. Daß kürzere Arbeitszeiten den Arbeitslosen allenfalls dann helfen, wenn auf einen Lohnausgleich verzichtet wird, ist sachlogisch einfach nicht zu bestreiten. Verteilungsspielräume können nicht sowohl zur Einkommenserhöhung als auch zur Verkürzung der Arbeitszeiten genutzt werden. Wir finden es gut, daß diese und hoffentlich auch andere Tabu-Themen in der Öffentlichkeit jetzt ausführlich erörtert werden. Nur so besteht eine Chance, uns vom alles zementierenden Besitzstandsdenken, von der »Tyrannei des Status quo« in unserer Gesellschaft zu befreien.

Die Debatte beinhaltet jedoch auch Risiken:

– Die Fokussierung auf die Arbeitszeitverkürzung suggeriert, diese sei das wichtigste Instrument zur Lösung der Arbeitsmarktprobleme. Das ist falsch: Viel wichtiger wäre mehr Wirtschaftswachstum, gefördert durch eine Politik der Vitalisierung der Marktwirtschaft auf *allen* Gebieten.

– Mehr Beschäftigung entsteht auch durch eine andere Produktionsweise, durch das Anbieten eines anderen Produkt- und Dienstleistungsmix. Hierzu bedarf es der Korrektur in der Tarifpolitik. Flexibilisierung, d. h. Entzerrung der Betriebs- und Arbeitszeiten, und größere Differenzierung der Entlohnung, um Anreize zu verstärken, sind unverzichtbar. Wir brauchen niedrige Eingangsgehälter, hohe Steigerungsmöglichkeiten bei Leistungsanstieg und Verantwortungsübernahme; stärkere Differenzierung der Löhne nach Qualifikation, Beruf und Berufsort, um die Arbeitskräfte dorthin zu lenken, wo der Bedarf ist.

PETER VON OERTZEN

»ANTIKAPITALISTISCHE HALTUNG KANN DAS PROGRAMM NICHT ERSETZEN«

Peter von Oertzen ist Mitglied des Parteivorstands und der
Programm-Kommission der SPD.

Die organisierte Programmdiskussion in der SPD läuft nun schon fast dreieinhalb Jahre – seit dem Herbst 1984. Ein erstes umfassendes Zeugnis dieser Diskussion – der »Irseer Entwurf« – liegt seit anderthalb Jahren vor. Trotzdem ist die Diskussion weit davon entfernt, die wirklich wichtigen Probleme geklärt, die praktisch entscheidenden Fragen beantwortet zu haben. Ganz im Gegenteil ist der Meinungsstreit seit »Irsee« von Monat zu Monat heftiger geworden. Und auch die sogenannte »Linke« ist davon nicht verschont geblieben. Und die an Verstörung grenzende ideologische Verwirrung auf der Linken, die sich in den Reaktionen auf Oskar Lafontaines Provokationen gezeigt hat, ist nicht in erster Linie von ihm verursacht worden. Er hat nur aufgedeckt, was schon seit langem unklar gewesen ist.

Ich werde seit einiger Zeit zunehmend von aufrichtig besorgten linken Freunden gefragt, was denn nun heute und unter diesen Umständen noch »links« sei. Und das ist in der Tat eine sehr berechtigte Frage. Und mehr als eine – hoffentlich halbwegs begründete – subjektive Meinung kann ich auch nicht dazu sagen. Ein Patentrezept hat, so scheint es mir, niemand.

Immerhin lassen sich einige besonders deutlich sichtbare Konfliktlinien durchs ideologische Gelände ziehen; und ich hoffe, daß die Diskussion der kommenden Monate wenigstens über die Fragestellungen Konsens erzielt – wenn schon nicht über die Antworten. Ich will einige der Hauptfragen, so wie ich sie sehe, skizzieren und füge hinzu, daß sie auf irgendeine Weise alle miteinander zusammenhängen – gewissermaßen verschiedene Ansichten einer und derselben Sache sind.

Zum Beispiel:

Sind Staat, Regierung, Verwaltung, Parlament und Parteipolitik die einzig wichtigen oder zumindest die weit überwiegend wichtigen Felder politischen Handelns für die Linke, oder sind die »Bewegungen« in der Gesellschaft, nichtstaatliche, nichtparlamentarische, nichtparteiliche Initiativen, Aktionen und Gruppierungen, neue alternative Arbeits- und Lebensformen, unabhängige soziale und kulturelle Tätigkeiten nicht genauso wichtig oder noch viel wichtiger? Das sind keine Fragen der reinen Theorie oder des bloßen »Lebensstils«. Diese Fragen führen zu knallharten politischen Alternativen: Gemeineigentum an Produktionsmitteln ja oder nein? Zentrale Wirtschaftsplanung ja oder nein? Dezentralisierung von ökonomischen oder technisch-bürokratischen Großorganisationen? In der Sozialpolitik: bürokratische Umverteilung und Betreuung von oben nach unten oder mehr »Hilfe zur Selbsthilfe«?

– Oder aber: Wie halten wir es mit dem vielberufenen »neuen Individualismus«? Gibt es ihn überhaupt? Lösen sich die überlieferten sozialen Strukturen, die traditionellen Bindungen an Gruppen oder Milieus wirklich auf? Steuern wir tatsächlich auf einen »Kapitalismus ohne (soziale) Klassen« zu, wie Ulrich Beck meint? Und wenn das alles stimmt, wie bringen wir das allseitige Streben nach individueller Selbstentfaltung mit dem sozialdemokratischen Grundwert Solidarität in Übereinstimmung?

Und mit den nächsten Fragen geht's schon ans Eingemachte gewerkschaftlicher und sozialdemokratischer Traditionen:

– Pflegen wir weiter den »Schulterschluß« mit den Gewerkschaften, oder praktizieren wir eine Art rationaler Arbeitsteilung, oder gehen wir eher auf Distanz zu ihnen?

– Und hinter dieser auf den ersten Blick noch eher taktisch wirkenden Diskussion steht die Frage: Gibt es »die« Arbeitnehmerschaft, auf welche sich die SPD immer wieder bezieht, eigentlich überhaupt noch? (Von der »Arbeiterklasse« der marxistischen Theorie ganz zu schweigen.) Wo ist die »Arbeiterbewegung«, von der zumindest an Parteifesttagen immer noch die Rede ist? Bewegt sie sich wirklich noch? Hat sie gemeinsame Interessen? Wer gehört dazu? Gehören zum Beispiel die grünen Wähler dazu? (Der gewerkschaftliche Organisationsgrad der grünen Wähler ist zwar nicht so hoch wie der der SPD-Wähler, aber wesentlich höher als der von FDP- oder CDU-Wählern.)

– Und wo stehen die an Zahl rasch zunehmenden Angestellten (und Beamten) mit höherer Qualifikation, und wohin gehen sie? Es sind die Ingenieure, Techniker, Computerfachleute, Planer, Bankkaufleute, nach denen Peter Glotz schon seit langem sehnsüchtig die Arme ausstreckt – mit Recht übrigens, denn sie sind eine Schlüsselgruppe der sich wandelnden Arbeitnehmerschaft. Es sind jene Arbeitnehmer, um die sich auch die Gewerkschaften seit neuestem verstärkt bemühen (vgl. die spannenden Thesen zur Angestelltenarbeit des IG-Metall-Vorstandsmitgliedes Siegfried Bleicher). Aber sind sie wirklich vorwiegend unter bisherigen FDP- und CDU-Wählern zu suchen? Wer hat zur Kenntnis genommen, daß (laut INFAS) im Januar 1987 weit überdurchschnittlich – nämlich zu 14 Prozent – die Angestellten aus technisch besonders fortgeschrittenen Branchen die Grünen gewählt haben?

– Weiter: Ist es wahr, daß nicht nur objektiv, sondern auch subjektiv – in den Köpfen der Menschen – die sogenannten »Gattungsfragen« der Menschheit, Frieden, Umwelt, Technik, Frauenbefreiung, immer wichtiger werden? Daß sie vielleicht schon wichtiger geworden sind als die sogenannten »Klassenfragen« nach Arbeit, Beruf, Einkommen, nach Mitbestimmung?

– Und: Steht in einer Gesellschaft – immer noch – zunehmenden Wohlstands und abnehmender Arbeitszeit wirklich noch die Erwerbsarbeit, die Lohnarbeit, im Mittelpunkt der Gesellschaft, der menschlichen Existenz? Geht es um die Befreiung *von* der Arbeit oder *in* der Arbeit, oder um beides, und wie?

– Und schließlich: Lassen sich alle diese Fragen beantworten, die damit zusammenhängenden politisch-sozialen Probleme lösen, ohne das kapitalistische Wirtschafts- und Gesellschaftssystem von Grund auf zu verändern? Oder reicht es aus, eine öffentliche, politische Kontrolle von außen auszuüben und den Kern unangetastet zu lassen? Haben am Ende alte und neue Liberalisten – Lambsdorffianer und »Ökolibertäre« – recht, daß mit Privateigentum und Marktwirtschaft endgültig und für alle Zeiten die beste aller möglichen Welten gefunden worden sei? »Candide« statt »Das Kapital«? Peter Glotz scheint es zu glauben; und nicht nur er!

Das sind genügend offene Fragen, um auch einen Kreis in Verwirrung zu setzen, der einheitlicher wäre als dieser hier (der »Frankfurter Kreis«), die vielberufene »Parteilinke« der SPD. Weder nach Herkunft noch nach Philosophie oder nach Programm war dieser Kreis jemals »geschlossen« und wollte er es sein. Altlinke und Neumarxisten, linke Gewerkschafter und Radikaldemokraten, Friedenskämpfer, Ökologen, Dritte-Welt-Aktivisten und – nicht zuletzt – die Frauenbewegung, der Tübinger Kreis und die evangelische »Linke« – schon allein diese Zusammensetzung würde jenen Zustand erklären, den die Apostelgeschichte (Kapitel 19, Vers 32) in die Worte gefaßt hat: »Etliche redeten so, etliche aber anders, und die Gemeinde ward irre, und die meisten wußten nicht, warum sie zusammengekommen waren.«

Natürlich sind unsere Fragen auch nicht einzig und allein dem klugen, ausgeschlafenen Kopf von Oskar Lafontaine entsprungen. Sie sind nicht einmal alle ganz neu, sondern die meisten sind – in historisch veränderter Gestalt – so alt wie die »sozialistische Arbeiterbewegung« selbst, das heißt 100 Jahre oder älter (vgl. Stichwort »Sozialismus« im Lexikon des Sozialismus, Köln 1986).

– Die Frage, ob eine gerechtere menschliche Gesellschaftsordnung einzig und allein gegen den Kapitalismus oder auch mit ihm durchgesetzt werden könne, hat die Arbeiterbewegung von Anfang an gespalten. Der große Streit zwischen Eduard Bernstein und Rosa Luxemburg über »Sozialreform oder Revolution« (Luxemburgs Buch ist in der ersten Fassung 1900 erschienen) ging genau darum.

– Die Suche nach dem »Subjekt« der Revolution, nach dem historischen Träger der sozialistischen Idee, hat schon beim jungen Marx begonnen. Und die Frage, wer dieses Subjekt sein könne oder solle, ist nie endgültig entschieden worden: Die Industriearbeiterschaft allein? Oder alle Arbeitnehmer, einschließlich der Beamten, Angestellten und Wissenschaftler? Oder die gesamte »Arbeiterklasse« im Bündnis mit Bauern oder Kleinbürgern oder der »nationalen Bourgeoisie«? Oder gerade nicht mehr die konservativ gewordene Arbeiterschaft, sondern die Frauen, die Jugend, die Intellektuellen, die Minderheiten? Oder gar alle Menschen guten Willens?

– Die Überlegung, ob die objektive ökonomische Entwicklung, die Macht der materiellen »Klasseninteressen«, die stärkste Triebkraft der Bewegung sei oder das spontane, subjektive Handeln von einzelnen oder Gruppen und ihre religiösen, moralischen oder sozialen Beweggründe, ist auch nicht erst in unserer Zeit entstanden.

– Und schließlich: Der Streit um die Rolle des Staates und der Partei, um Organisation oder Spontaneität, um Zentralisierung oder Basisdemokratie (Anarchie, Föderalismus, Rätesystem) hat schon vor 125 Jahren in der ersten Internationale zwischen Marx und Bakunin begonnen.

Diese historische Rückblende mag uns in unseren aktuellen Schwierigkeiten nur ein geringer Trost sein. Aber sie sollte uns vor voreiliger ideologischer Panik bewahren.

Von allen diesen Fragen scheint mir die nach Charakter und Bedeutung des Kapitalismus die wichtigste zu sein. Ich bekenne ohne Umschweife, daß mir der Marxsche Satz immer noch richtig zu sein scheint, »daß ... die Anatomie der bürgerlichen Gesellschaft in der politischen Ökonomie zu suchen sei«. Wenn ich diese Frage die »wichtigste« nenne, dann heißt das nicht, daß ein sozialdemokratisches oder sozialistisches Programm sich in der »Kritik der politischen Ökonomie« erschöpfen dürfe und daß es zur Lösung aller unserer Probleme genüge, stramm antikapitalistisch zu sein. Ganz im Gegenteil! Das genügt bestimmt nicht! Was ich sagen will, ist ganz etwas anderes: Jene Frage ist für mich nicht die wichtigste, weil ihre Beantwortung alle anderen Fragen mitbeantwortet, sondern weil ihre Beantwortung die notwendige Vorbedingung für die Antwort auf die anderen Fragen ist.

Die Frage, um die es geht, ist für mich: In welcher Art von Wirtschaftssystem (und damit Gesellschaftssystem) leben wir in der Bundesrepublik Deutschland? Kann es im Kern so bleiben, oder muß es grundlegend verändert werden, wenn wir unsere sittlichen, sozialen, politischen und kulturellen Ziele erreichen wollen? Und wenn wir eine solche Veränderung bejahen: Wo soll sie ansetzen, wie weit soll sie reichen, welche Probleme wirft sie im einzelnen auf?

Für die »Seeheimer« (der Kreis des rechten SPD-Flügels – d. Red.) sind Fragen und Antworten klar. In ihrem »Beitrag zur sozialdemokratischen Programmdiskussion« (Bonn, Dezember 1987) sagen sie unmißverständlich: »Die wirtschaftspolitische Linie des Godesberger Programms ›soviel Wettbewerb wie möglich, soviel Planung wie nötig‹ gilt auch für die Zukunft. Die tiefen Einbrüche der achtziger Jahre in das Sozialgefüge und die drastische Verschlechterung der Beschäftigungslage sind nicht das Ergebnis dieser Wirtschaftsordnung, sondern der falschen politischen Entscheidungen auf nationaler und internationaler Ebene. Zur Bewältigung der Zukunftspläne brauchen wir keine dem Grunde nach neue Wirtschaftsordnung ...«

Die Eindeutigkeit ist erfreulich und trägt zur Klarheit in der Diskussion bei. Andere Äußerungen, wie etwa die Formulierung des Irseer Programmentwurfs oder die Texte von Peter Glotz oder Oskar Lafontaine, lassen die Fragen nach den Grundstrukturen unseres Wirtschafts- und Gesellschaftssystems und nach dem Charakter möglicher Eingriffe in dieses System offen. Auch die sogenannte »sozialistische Linke« hat diese Fragen noch nicht zulänglich beantwortet. Eine solche Antwort ist aber zwingend erforderlich.

Meiner Meinung nach ist die umfassende, weltweite Wirtschafts- und Gesellschaftskrise der Jahre seit 1974 nicht durch einzelne, zufällige und damit prinzipiell vermeidbare ökonomische und politische Faktoren hervorgerufen worden. Wir erleben vielmehr heute die erste Weltkrise der kapitalistischen Gesellschaft seit der großen Depression von 1929 bis 1939. Ihre Ursachen liegen nicht so sehr in falschen politischen Entscheidungen, sondern vielmehr in der Existenz und

Funktionsweise der kapitalistischen Wirtschaft selbst und der durch sie geschaffenen gesellschaftlichen Strukturen. Diese Erkenntnis ist von entscheidender Bedeutung für den Erfolg einer an den sozialdemokratischen Grundwerten orientierten Politik. So wenig ein Arzt eine Krankheit ohne zutreffende Diagnose heilen kann, so wenig kann Wirtschafts- und Gesellschaftspolitik eine Krise bewältigen, deren Ursachen sie ungenügend oder falsch bestimmt hat. Die Erscheinungen der gegenwärtigen Krise liegen offen zutage:

In den nationalen Ökonomien verbinden sich verlangsamtes oder gar ausbleibendes Wachstum, nur mühsam und um einen hohen ökonomisch-sozialen Preis zurückgestaute Inflation, zunehmende Dauerarbeitslosigkeit und eine strukturelle, sich stetig verschärfende Finanzkrise der öffentlichen Hand.

Auf internationaler Ebene können die strukturelle Instabilität der Leitwährung US-Dollar, die mit der amerikanischen Staatsschuld verknüpfte Finanzspekulation sowie die Überschuldung der Dritten Welt jederzeit in eine akute Finanzkrise und damit in einen Zusammenbruch der Weltwirtschaft umschlagen. Das die kapitalistische Wirtschaft prägende Wachstum stößt an eine ökologische Grenze: Die natürlichen Lebensgrundlagen der Menschen sind in Gefahr. Die mit der Wachstumsdynamik verbundenen wissenschaftlich-technischen Prozesse (Atomtechnologie, chemische Vergiftung, Genmanipulation) bedrohen die physische Existenz der menschlichen Gattung.

Das politische System verliert bei den Menschen an Zustimmung. Angesichts des wahnwitzigen Rüstungswettlaufs verweigern immer mehr Menschen der bisherigen Außen- und Sicherheitspolitik die Gefolgschaft. Zunehmender Widerstand gegen einen überwuchernden Staatsapparat sowie durch die Krisenfolgen und neokonservative Politik genährte Ängste und irrationale Ideologien enthalten die Gefahr von populistischen Reaktionen, die das System der liberalen Parteidemokratie, wie wir sie kennen, in Frage stellen.

Die Strukturen der kapitalistischen Wirtschaft und Gesellschaft können durch den Hinweis auf einzelne Faktoren wie

Wettbewerb oder Markt oder Privateigentum nicht hinlänglich erklärt werden. Sie alle bilden vielmehr einen strukturellen Zusammenhang, der durch folgende Elemente gekennzeichnet wird:

– Die Produktion von Gütern und Leistungen wird nicht an den Bedürfnissen der Menschen, sondern an Gewinnerwartungen und Absatzmöglichkeiten orientiert;

– die Wohlfahrtsziele der Gesellschaft werden nicht direkt angesteuert, sondern abhängig von ökonomischen Prozessen und wirtschaftlicher Macht;

– die menschliche Arbeitskraft wird in Form der Lohnarbeit als Ware auf dem Arbeitsmarkt gehandelt; die Befriedigung menschlicher Bedürfnisse wird daher den ökonomischen und sozialen Gesetzlichkeiten des Kapitalismus untergeordnet.

– Der Widerspruch zwischen der Ware Arbeitskraft und dem lebendigen Träger dieser Arbeitskraft kommt in der ökonomischen Doppelfunktion des Lohnes als Kostenfaktor und als Nachfrage zum Ausdruck, daraus resultiert ein ständiges, im verborgenen wirkendes, ökonomisch-soziales Ungleichgewicht, das dann in Krisensituationen offen in Erscheinung tritt: Ungleichgewicht von Produktion und (nachfragebedingtem) Konsum; Ungleichgewicht der Produktion (und des Verbrauchs) von Investitionsgütern und Konsumgütern.

– Von diesem Ungleichgewicht rührt auch die immer deutlicher in Erscheinung tretende Verselbständigung der Bewegungen des Geldkapitals gegenüber der Bewegung der realen Kapitalgüter her; in dieser Verselbständigung wurzeln der zunehmende spekulative Einsatz von Kapital anstelle realer Investitionen, die permanente Inflationsdrohung und die akute Gefahr einer internationalen Finanzkrise.

– Die durch den Kapitalismus geprägte Sozialstruktur, die Ungleichheit der Einkommen, die einseitige ökonomische Machtverteilung, die Gefährdungen der politischen Demokratie blockieren in zunehmendem Maße die Möglichkeit von Reformen innerhalb des Kapitalismus – und damit auch die traditionelle Reformpolitik der Arbeiterbewegung.

Sozialdemokratische Wirtschafts- und Gesellschaftspolitik

darf sich den scheinbaren Sachzwängen dieser kapitalistischen Strukturen nicht unterwerfen. Wenn sich ihre Ziele nicht innerhalb dieser Strukturen erreichen lassen, dann darf sie nicht mehr – wie in der Vergangenheit – diese Ziele reduzieren, sondern sie muß die bestehenden Strukturen durchbrechen. Sozialdemokratische Politik kann sich nicht nur auf Reformen im Kapitalismus beschränken, sondern sie setzt sich die Schaffung einer neuen Wirtschafts- und Gesellschaftsordnung zum Ziel. Diese neue Ordnung muß vielgestaltig, offen und demokratisch sein. Ihre grundlegenden Elemente sind Privat- und Gemeineigentum, Wettbewerb und Planung, Markt und Staat, unternehmerische Freiheit und sozialstaatliche Bindung, das Setzen öffentlicher Rahmenbedingungen und der direkte staatliche Eingriff, Mitbestimmung und Selbstverwaltung. Aber alle diese Elemente sind für uns Mittel zum Zweck, nicht Selbstzweck. Ihr Wert und ihre Bedeutung bestimmen sich einzig und allein nach den Zielen einer sozialen und demokratischen (»sozialistischen«) Wirtschafts- und Gesellschaftsordnung, die man »Wirtschaftsdemokratie« nennen könnte:

– sinnvolle Arbeit für alle und soziale Sicherheit,
– Selbstbestimmung in Erwerbsarbeiten, Eigenarbeit und Freizeit, im sozialen und politischen Leben,
– gleiche Lebenschancen und gleichwertige Lebensbedingungen für alle,
– Erhaltung und Wiederherstellung der natürlichen Lebensgrundlagen der Menschen,
– Sicherung und Ausbau der Demokratie, nicht nur in der Politik, sondern in der gesamten Gesellschaft.

Diese allgemeinen Ziele sozialdemokratischer oder demokratisch-sozialistischer Gesellschaftspolitik in die politische Praxis umsetzen zu wollen, heißt vor allem, die wichtigsten konkreten Handlungsfelder erkennen, die sich in der gegenwärtigen ökonomischen, sozialen und politischen Situation ergeben:

– Gleichstellung der Frauen durch gleichen Zugang zur Erwerbsarbeit und Teilung der Familienarbeit mit den Männern.

– Zu diesem Zweck und zur Beseitigung der Massenarbeitslosigkeit: radikale Umverteilung der Arbeit (der bezahlten und der nichtbezahlten).

– Kampf um einen erweiterten Arbeitsbegriff, der bezahlte und nichtbezahlte Arbeit mit umfaßt.

– Ausbau einer materiellen Grundsicherung für jede/n.

– Durchgreifende Umweltpolitik.

– Humanisierung, Demokratisierung und soziale Gestaltung der wissenschaftlich-technischen Entwicklung.

– Bewältigung sektoraler und regionaler Strukturkrisen.

– Ausbau der öffentlichen (vor allem der kulturellen und sozialen) Dienstleistungen.

So wie über die allgemeinen Ziele sozialdemokratischer Politik herrscht auch über diese Handlungsfelder in der SPD ein weitgehender Konsens – zumindest in Worten. Kein Konsens herrscht darüber, wie die hier skizzierte Politik im Rahmen des bestehenden Wirtschafts- und Gesellschaftssystems durchgesetzt werden soll und welche Probleme bei einem solchen Versuch auftauchen würden. Im Gegenteil: Diese Fragen werden entweder gar nicht erst gestellt, oder sie werden verschleiert. Die »Seeheimer« wollen der Arbeit den »Vorrang« vor dem Kapital geben; »Irsee« spricht davon, »die Herrschaft des Kapitals über die arbeitenden Menschen ... zu brechen«; Peter Glotz möchte »die Raubbaulogik ungesteuerter kapitalistischer Modernisierung stoppen« und die »Übermacht des Finanzkapitals begrenzen«. Aber nirgendwo werden die realen Probleme einer solchen Politik gründlich untersucht, nirgendwo werden die praktischen politischen Konsequenzen aus den »gesellschaftsverändernden« Formeln wirklich gezogen – systematisch und mit ausreichender Begründung. Dieses Verfahren ist nicht nur rein theoretisch unzulänglich (und wenn man polemisch sein möchte: intellektuell unredlich); es ist vor allem politisch gefährlich. Es werden Hoffnungen auf eine grundlegende Veränderung der Verhältnisse erweckt, die in der Praxis nicht erfüllt werden können. Die Spuren der gescheiterten sozialliberalen Regierung sollten schrecken!

An dieser Stelle ist es vielleicht angebracht zu fragen, welche Rolle eigentlich die jüngsten Vorschläge Oskar Lafontaines in unserer Diskussion spielen. Eines ist unbestreitbar: Oskar Lafontaine hat etwas fertiggebracht, wovon interessierte sozialdemokratische Parteitheoretiker (und ich sage das mit mühsam unterdrücktem Neid) seit Jahrzehnten kaum zu träumen wagten: Er hat erreicht, daß eine breite Öffentlichkeit über Grundsätze sozialdemokratischer Politik diskutiert – und zwar mit äußerster Leidenschaft. Das allein ist ein unschätzbares Verdienst.

Das genügt natürlich nicht! (...) Lafontaine hat ohne Zweifel etwas sehr Wichtiges und für jede Programmdiskussion Entscheidendes getan: Er hat die Diskussion akuter Gegenwartsprobleme (Arbeitslosigkeit, Arbeitszeitverkürzung, Gleichstellung der Frauen, Neubewertung bisher unbezahlter Arbeit, Grundsicherung) mit der »konkreten Utopie« (Originalzitat Lafontaine) einer Gesellschaft der Zukunft verknüpft. Und die einzelnen Elemente dieser Utopie verweisen auf den unbestreitbaren Umstand, daß unsere Gesellschaft reich genug ist, um Arbeit und Leben menschlicher, gerechter und solidarischer zu gestalten, und daß, um dieses Ziel zu erreichen, eine radikale Änderung der gesellschaftlichen Verteilung erforderlich ist.

Der Streit um die Frage der tariflichen Arbeitszeitverkürzung mit/ohne »vollem Lohnausgleich« hingegen ist im wesentlichen ein groteskes Scheingefecht. Weder haben die Gewerkschaften jemals wirklich einen »vollen Lohnausgleich« verlangt (geschweige denn erreicht), noch sind die Arbeitgeber – zumindest die ökonomisch denkfähigen unter ihnen – an einem wirklich radikalen Lohnverzicht interessiert. In unserem – kapitalistischen – Wirtschaftssystem würde das erstere die Kostenstruktur der Unternehmungen zu sehr belasten und das letztere die Massenkaufkraft, d. h. die Binnennachfrage schwächen.

Kurz gesagt: Die beschäftigungspolitische Wirksamkeit tariflicher Arbeitszeitverkürzungen ist begrenzt, solange sie sich innerhalb der Grenzen des sogenannten tariflichen »Verteilungsspielraums« bewegen, was sie bisher in der Regel getan haben. Arbeitszeitverkürzung kann Arbeitsplatzverluste infolge fortschreitender Rationalisierung (d. h. Wachstum der Produktivität) kompensieren. Sie kann in Grenzen sogar neue Arbeitsplätze schaffen helfen, sofern das Wachstum der Produktion das Wachstum der Produktivität übersteigt – aber auch nur dann. Ein so starkes Wachstum ist aber selten geworden und wird in Zukunft eher die Ausnahme als die Regel sein.

Das alles gilt freilich nur für die private Wirtschaft und nicht für den öffentlichen Dienst. Hier ist im Prinzip eine beschäftigungswirksame Umverteilung der Einkommen denkbar – unter Berücksichtigung bestimmter sozialer Grenzen freilich. Es gibt gerade im öffentlichen Dienst viele, die so wenig verdienen, daß der Verzicht auf Lohnerhöhungen oder gar reale Lohneinbußen unzumutbar sein würden.

Noch enger erscheinen die Grenzen herkömmlicher Arbeitszeitverkürzung, wenn wir den tatsächlichen Umfang der vor uns stehenden Umverteilungsprobleme ins Auge fassen. Nicht nur suchen über zwei Millionen registrierte Arbeitslose einen Arbeitsplatz; dazu kommen bis zu einer weiteren Million aus der »stillen Reserve«. Und außerdem werden in den kommenden Jahren zunehmend Millionen jüngerer Frauen, die um ihre gesellschaftliche Gleichstellung kämpfen, gleichberechtigt mit den Männern bezahlte Erwerbsarbeit leisten wollen. Das würde gegen Ende des Jahrhunderts eine Wochenarbeitszeit bedeuten, die weit unter 30 Stunden liegen müßte. Solchen Aufgaben gegenüber müßte auch die pfiffigste Tarifpolitik und die radikalste Besoldungsreform im öffentlichen Dienst versagen.

Freilich hat Oskar Lafontaine, was in der Diskussion häufig übersehen wird, sich bei seinen Vorschlägen nicht auf das Patentrezept »Arbeitszeitverkürzung ohne vollen Lohnausgleich« beschränkt. Er hat nachdrücklich festgestellt, daß eine wirklich durchgreifende Umverteilung der Erwerbsarbeit über den an der Entwicklung der Produktivität orientierten sogenannten »Verteilungsspielraum« merklich hinausgehen müsse und daß weder »auf einen Solidarbeitrag der Besserverdienenden« noch »auf eine Umverteilung des Bruttosozialprodukts zugunsten der Arbeitnehmer« verzichtet werden dürfe.

Solche Vorschläge gehen nun allerdings weit über tarifliche Arbeitszeitverkürzung hinaus und führen auf das Feld der Steuerpolitik, der Vermögensbildung, d. h. der Wirtschafts- und Gesellschaftspolitik ganz allgemein. Und das erinnert uns daran, daß Verteilungsfragen nicht bloß Fragen der ökonomischen Vernunft sind, sondern in erster Linie gesellschaftliche Machtfragen. Schon die in der Diskussion gemachten Vorschläge, die Arbeitgeber einer Branche oder Region auf eine bestimmte überbetriebliche Lohnsumme und/oder bestimmte Kontingente von Neueinstellungen zu verpflichten, gehen an die Substanz der vielberufenen »unternehmerischen Freiheit«. Ohne die unternehmerische Personalplanung, ohne Preispolitik, Gewinnerwartungen und Investitionsabsichten zu diskutieren – und zwar unter Offenlegung aller betrieblichen Kalkulationsgrundlagen – ließen sich solche Verträge kaum abschließen. Und eine wirkliche Umverteilung des Volkseinkommens, sei es durch Arbeitszeitverkürzungen, die über das Wachstum der Produktivität hinausgehen, oder durch Steuerpolitik oder durch Vermögensbildung in Arbeitnehmerhand, wäre nun wirklich so etwas wie ein »Frontalangriff auf das Kapital«.

Will Oskar Lafontaine den? Bisher klingen seine Vorschläge eher sozialfriedlich. Aber wer weiß? Nur, wer diese Auseinandersetzung wagt, muß sich darüber im klaren sein, welche ökonomischen und politischen Widerstände er hervorruft: Preissteigerungen, Kapitalflucht, Entlassungen – und eine Pressekampagne, die sich gewaschen hat. Niemand wird dann mehr Oskar Lafontaine für seine »unkonventionellen Ideen« loben. Und seine (unsere) einzigen Verbündeten würden dann jene Gewerkschaften sein, gegen die Oskar den Sturm der öffentlichen Kritik gelenkt hat.

Damit sind wir bei der schwächsten Stelle der Lafontaineschen Strategie. Ob ungewollt oder billigend in Kauf genommen oder beabsichtigt: Oskar Lafontaine hat mit seinen Vorschlägen an tiefsitzende populäre Vorurteile appelliert: daß die zu hohen Löhne an der Wirtschaftskrise schuld seien und daß die »phantasielosen« und »unsolidarischen« Gewerkschaften eine wesentliche Mitverantwortung für die Arbeitslosigkeit trügen. Das ist zwar hanebüchener Unsinn: aber Millionen von Menschen glauben ihn – zum Nutzen des Kapitals und zum Schaden der Sozialdemokratie. Da veranstaltet die SPD große philosophische Kongresse über »Die Zukunft der Aufklärung« und ist nicht imstande, ein paar grundlegende und existenzwichtige Einsichten in ökonomische und politische Zusammenhänge in die Köpfe der Menschen zu bringen. Und der stellvertretende Vorsitzende der Partei reitet noch auf der Woge der herrschenden Vorurteile.

Genau das ist doch ein Hauptkennzeichen der Gesellschaft, in der wir leben: Die Wahrheit über das, was sie im Innersten zusammenhält, liegt nicht an der Oberfläche; sie muß mühsam aufgedeckt und verbreitet werden. Natürlich gibt es reichlich Grund zur Kritik an den Gewerkschaften; aber wer hat denn im Jahre 1984 trotz einer erdrückenden ökonomischen, politischen und propagandistischen Übermacht des Gegners für mehr Arbeitsplätze durch Arbeitszeitverkürzungen gekämpft? Das waren ein paar zehntausend IG-Metall-Funktionäre aus den Betrieben, die gegen eine feindselige Öffentlichkeit und gegen Zweifel in den eigenen Reihen den Streik durchgezogen haben – und mit Erfolg! Und dieselben Gewerkschaften stehen heute am Pranger, getadelt von eben denselben, die damals Arbeitszeitverkürzung als »Unsinn« bezeichnet haben.

Das eigentliche Risiko der Lafontaineschen Strategie – wenn es denn eine Strategie ist – besteht darin, daß Erwartungen erweckt werden, die sich nicht erfüllen können, wenn es bei den vorgeschlagenen politischen Rezepten bliebe.

Wenn Oskar Lafontaine seine »konkrete Utopie« wirklich ernst nimmt – und warum sollte man daran zweifeln? –, dann muß er noch radikaler fragen und noch genauer antworten als bisher.

Die Durchsetzung sozialdemokratischer Zielvorstellungen auf den genannten gesellschaftspolitischen Handlungsfeldern erfordert sowohl eine tiefreichende Neuverteilung von Einkommen und Vermögen (Verteilungspolitik) als auch eine durchgreifende Neugestaltung der Produktionsstruktur (Industriepolitik, Strukturpolitik). Beides hängt übrigens zusammen; eines ist ohne das andere nicht zu haben. Beide Ansätze zusammengenommen zielen auf eine strukturelle Veränderung des kapitalistischen Wirtschafts- und Gesellschaftssystems, die nicht in Übereinstimmung mit dessen innewohnenden Gesetzlichkeiten und Tendenzen durchgesetzt werden kann, sondern nur gegen sie. Diese Auffassung ist natürlich umstritten, auch in der SPD, auch innerhalb der sogenannten »Linken« der Partei. Außerdem bedürfte sie einer ausführlicheren Begründung, als sie hier möglich ist. Und selbst wenn diese Begründung umfassend und überzeugend vor uns läge, würde das nicht ausreichen.

Ich wiederhole, was ich schon einmal gesagt habe: Stramme, antikapitalistische Haltung genügt nicht; sie kann das konkrete Programm nicht ersetzen. Aber ohne die hier ausgesprochene Einsicht würde meiner festen Überzeugung nach jede sozialdemokratische Politik in eine Sackgasse münden – und zwar wesentlich rascher als 1969 bis 1982. Die entscheidende Triebkraft einer kapitalistischen Wirtschaft – Motor und Regulator zugleich – sind die Investitionen (der Marxist würde sagen: ist der Akkumulationsprozeß). Und die entscheidende Frage ist, ob überhaupt und wofür die erwirtschafteten Gewinne (und die nicht konsumierten höheren Einkommen) investiert werden. Eine schlechthin ausschlaggebende Rolle spielen dabei die Gewinne und Investitionen (oder Nicht-Investitionen) der Groß- und Riesenunternehmungen. Sie bestimmen letztlich Struktur und Entwicklung der gesamten Wirtschaft – auch und nicht zuletzt der mittleren und kleinen Unternehmungen.

Ohne Einfluß auf diese Entscheidungen lassen sich auf keinem Felde der Gesellschaftspolitik die zentralen Probleme lösen: nicht in der Umweltpolitik und nicht bei der Neuordnung der Energiewirtschaft, nicht bei der Schaffung neuer Erwerbsarbeitsplätze, nicht bei der Sanierung kranker Strukturen, nicht bei der Neuverteilung von Einkommen und Vermögen und nicht beim Um- und Ausbau des Sozialstaates. Und was eine Mitbestimmung wert ist, die sich nicht auf die zentralen Investitionsentscheidungen erstreckt, hat die Entwicklung der Montanindustrie in den letzten Jahrzehnten gezeigt.

Ohne die Möglichkeit unmittelbarer politischer Gestaltung lassen sich diese Probleme offensichtlich nicht bewältigen. Peter Glotz hat einen verblüffend einfach klingenden Vorschlag gemacht: »Der Staat ... muß langfristige Ziele formulieren, die die Wirtschaft marktwirtschaftlich abarbeiten muß.« Ich sehe schon vor meinem geistigen Auge die Vorstände der großen Konzerne mit schweißbedeckten Gesichtern die »Ziele« einer sozialdemokratischen Regierung »abarbeiten« – dazu noch »marktwirtschaftlich«. Im Ernst: Alle Versuche, durch das Setzen bloßer »Rahmenbedingungen« die Investitionspolitik nach Art, Umfang, Zeit und Ort im Allgemeininteresse wirksam zu steuern, sind bisher sehr bald an ihre Grenzen gestoßen, und sie müssen es, solange die letzte Entscheidung – durch die geltende Wirtschafts- und Rechtsordnung abgesichert – vom Gewinn- und Machtinteresse des Unternehmens bestimmt wird, das mit dem »Gemeinwohl« eben nicht identisch ist.

Die in diesem Zusammenhang – von Glotz und Scharpf (Berliner Wirtschaftswissenschaftler, d. Red.) ausdrücklich, von anderen unausdrücklich – geforderte Garantie einer »Mindestrendite« für das Kapital ist nicht das entscheidende Problem, jedenfalls nicht für das Verhalten der entwicklungs- und strukturbestimmenden Groß- und Riesenunternehmungen (bei Mittel- und Kleinunternehmungen liegt das durchaus anders). Daß in jeder Gesellschaftsordnung, auch einer sozialistischen, die Unternehmen bzw. Betriebe – zumindest im Durchschnitt – so viel Werte produzieren müssen, daß sie den Wert der Löhne, der Energie und der Rohstoffe, daß sie Erneuerungs- und Erweiterungsinvestitionen sowie den Wert ihres Beitrags zum öffentlichen (Staats-)Verbrauch erwirtschaften können, ist eine Binsenweisheit, die auch Marx nicht verborgen geblieben ist (vgl. seine Kritik des Gothaer Programms). Auch im Sozialismus gelten die Grundsätze von Effizienz und »Rentabilität« und dürfen keine »roten Zahlen« geschrieben werden. Aber jenseits dieser unbestreitbaren, objektiven »Rentabilitätsgrenze« fließen in die Gewinnerwartungen, und damit in die Investitionspolitik kapitalistischer Unternehmungen und Kreditinstitute, auch Erwägungen psychologischer, gesellschaftspolitischer und politischer Art ein. Die »Mindestrendite« ist keine objektive, jeder politischen Beeinflussung entzogene Gegebenheit, vor der Sozialdemokraten und Sozialisten anbetend wie vor einem Götzenbild in die Knie fallen müßten.

An dieser Stelle muß darauf hingewiesen werden, daß es sich hier um eine Diskussion über Prinzipien einer neugeordneten Gesellschaft handelt und nicht um eine »Instrumentendebatte«. Der Begriff der »Vergesellschaftung« z. B. bezeichnet den Grundsatz demokratischer gesellschaftlicher Verantwortung und Gestaltung in der Wirtschaft, nicht eine spezielle Eigentums- oder Organisationsform (und ist schon überhaupt nicht mit »Verstaatlichung« gleichbedeutend). Im übrigen wissen wir spätestens seit Godesberg, daß in letzter Instanz nicht der Eigentumstitel (privat, genossenschaftlich, gewerkschaftlich, kommunal, staatlich) über den gesellschaftlichen Charakter der Produktionsmittel entscheidet, sondern die Art und die Richtung der Verfügung darüber. Als Paradoxie ausgedrückt: In einem kapitalistischen Wirtschaftssystem muß auch ein gemeinwirtschaftliches Unternehmen als ein kapitalistisches Unternehmen fungieren; und in einem sozialistischen Wirtschaftssystem könnte auch ein Privatunternehmen ein »sozialistisches Unternehmen« sein.

Aber zurück zu den Schlüsselproblemen einer Gesellschaftspolitik, die auf eine »Wirtschaftsdemokratie« zielt und die sich dabei den Gesetzen des kapitalistischen Wirtschaftssystems nicht unterwerfen will. Die politischen und vor allem die ökonomischen Widerstände werden außerordentlich sein. Die strategisch entscheidende Frage einer antikapitalistischen Wirtschaftspolitik (die den harten Kern antikapitalistischer Gesellschaftspolitik darstellt), ist die Frage, ob und wie die Nachfrage nach Konsum- und Investitionsgütern aufrechterhalten und die für jede wirtschaftliche Entwicklung nötige Investitionsrate gesichert werden kann. Entscheidend dafür sind nicht nur objektive ökonomische Faktoren, sondern auch in letzter Instanz politische Entscheidungen (so wie die Unternehmensstrategien der großen Konzerne – selbstverständlich auf der Grundlage genauer ökonomischer

Kalkulationen – politische beziehungsweise gesellschaftspolitische Strategien sind). Ausschlaggebend für die Durchsetzbarkeit und Wirkung solcher politischer Entscheidungen ist natürlich, daß die gewählten rechtlichen, politischen und ökonomischen Mittel wirklich greifen und daß die monetären wie die realen Kapitalbewegungen auf nationaler und internationaler Ebene tatsächlich im Sinne erwünschter gesellschaftlicher Ergebnisse beeinflußt werden können.

Bei der Beantwortung dieser Fragen steckt – wie immer und überall in der Politik – der Teufel im Detail. Auch die Diskussionen der »Linken« auf diesem Felde sind bisher nicht sehr ergiebig gewesen. Eines ist sicher: Die einzelnen Maßnahmen, Eingriffe und neu zu schaffenden Institutionen müssen einen aufeinander abgestimmten Zusammenhang bilden – sachlich und in der zeitlichen Abfolge. Dabei stehen zwei Probleme im Vordergrund: Wie kann der finanzielle Handlungsspielraum der Politik erweitert und wie können nichtinvestierte Gewinne und nichtkonsumierte höhere Einkommen zu sinnvollen (ökologischen, sozialen) Zwecken in unsere Wirtschaft umgelenkt werden. Dabei müssen von der Steuerpolitik, der Beschäftigungspolitik, der Vermögensbildung in Arbeitnehmerhand bis hin zu Rahmenplanung und zu direkten Auflagen für große Unternehmungen alle denkbaren Mittel zusammenwirken.

Eine solche Politik wird nur erfolgreich sein können, wenn sie ihre Maßnahmen von den Interessen der betroffenen Menschen und den Grundsätzen einer menschlichen, sozialen und demokratischen Wirtschaftsordnung her greifbar und einleuchtend begründet. Staatliche oder gesellschaftliche Planung und Lenkung der Wirtschaft sind kein Selbstzweck; die freie Unternehmerinitiative und der Wettbewerb auf dem Markt sind in weiten Bereichen unserer Wirtschaft unverzichtbar. Dies gilt insbesondere für die kleinen und mittleren Unternehmungen, in denen die große Mehrheit der Arbeitnehmer beschäftigt ist. Jeder Eingriff in die freie Entscheidung von Unternehmungen und in den Markt bedarf einer konkreten Rechtfertigung durch die unverzichtbaren Ziele einer sozialen und demokratischen Wirtschaftsordnung.

Wenn es uns gelänge, ein konkretes Konzept für die hier skizzierte Politik wirklich auszuarbeiten, dann wären die zu Beginn erwähnten grundlegenden Streitfragen dadurch freilich noch lange nicht erledigt. Aber sie würden ihren abstrakten und ideologischen Charakter verlieren; es würden sich nicht mehr gewissermaßen »weltanschauliche« Positionen gegenüberstehen, sondern praktische Lösungsvorschläge für praktische Probleme würden miteinander konkurrieren. Eine staatlich-zentralistische bürokratische Umorganisation der Gesellschaft ist eben nicht nur nicht wünschbar, sie ist auch unpraktikabel. Sich allein auf Regierung und Verwaltung, auf Parlament und Partei zu verlassen, reicht einfach politisch nicht aus; ohne »Bewegung« in der Gesellschaft ist Veränderung nicht möglich (und ohne Bündnis mit den gewerkschaftlich organisierten Arbeitern, Angestellten und Beamten schon gar nicht).

Neuer Individualismus hin oder her: Daß Menschen mit ihrem eigenen Kopf denken und ihr eigenes Leben leben wollen, ist nicht eine ärgerliche Störung vernünftiger Politik, sondern ihre unverzichtbare Voraussetzung. Und daß Individualismus unsolidarisch sein müsse, ist eine Legende; die Menschen wollen nur wissen, wofür sie sich engagieren sollen, und sie wollen selber dabei mitbestimmen. Das gilt für Wissenschaftler und Techniker ebenso wie für Bankangestellte und die »neuen Facharbeiter«. Daß Arbeit nicht alles ist, hat sich unterdessen auch bei Gewerkschaftern herumgesprochen, und daß ein Leben ohne sinnvolle, nützliche – und angemessen bezahlte Arbeit auch nicht das Gelbe vom Ei ist, bei den Alternativen.

Die Frage ist nur, ob sich die Einsicht durchsetzt, daß wir nicht menschlicher und freier werden arbeiten und leben können, solange wir nicht selber über unsere Arbeit und unser Leben bestimmen, sondern kleine unkontrollierte Wirtschafts- und Machteliten über uns bestimmen lassen – und die geheimnisvollen Gesetze der kapitalistischen Wirtschaft. Die aber sind eben nicht vom lieben Gott gemacht worden, sondern von Menschen, und können daher auch von Menschen außer Kraft gesetzt werden.

HANS-DIETRICH GENSCHER

»WIRTSCHAFT UND GESELLSCHAFT
ZUKUNFTSFÄHIG MACHEN«

Auch im eigenen Land ist es notwendig, sich mit Entschlossenheit und mit neuen Ideen, abseits aller parteitaktischen Erwägungen, den Herausforderungen eines weltweiten Strukturwandels zu stellen. Das verlangt die Bereitschaft und den politischen Mut, auch neue Wege zu gehen.

Auch wer sich nicht mit allen Vorstellungen des Ministerpräsidenten Oskar Lafontaine identifizieren kann, muß anerkennen, daß er mit seinen Vorschlägen der Diskussion über die Überwindung der Arbeitslosigkeit einen neuen Impuls gegeben und daß er zugleich den Zusammenhang zwischen Produktivitätszuwachs, Lohn, Arbeitszeit und Arbeitsplätzen aufgezeigt hat.

Nur wenn wir mehr Flexibilität schaffen, wenn wir deregulieren, wenn wir bürokratische Hindernisse abbauen und so die Anpassung an veränderte weltwirtschaftliche Bedingungen, an veränderte Marktbedingungen ermöglichen, werden wir den notwendigen Strukturwandel ohne soziale Erschütterung vollziehen können. Verharren in alten Denkkategorien ist ebenso untauglich wie der Versuch, sich durch eine ausufernde Subventionspolitik über den notwendigen Strukturwandel hinwegzumogeln.

Alle gesellschaftlichen und politischen Kräfte sind aufgerufen, über die Erneuerung von Wirtschaft und Gesellschaft nachzudenken und ihre Vorschläge einzubringen. Das erfordert eine große gemeinsame gesellschaftliche und politische Anstrengung.

Wir müssen Wirtschaft und Gesellschaft zukunftsfähig machen. Die Bürger verlangen danach, sie sind in vielem weiter als Verbände und Organisationen, aber auch als manche Politiker.

Ein neues Wertebewußtsein verlangt die Versöhnung von Ökologie und Ökonomie, verlangt mehr Dispositionsfreiheit über Arbeitszeit und Freizeit. Das alles bedeutet nicht Aussteigermentalität, sondern Verlangen nach mehr Verantwortung, nach mehr Kreativität, nach mehr Individualität. Man muß die Menschen nur gestalten und leisten lassen, nichts demotiviert mehr als Bevormundung und Überregulierung.

Das Grundgesetz beschreibt unseren Staat als einen sozialen Rechtsstaat. In diesem sozialen Rechtsstaat haben Gewerkschaften und Arbeitgeber eine große gesellschaftliche und politische Verantwortung. Je mehr sich auch Arbeitgeber und Gewerkschaften den Herausforderungen des Wandels stellen, um so größer wird auch in Zukunft ihr Einfluß auf unsere Gesellschaft sein.

RAINER ERD

LAFONTAINE, DIE ARBEITSLOSEN UND EIN NOTWENDIGER STREIT

Dr. Rainer Erd ist Wissenschaftler am Institut für Sozialforschung an der Johann-Wolfgang-Goethe-Universität Frankfurt am Main.

In den Gewerkschaften gibt es Streit. Erleichtert atmen die auf, denen an der Zukunft der Gewerkschaften gelegen ist; denn ohne Streit werden sie keine Wege finden, neue Strategien in einer sich rasch verändernden Gesellschaft zu entwickeln. Warum ausgerechnet über den Vorschlag von Oskar Lafontaine, die Beschäftigten in den oberen Einkommensgruppen sollten einen Solidarbeitrag für die Arbeitslosen erbringen, die heftigsten Auseinandersetzungen entbrannt sind, kann ein Blick in die Geschichte der Gewerkschaften verdeutlichen.

Historisch war das Verhältnis der Gewerkschaften zur Sozialdemokratie oft gespannt. Während die Partei, in verschiedene Fraktionen zerfallen, in bestimmtem Umfang kontroverse Positionen zuließ und öffentlich austrug, traten die Gewerkschaften selten als diskutierende Institution in Erscheinung. Die theoretisch anregende Literatur aus der Arbeiterbewegung stammt konsequenterweise auch nicht aus der Feder von Gewerkschaftern, sondern ist von sozialdemokratischen Autoren verfaßt worden. Das historisch jüngste Beispiel für den administrativen Umgang von Gewerkschaften mit intellektuellen Kritikern ist die Auseinandersetzung mit der in den siebziger Jahren am Institut für Sozialforschung entstandenen Gewerkschaftsstudie. Unter Gewerkschaftsführern wie Loderer und Hauenschild war es unmöglich, die Thesen dieser heute als Standardwerk geltenden Studie offiziell zu diskutieren.

Heute freilich hat sich das geändert. Heute wird das damals rote Schaf der gewerkschaftstheoretischen Diskussion, der Paderborner Professor Walther Müller-Jentsch, vom Vorsitzenden der IG Metall hofiert. Ob diese sich anbahnende Kooperation indes von Dauer sein wird, ist nach den Erfahrungen im Umgang mit Lafontaine mehr als fraglich; denn in der Auseinandersetzung ist offensichtlich geworden, daß – entgegen allen anderslautenden Wünschen – die Gewerkschaften in hohem Maße in ihrer Tradition gefangen sind. Diese legt ihnen immer dann Steine in den Weg, wenn Grundprobleme berührt werden. Und dieses hat Lafontaine so brillant getan, daß ihn die ganze Wut der Gewerkschaften, die eher ihrer eigenen Konzeptionslosigkeit gelten sollte, trifft.

Was sind die Traditionen der Gewerkschaften, die sie mit solcher Macht davon abhalten, sich auf produktive Debatten einstellen zu können? Ihre Tradition als Standesorganisation einer bestimmten Gruppe von Arbeitnehmern, lautet verkürzt die Antwort. Am Beginn ihrer Geschichte Mitte des vergangenen Jahrhunderts waren Gewerkschaften eine Art Standesorganisation. Sie entstanden als Zusammenschlüsse der hochqualifizierten Facharbeiter, die sich gegen die sogenannte »Schmutzkonkurrenz« der weniger oder unqualifizierten Arbeitnehmer schützen wollten. Keineswegs gesellschaftspolitische Utopien standen an der Wiege der deutschen Gewerkschaften, sondern der Wunsch, die privilegierte Position der Facharbeiter vor den Un- und Angelernten zu erhalten.

Facharbeiter sind für jedes Unternehmen wegen ihrer differenzierten Ausbildung von größerer Bedeutung als un- oder angelernte Arbeitnehmer. Deshalb waren Unternehmer immer bereit, diesen gewisse Attraktionen zu bieten, um sie vom Abwandern zu einem anderen Betrieb abzuhalten. Die Facharbeiter befürchteten umgekehrt, daß un- oder angelernte Arbeitnehmer dann verstärkt von den Unternehmen nachgefragt würden, wenn rationalisiert werden soll. So hatten Unternehmer und Facharbeiter im 19. Jahrhundert in bestimmten Situationen ein gemeinsames Interesse daran, den Versuch von Un- und Angelernten abzuwehren, für niedrigere Löhne zu arbeiten.

Diese gemeinsamen Interessen gingen so weit, daß die Unternehmer den Gewerkschaften Aufgaben übertrugen, die einst von ihnen verrichtet wurden. Dazu zählt die Teilnahme an der Berufsausbildung wie an der Personalpolitik. Eine in angelsächsischen Ländern übliche Einrichtung wie der »closed shop«, die Beschäftigung ausschließlich von gewerkschaftlich organisierten Arbeitnehmern, geht auf Vereinbarungen zwischen Gewerkschaften und Arbeitgebern zurück.

Gewerkschaften und Unternehmer verband aber nicht nur ein gemeinsames Interesse an wirtschaftlichem Wachstum und kooperativen Beziehungen; in Klein- und Mittelbetrieben waren sie sich auch in der Front gegenüber den Un- und Angelernten einig. Die Gewerkschaften verhinderten in ihrer Entstehungszeit aktiv, daß Arbeitnehmer mit geringerer Qualifikation Mitglied werden konnten. Erst mit dem Entstehen von Großbetrieben Ende des 19. Jahrhunderts und vor allem dann in den zwanziger Jahren drängten die Un- und Angelernten auf den Arbeitsmarkt und in die Gewerkschaften hinein.

Weitaus plastischer als in Deutschland lassen sich die Auseinandersetzungen in den USA beobachten. Dort gelang es den Facharbeitergewerkschaften bis in die dreißiger Jahre hinein, Un- und Angelernte aus ihrer Organisation fernzuhalten. Erst durch die Gründung eigener Industriegewerkschaften, die sich im Congress of Industrial Organization (CIO) zusammenschlossen, wurde es für diese Gruppe von Arbeitnehmern möglich, sich gewerkschaftlich zu organisieren. In Deutschland verlief dieser Prozeß der sukzessiven Aufnahme von wenig qualifizierten Arbeitnehmern in die Facharbeitergewerkschaften nicht so eruptiv wie in den USA, bestimmte aber auch die Diskussion in der Weimarer Republik. Erst nach dem Zweiten Weltkrieg wurden auf Anordnung der Alliierten die deutschen Gewerkschaften in Industriegewerkschaften zusammengeschlossen. Dieser Zusammenschluß von oben geht auf Pläne von deutschen sozialdemokratischen Emigranten zurück, die in der Weimarer Republik (erfolglos) für Gewerkschaften argumentiert haben, in denen alle Arbeitnehmer zusammengeschlossen sind.

Wenngleich heute die deutschen Industriegewerkschaften niemandem mehr die Aufnahme verweigern, weil er einer bestimmten beruflichen Gruppe angehört, sind sie doch weiterhin mit den Problemen aus dem 19. Jahrhundert beschäftigt. Alle gewerkschaftssoziologischen Untersuchungen stimmen darin überein, daß die Tarifpolitik der Gewerkschaft vorwiegend an den Interessen der qualifizierten Arbeitnehmer orientiert ist. Das wird darin sichtbar, daß die vor Jahren in der ÖTV begonnene Diskussion über eine lineare Tariflohnerhöhung, die Ungerechtigkeiten für die unteren Lohngruppen verringern sollte, längst in den Archiven gelagert wird. Und es wird sichtbar im Verhältnis der Gewerkschaften zu den Arbeitslosen. Denn hatten sich Gewerkschaften nicht für die Interessen der Un- und Angelernten interessiert, dann schon überhaupt nicht für die der Arbeitslosen. Diese stellten für die Gewerkschaften kein Potential dar, das organisatorisch in Auseinandersetzungen mit Unternehmern eingesetzt werden konnte.

In der Tat werfen Arbeitslose für Gewerkschaften tiefgreifende Probleme auf. Denn eine durchsetzungsfähige Gewerkschaft setzt voraus, daß sie ihre Mitglieder kurzfristig mit einem hohen Grad an Teilnahme mobilisieren kann. Das nämlich war der organisatorische Vorteil der Facharbeiter-Gewerkschaften: Wegen der annähernd gleichen Qualifikation ihrer Mitglieder standen diese im Betrieb in einer intensiven, nichthierarchischen Kommunikation, die kollektive Aktionen ohne größere Probleme möglich machte. Hinzu kam, daß Facharbeiter in der Regel langfristig in einem Betrieb beschäftigt sind, so daß zwischen ihnen auch enge persönliche Kontakte entstehen, die ebenfalls eine wichtige Voraussetzung für solidarisches Handeln schaffen.

Für Arbeitslose trifft dies alles nicht zu. Da sie in keinem Betrieb mehr beschäftigt sind, fehlt die Möglichkeit einer beständigen Kommunikation und damit die der raschen Mobilisierung im Falle eines Streiks. Überdies können sie den Gewerkschaften keine stattlichen Mitgliedsbeiträge zahlen, so daß sie auch aus diesem Grund als attraktive Mitglieder ausscheiden. All dies ist den Gewerkschaften häufig von Kritikern vorgehalten worden und hat dazu geführt, daß sie zumindest Mitglied bleiben können, wenn sie arbeitslos werden. Wer indessen als Arbeitsloser, der nie einer Gewerkschaft angehört hat, sich organisieren will, wird wenig Erfolg haben. Aus guten Gründen verstehen sich die Gewerkschaften als Organisationen von Beschäftigten.

Wäre es so einfach, dann könnten die Gewerkschaften beruhigt über dieses Problem hinwegsehen und sich anderen Dingen widmen. Solange Arbeitslosigkeit ein sporadisches Problem war, konnte so mit einer Spur von Zynismus argumentiert werden. Anders freilich stellt sich die Situation heute dar. Wenn es richtig ist, daß Arbeitslosigkeit zum Dauerproblem der Gesellschaftspolitik der kommenden Jahre, wenn nicht Jahrzehnte wird, dann verliert eine Gewerkschaft an Glaubwürdigkeit und Attraktivität, die offiziell als Repräsentant *aller* Arbeitnehmer auftritt, die Arbeitslosen aber ihrem traurigen Schicksal überläßt. Gewerkschaften können nicht den Anspruch erheben, als bedeutende gesellschaftspolitische Institution zu allen relevanten Fragen gehört zu werden, ohne sich darüber Gedanken zu machen, wie sie das gesellschaftspolitische Problem par excellence, die Arbeitslosigkeit, anders als im Wege von Sonntagsreden mildern können.

Freilich gibt es durchaus Gewerkschaften in anderen Ländern, die – wenngleich unter anderen Umständen – Tarifverträge abgeschlossen haben, wie sie Oskar Lafontaine vorschweben. Seit Ende der siebziger Jahre hat es vorwiegend in der Gewerkschaft der amerikanischen Automobilarbeiter UAW heftige Kontroversen darüber gegeben, welchen aktiven Beitrag eine Gewerkschaft zur Überwindung einer ökonomischen Krise leisten kann. Unter dem Druck immer weiter schwindender Mitgliederzahlen und eines machtbewußten Managements schloß die UAW 1979 mit der Firma Chrysler ihren ersten Tarifvertrag ab, in dem sie freiwillig auf Lohnerhöhungen und andere ihr zustehende tarifliche Verbesserungen verzichtete, um die Wettbewerbssituation des Unternehmens zu verbessern. Drei Jahre später wurden auch bei General Motors und bei Ford ähnliche Tarifverträge vereinbart. Dem Abschluß all dieser Tarifverträge lag zugrunde, daß die Lebenssituation von Arbeitnehmern nur verbessert beziehungsweise die Arbeitslosigkeit nur gemildert werden kann, wenn Unternehmen wettbewerbsfähig sind. Lohnverzicht sollte ein Mittel dafür sein.

Ohne Gegenleistung der Unternehmen kamen diese Tarifverträge nicht zustande. Alle Vereinbarungen sahen Regelungen zur Sicherung gegenwärtiger oder zukünftiger Arbeitsplätze vor. Daß der rasche Aufschwung der vor wenigen Jahren noch brachliegenden amerikanischen Automobilindustrie entscheidend durch den Abschluß dieser Tarifverträge beeinflußt worden ist, behaupten amerikanische Industriesoziologen. Ob jedoch das Problem der Sicherung der Arbeitsplätze von diesen tariflichen Regelungen entscheidend beeinflußt worden ist, kann schwer beurteilt werden. Gewiß aber ist eines: Gewerkschaftspolitik zur Sicherung und Schaffung von Arbeitsplätzen ist – wie das amerikanische Beispiel zeigt – tarifvertraglich möglich. Der Verzicht auf Löhne kann durchaus zur Sicherung von Arbeitsplätzen führen. Das entscheidende Problem jedoch besteht darin, ob man dies will. Was die deutschen Gewerkschaften anlangt, sind bislang keine Ansätze sichtbar. *Lafontaine muß beharrlich weiter provozieren.*

HANS-JÜRGEN KRUPP

Arbeitszeitverkürzung: Wie unterschiedlich sind eigentlich die Positionen?

Prof. Dr. Hans-Jürgen Krupp ist Präsident des Deutschen
Instituts für Wirtschaftsforschung (DIW) in Berlin und Ordinarius
für Volkswirtschaftslehre an der Universität Frankfurt a. M.

Die aktuellen wirtschaftlichen Probleme der Bundesrepublik Deutschland sind – wie immer man sie einschätzt – zunächst konjunktureller Art. Zyklisch befindet sich die Bundesrepublik Deutschland etwa seit dem vierten Quartal 1986 in einer Phase der Wachstumsabschwächung, die durch die Entwicklung an den Börsen und den Verfall des Dollarkurses verstärkt wurde. Solange es gelingt, den Dollarkurs in der jetzigen Größenordnung zu halten, solange die Geldpolitik bei ihrem jetzigen, eher expansiven Kurs bleibt und solange die Finanzpolitik – dies ist allerdings besonders unsicher – eine deutliche Erhöhung der Budgetdefizite der öffentlichen Haushalte hinnimmt, ist es durchaus vorstellbar, daß eine kumulative Abschwungbewegung vermieden wird. Wenn zur Zeit die Arbeitslosigkeit aber nicht abnimmt, sondern tendenziell wieder steigt, hat dies primär konjunkturelle und nicht strukturelle Gründe. Es hat aber keinen Sinn, auf den Teil der Arbeitslosigkeit, der konjunkturell verursacht ist, mit Arbeitszeitverkürzungsmaßnahmen, die eher langfristig wirken, zu reagieren. Im Gegenteil, es besteht die Gefahr, daß das Arbeitspotential, auf das mit der Arbeitszeitverkürzung verzichtet wurde, im Konjunkturaufschwung wieder benötigt wird.

Der aktuelle Anstieg der Arbeitslosigkeit ist also kein guter Anlaß, um eine erneute Diskussion über Arbeitszeitverkürzung in Gang zu setzen. Allerdings haben wir in der Bundesrepublik ein erhebliches Potential struktureller Arbeitslosigkeit, bei dessen Verminderung Arbeitszeitverkürzung partiell hilfreich sein könnte. Insofern ist es unabhängig von der aktuellen Diskussion durchaus sinnvoll, noch einmal über das Für und Wider von Arbeitszeitverkürzung vor dem Hintergrund signifikanter Beschäftigungsprobleme nachzudenken.

Wenn man dies tut, muß man sich zunächst darüber klar sein, daß nicht klar ist, was unter Arbeitszeitverkürzung ohne Lohnausgleich verstanden werden kann. Entscheidet sich ein einzelner Arbeitnehmer für eine persönliche Arbeitszeitverkürzung, hat er keinen Einfluß auf den Lohnsatz. Für ihn bedeutet Arbeitszeitverkürzung ohne Lohnausgleich, daß sein Stundenlohn gleich bleibt und sein Monatseinkommen im Ausmaß seiner Arbeitszeitverkürzung zurückgeht. Diese auf der Ebene des Individuums ansetzende Interpretation bezieht sich aber nur auf einen Ausnahmefall und läßt sich nicht verallgemeinern. Normalerweise wird über Arbeitszeitverkürzung in Tarifauseinandersetzungen entschieden, in denen es nicht nur um die Arbeitszeitverkürzung, sondern auch um die Nutzung des vorhandenen Verteilungsspielraums geht. Über Höhe und Verteilung dieses Spielraums gehen die Meinungen der Tarifparteien auseinander. In der Regel werden hierbei erwartete Inflationsrate und erwarteter Produktivitätszuwachs berücksichtigt. Der Streit geht zunächst darum, wie hoch dieser Spielraum ist. Danach wird darüber verhandelt, ob Arbeitnehmer oder Arbeitgeber einen Teil des auf sie entfallenden Anteils an die andere Seite abgeben, ob es also zu einer Verteilungsänderung kommt. Die zurückhaltende Lohnpolitik der letzten Jahre hat zum Beispiel dazu geführt, daß den Arbeitnehmern nur ein Teil des Verteilungsspielraums zukam, was zu einer deutlichen Verteilungsänderung führte. Für die folgenden Überlegungen gehen wir davon aus, daß es nicht zu einer Verteilungsänderung kommt. Konkret heißt dies, daß die Stundenlöhne im Ausmaß dieses Verteilungsspielraums steigen. Dies gilt unabhängig davon, ob es zu einer Arbeitszeitverkürzung kommt. Ohne Arbeitszeitverkürzung steigen die Monatseinkommen um denselben Prozentsatz wie die Stundenlöhne. Was im Falle einer Arbeitszeitverkürzung bei den Monatseinkommen herauskommt, hängt vom Ausmaß der Arbeitszeitverkürzung ab.

In der Bundesrepublik Deutschland kann man 1988 mit

einem gesamtwirtschaftlichen Produktivitätszuwachs von etwas mehr als 1,5 % rechnen. Das Preisniveau des privaten Verbrauchs wird um etwa 1 % zunehmen. Insgesamt dürfte daher der Verteilungsspielraum im Jahre 1988 zwischen 2,5 und 3 % anzusiedeln sein. In diesem Umfang können also die Stundenlöhne steigen, ohne daß das Gebot der Kostenneutralität verletzt wird. Bleibt die Arbeitszeit unverändert, steigen damit auch die Monatseinkommen um diesen Prozentsatz. Wird nun zusätzlich eine Arbeitszeitverkürzung vereinbart, werden die Monatseinkommen schwächer steigen. Will man sicherstellen, daß sich die Monatseinkommen nicht verändern, kann die Arbeitszeit in Höhe des Verteilungsspielraums verkürzt werden. Geht man von einer Wochenarbeitszeit von 40 Stunden aus, kann man die Arbeitszeit um etwas mehr als eine Stunde verkürzen, wenn man die Gebote der Einkommenssicherung und der Kostenneutralität nicht verletzen will. Man kann nun lange darüber streiten, ob man den so beschriebenen Fall als eine Arbeitszeitverkürzung mit oder ohne Lohnausgleich bezeichnen soll. Die Stundenlöhne steigen um denselben Prozentsatz, der sich auch ohne Arbeitszeitverkürzung ergeben hätte. Deswegen kann man hier auch von Arbeitszeitverkürzung ohne Lohnausgleich sprechen. Man kann aber auch – und dies ist wohl die gewerkschaftliche Position – sagen, daß in diesem Falle die Erhöhung der Stundenlöhne nicht zur Erhöhung der Monatseinkommen, sondern zum Ausgleich der Arbeitszeitverkürzung mit dem Ziel der Sicherung der Monatseinkommen verwendet wurde.

Es stellt sich also heraus, daß man den Begriff des Lohnausgleichs ganz unterschiedlich interpretieren kann. Auch die Gewerkschaften haben nur bedingt dazu beigetragen, hier Klarheit zu schaffen. Dies ist historisch durchaus zu verstehen. Die Arbeitszeitdiskussionen, die der Erkämpfung der 40-Stunden-Woche vorausgingen, waren von einer Welt hoher Wachstumsraten, nahezu erreichter Vollbeschäftigung und einer anderen verteilungspolitischen Situation geprägt, als sie heute vorliegt. Unter vollem Lohnausgleich wurde hier ein zusätzlicher Lohnausgleich verstanden, der über den normalen Zuwachs der Stundenlöhne hinausgeht. Inzwischen ist die Situation verändert. Faktisch ist aus der Politik des »vollen Lohnausgleichs« eine Politik geworden, die zumindest die Sicherung der Monatseinkommen anstrebt.

Betrachtet man das tatsächliche Handeln der Gewerkschaften in den letzten Jahren, stellt man fest, daß das, was die Gewerkschaften als »vollen Lohnausgleich« durchgesetzt haben, mehr oder weniger dem entspricht, was man auch als Ergebnis einer Arbeitszeitverkürzung ohne Lohnausgleich bei Verteilungsneutralität beschreiben kann. Die Politik des »vollen Lohnausgleichs« war faktisch eine Politik der Sicherung der Monatseinkommen, wobei man einen Teil des Verteilungsspielraums auch für die Erhöhung der Monatseinkommen einsetzte. Viele Gewerkschaftler weisen mit Stolz auf die Einsichtsfähigkeit der deutschen Gewerkschaften hin, die sich immer darüber klar waren, daß man dasselbe Produkt nicht zweimal, nämlich für die normale Lohnerhöhung und den finanziellen Ausgleich der Arbeitszeitverkürzung, verwenden könne. Selbstverständlich habe man im Ritual der Tarifverhandlungen mehr gefordert, man habe aber letztlich Tarifabschlüssen zugestimmt, die zwar dem Ziel der Einkommenssicherung gerecht wurden, die aber die Kompensation der Arbeitszeitverkürzung nur aus dem normalen Verteilungsspielraum gespeist haben.

Viel spricht dafür, daß die Gewerkschaften nicht gut beraten waren, diese Politik als eine des »vollen Lohnausgleichs« zu bezeichnen. Man könnte sich unnötige Diskussionen sparen, wenn auch die Gewerkschaften ihre Politik als das bezeichnen würden, was sie in Wirklichkeit ist, nämlich eine Politik der Einkommenssicherung. Vor diesem Hintergrund ist ökonomisch nicht einzusehen, warum die Gewerkschaften eine so herbe Kritik an Lafontaine vortragen. Ihre Politik der Einkommenssicherung ist unter bestimmten Bedingungen durchaus mit einer Politik der Arbeitszeitverkürzung ohne Lohnausgleich vereinbar. Es kommt hierbei nur auf das Ausmaß der Arbeitszeitverkürzung an. Daher darf man sich von dem gegenwärtigen »Schlachtenlärm«, der wohl eher durch die Tatsache laufender Tarifverhandlungen bestimmt ist, nicht täuschen lassen. Lafontaine und die Gewerkschaften gehen von demselben ökonomischen Grundtatbestand aus. Der Meinungsunterschied betrifft das Ausmaß der möglichen Arbeitszeitverkürzung. Die Gewerkschaften meinen – und hierbei kann man sie bei den unteren Einkommen nur unterstützen –, daß sie zumindest die Monatseinkommen sichern müssen und daß insofern das Ausmaß der Arbeitszeitverkürzung begrenzt ist. Lafontaine hält dagegen auch Arbeitszeitverkürzungen für möglich, die zu einem Rückgang der monatlichen Einkommen führen. Allerdings macht er die Einschränkung, daß dies nur bei höheren Einkommensschichten möglich sei.

Nun kann man fordern, daß aufgrund der Besonderheiten der Situation – es sei nur an die Wechselkursentwicklung erinnert – der Produktivitätsfortschritt 1988 nicht den Arbeitnehmern zukommen sollte, das heißt, daß die Einkommensverteilung zugunsten der Unternehmer geändert werden sollte. Dies hat dann aber weder mit Arbeitszeitverkürzung noch mit Lohnausgleich zu tun.

Lafontaine ist vorgeworfen worden, er rede einer Lohnverzichtspolitik das Wort. Nun gibt es sicher einige Äußerungen, die man so interpretieren könnte, dies gilt aber nicht für die Forderung nach Arbeitszeitverkürzung ohne Lohnausgleich. Wie eben schon dargelegt, bedeutet diese Forderung, daß die Stundenlöhne steigen und nicht sinken, daß die Kosten konstant bleiben. Dieses kann doch nicht heißen, daß Lohnverzicht geleistet wird oder gar daß man sich von einer Senkung der Stundenlöhne einen zusätzlichen Beschäftigungseffekt verspricht. Eine Arbeitszeitverkürzung ohne Lohnausgleich in dem oben beschriebenen Sinn beinhaltet daher nicht die These, daß eine Lohnsenkung Beschäftigungseffekte habe. Die Diskussion um die Arbeitszeitverkürzung hat auch erneut zu einer Diskussion um die möglichen Beschäftigungseffekte und die Chancen einer vertraglichen Regelung derselben geführt. Zunächst ist darauf hinzuweisen, daß diese Diskussion nicht auf die Arbeitszeitverkürzung beschränkt werden muß. Gerade die deutschen Gewerkschaften haben bei ihren Tarifabschlüssen in den letzten Jahren Beschäftigungsgesichtspunkte berücksichtigt. Sie haben, was zur Zeit häufig übersehen wird, auch unabhängig von der Arbeitszeitverkürzung hingenommen, daß die Arbeitnehmer nur einen Teil des auf sie entfallenden Produktivitätsfortschrittes erhielten, daß es also zu einer gravierenden Verteilungsänderung kam. In der Verbesserung der Unternehmensgewinne in der ersten Hälfte der achtziger Jahre zeigt sich deutlich auch diese Tarifpolitik. Auch hier hätte sich – genauso wie beim Problem der Arbeitszeitverkürzung – angeboten, danach zu fragen, inwieweit derartige Lohnzurückhaltung in zusätzliche Beschäftigung umgesetzt wird. Wenn man überhaupt von »Lohnverzicht« reden will, ist er hier geleistet worden. Abgesehen von einigen – leider zuwenig beachteten – Ausnahmen hat es jedoch keine Vereinbarungen über hiermit verbundene Beschäftigungszuwächse gegeben.

Dies hat auch seinen Grund. In der Regel ist es in einer Marktwirtschaft wie der unseren sehr schwierig, solche Vereinbarungen so zu treffen, daß sie durchgesetzt werden können. Dies ist nur möglich, wenn Werktarifverträge existieren oder wenn es sich um kleine überschaubare Branchen mit einer gewissen Grundsolidarität auch auf der Arbeitgeberseite handelt. Außerdem besteht diese Möglichkeit im öffentlichen Dienst. Die Diskussion über die Schwierigkeiten in der privaten Wirtschaft darf nicht dazu führen, daß man davon ablenkt, daß Derartiges im öffentlichen Sektor realisierbar ist.

Auch wenn der Beschäftigungseffekt sich bei privaten Unternehmen nicht vertraglich regeln läßt, bedeutet das nicht, daß er unbeeinflußbar sei. Auch wenn wir es im privaten Sektor mit vielen tausend Unternehmen zu tun haben, deren Beschäftigungssituation von zahlreichen Faktoren, zum Beispiel von der Entwicklung auf den Absatzmärkten, von der Entwicklung der Rohstoffpreise und der Lohnkosten, abhängt, werden einige Bestimmungsfaktoren der Beschäftigungsentwicklung durchaus durch die Tarifabschlüsse beeinflußt. Der Beschäftigungseffekt einer Arbeitszeitverkürzung hängt von den Bedingungen ab, unter denen die Arbeitszeitverkürzung stattfindet.

Ist ein Tarifabschluß, einschließlich Arbeitszeitverkürzung, kostenneutral, bedeutet dies, daß das Arbeitsvolumen sich nicht wesentlich ändert, aber auf mehr Köpfe verteilt werden kann. Sind die entsprechenden Arbeitskräfte auf dem Arbeitsmarkt verfügbar, kann die Zahl der Beschäftigten steigen: Kommt es dagegen zum Beispiel zu Kostenerhöhungen, muß man damit rechnen, daß das Arbeitsvolumen abnimmt und der eigentlich mögliche Beschäftigungseffekt geringer ausfällt. Allerdings gibt es auch andere Faktoren, die die Beschäftigungswirksamkeit von Arbeitszeitverkürzungen vermindern können. So können mit einer Arbeitszeitverkürzung zusätzliche Produktivitätssteigerungen verbunden sein, die den Beschäftigungseffekt mindern. Es kann – eigentlich allerdings nur kurzfristig – dazu kommen, daß in bestimmten Bereichen Arbeitskräfte fehlen, die benötigt werden, um auch nach Arbeitszeitverkürzung das bisherige Arbeitsvolumen sicherzustellen.

Gelingt es nicht, im Zusammenhang mit der Arbeitszeitverkürzung das Arbeitsvolumen konstant zu halten, sind gesamtwirtschaftlich Einkommen und Nachfrage niedriger, als es sonst der Fall wäre. Hierdurch werden die Absatzmöglichkeiten der Unternehmen vermindert. Dies kann zu einem weiteren Rückgang des Arbeitsvolumens führen. Gerade diese Nachfragerisiken muß man in einer Situation konjunktureller Schwäche ernst nehmen. Insofern ist die Politik der Einkommenssicherung der Gewerkschaften auf der sicheren Seite.

Diese nur skizzenhafte Beschreibung einiger theoretischer Zusammenhänge – für eine differenziertere Betrachtung sei auf das Jahresgutachten 1983/84 des Sachverständigenrats verwiesen – bedarf der Ergänzung durch eine Einschätzung der aktuellen Situation. Wenn kurzfristig über weitere Arbeitszeitverkürzungen nachgedacht wird, ist zunächst auf die erheblichen Nachfragerisiken zu verweisen, die in der konjunkturellen Entwicklung liegen. In Zeiten rückläufiger Nachfrage, in denen die Unternehmen zunächst eine Tendenz haben, eine gewisse Hortung von Arbeitskräften zu betreiben, ist die Wahrscheinlichkeit, daß Arbeitszeitverkürzungen in Neueinstellungen umgesetzt werden, geringer, als das unter normalen Bedingungen der Fall ist.

Dies kann man auch am Beispiel des durch die Arbeitszeitverkürzung induzierten Produktivitätszuwachses zeigen. Dabei ist zunächst festzustellen, daß die Produktivitätsfortschritte, die der Arbeitszeitverkürzung zugeordnet werden können, bei der Arbeitszeitverkürzung von 1985 in der Metallindustrie deutlich niedriger ausgefallen sind, als sie bei der Diskussion der Arbeitszeitverkürzung zunächst eingeschätzt wurden. Dies heißt andererseits, daß die Beschäftigungseffekte höher waren als seinerzeit vermutet. Man darf nicht übersehen, daß dies teilweise mit der konjunkturellen Situation erklärt werden kann. Die Diskussion fand unter dem Eindruck einer konjunkturellen Abwärtsbewegung statt. Die Arbeitszeitverkürzungsmaßnahmen begannen in einer Periode konjunktureller Aufwärtsbewegung zu wirken. Die oben beschriebene Hortungspolitik führt rechnerisch zu einer Senkung des Produktivitätszuwachses. Bei einer Arbeitszeitverkürzung wären daher momentan höhere Produktivitätseffekte zu erwarten, als sie in den letzten Jahren beobachtet wurden. Allerdings darf man dieses Argument nicht überbewerten. Insgesamt ist wohl doch der Schluß erlaubt, daß die Produktivitätseffekte seinerzeit eher überschätzt wurden.

Schwer einzuordnen sind die strukturellen Probleme des Arbeitsmarktes. Insbesondere die Langzeitarbeitslosigkeit vieler Menschen hat zu einer Dequalifikation auf breiter Front geführt, so daß kurzfristig keineswegs sicher ist, daß Arbeitskräfte als Ausgleich für Arbeitszeitverkürzungsmaßnahmen zur Verfügung stehen. Flexible Regelungen, die auf Knappheitssituationen auf dem Arbeitsmarkt Rücksicht nehmen, sind daher nach wie vor notwendig. Ganz anders ist die Situation im öffentlichen Sektor. Und man geht wohl nicht fehl in der Annahme, daß ein erheblicher Teil der Lafontaineschen Überlegungen durch seine Erfahrungen im öffentlichen Sektor geprägt ist. Hier hängt die Beschäftigung nicht von der Entwicklung auf Absatzmärkten ab. Der Zusammenhang zwischen Lohnhöhe, Arbeitszeitentwicklung und Beschäftigung ist sehr viel direkter. Hier würde es durchaus Sinn machen, in einem Tarifabschluß, der Arbeitszeitverkürzung mit Lohnzurückhaltung verbindet, eine entsprechende Beschäftigungszunahme zu vereinbaren. Im Rahmen von Tarifverhandlungen müßte es doch möglich sein, zunächst eine Vereinbarung über den Anstieg der Personalkosten insgesamt zu schließen. Gerade wenn man das Ziel einer stetigen Ausgabenentwicklung der öffentlichen Hände für wesentlich hält, spricht viel dafür, mit einem mittelfristig vereinbarten Anstieg der gesamten Personalkosten in den öffentlichen Haushalten zu rechnen. Soweit es um die Arbeiter und Angestellten im öffentlichen Dienst geht, können die Gewerkschaften genausogut über die Zuwachsrate der auf diese Gruppe entfallenden Personalausgaben wie über die Zunahme der individuellen Einkommen verhandeln.

Ist eine Vereinbarung über den Zuwachs der Personalausgaben getroffen, ist es möglich, diesen auf Arbeitszeitverkürzung, Einkommenszuwachs und Beschäftigungszunahme aufzuteilen. Dabei ist auch vorstellbar, daß Vereinbarungen getroffen werden, die zu einem höheren Lohnsatz führen, wenn der Gesetzgeber, bei dem letztlich die Haushaltshoheit liegt, nicht den vereinbarten Beschäftigungszuwachs realisiert. Auf jeden Fall besteht hier ein erheblicher Gestaltungsspielraum.

Dabei stellt sich in bestimmten Einkommensbereichen nicht nur die Frage nach einer Arbeitszeitverkürzung. Gerade im Bereich von Hochschulabsolventen haben sich die Verhältnisse wesentlich geändert. Die Bildungsexpansion, an deren Beginn nur 7% eines Altersjahrgangs eine Hochschule besuchten, konnte nur dadurch realisiert werden, daß man mit Hilfe von Einkommensanreizen mehr Menschen in den öffentlichen Dienst holte. Inzwischen ist dieser Prozeß abgeschlossen. Mehr als 20% eines Altersjahrgangs besuchen eine Hochschule. Die Einkommensrelationen sind aber unverändert geblieben. Im Ergebnis haben wir in vielen Bereichen gleichzeitig arbeitslose Hochschulabsolventen und erheblichen Bedarf. Ein langsameres Ansteigen der Einkommen von Hochschulabsolventen, das von einer Arbeitszeitverkürzung begleitet sein könnte, würde zusammen mit einem Ausbau mittlerer Positionen für diese Personengruppe Abhilfe schaffen. In diesem Bereich sind auch die Einkommen ausreichend hoch, um anstelle von Einkommenszuwächsen zusätzliche Beschäftigung zu vereinbaren. Im übrigen könnte hier die Möglichkeit einer freiwilligen Vereinbarung kürzerer Arbeitszeiten zusätzlich helfen, da in erheblichem Ausmaß Wünsche nach kürzeren Arbeitszeiten vorhanden sind.

Auf diese Art und Weise könnte auch der Beschäftigungsrückstand in den öffentlichen Humandiensten langsam abgebaut werden. Schließlich ist es nicht einzusehen, daß in der Bundesrepublik Deutschland der Anteil der Erwerbstätigen im Bereich Gesundheit, Bildung, Weiterbildung und Soziales an allen Erwerbstätigen deutlich geringer als in den meisten anderen Industrieländern ist. Es wäre durchaus möglich, dieses grundlegende Strukturproblem unserer Wirtschaft im Zusammenhang mit der Diskussion über Löhne, Arbeitszeitverkürzung und Beschäftigung im öffentlichen Dienst anzugehen. Es ist bedauerlich, daß die Tarifparteien bei dem gerade erfolgten Abschluß im öffentlichen Dienst die hier liegenden Probleme nicht aktiv angegangen sind. Von der Kostenseite dürfte dieser Abschluß im Rahmen des vorhandenen Verteilungsspielraums, aber auch im Rahmen der wahrscheinlichen Zuwächse der öffentlichen Haushalte liegen. Insofern wäre es wahrscheinlich haushaltspolitisch möglich, die vereinbarte Arbeitszeitverkürzung ganz oder teilweise in zusätzliche Beschäftigung umzusetzen. Vereinbarungen sind hierüber nicht getroffen worden, die Vertreter der Arbeitgeber haben schon jetzt erklärt, daß es im Zusammenhang mit der Arbeitszeitverkürzung nicht zu zusätzlicher Beschäftigung kommen würde. Damit besteht die Gefahr, daß die vereinbarten Arbeitszeitverkürzungen zu Reduzierungen des öffentlichen Angebots führen, was in einigen Bereichen des öffentlichen Sektors erhebliche Probleme bereiten wird. In diesem Falle wird die Beschäftigungssituation nicht erleichtert, die Versorgung der Bevölkerung mit öffentlichen Diensten jedoch verschlechtert.

Man kann sich an dieser Stelle fragen, was denn an solchen Überlegungen neu sei. Seit längerer Zeit sind diese Probleme unseres öffentlichen Dienstes bekannt, seit längerer Zeit werden Lösungen der hier skizzierten Art diskutiert. Die bisher eingeleiteten Maßnahmen sind jedoch völlig ungenügend. So sind von der Absenkung der Eingangsstufe für bestimmte Besoldungsgruppen so gut wie keine Beschäftigungseffekte ausgegangen. Schließlich kalkuliert jeder Finanzminister die lebenslange Belastung, die von einer zusätzlichen Einstellung ausgeht. Vorübergehende Absenkungen der Eingangsstufe ändern diese jedoch kaum. Es ist auch nicht überraschend, daß Besitzstände verteidigt werden.

Vor diesem Hintergrund hat die aktuelle Diskussion auch ein Gutes. Sie weist darauf hin, daß es in unserer Gesellschaft nach wie vor das Problem hoher Arbeitslosigkeit gibt, zu dessen Lösung an vielen Stellen, so auch im öffentlichen Bereich, Beiträge geleistet werden können.

Und letztlich ist die Bereitschaft, hier mitzuwirken, größer, als man üblicherweise denkt. Dazu kommt, daß es nach wie vor eine ganze Anzahl von Wünschen nach Verkürzung der Arbeitszeit gibt, bei denen flexiblere Regeln hilfreich sein könnten.

Letztlich muß man sich aber darüber im klaren sein, daß die Diskussion der Arbeitszeitverkürzung unter beschäftigungspolitischen Gesichtspunkten zu kurz greift. Es gibt kein gegebenes Arbeitsvolumen, das auf eine unterschiedliche Zahl von Köpfen zu verteilen wäre. Arbeitszeitverkürzung als Instrument der Beschäftigungspolitik greift immer zu kurz. Arbeitszeitverkürzung ist eine sinnvolle Maßnahme, wenn Menschen nicht nur mehr Einkommen, sondern auch mehr Freizeit haben wollen. Sie kann auf Dauer Fehler der Wirtschaftspolitik nicht ausgleichen. Dies hat die Erfahrung der letzten Jahre gezeigt. Eine die Wachstumspotentiale der Volkswirtschaft ausschöpfende Geld- und Finanzpolitik bleibt auch in Zukunft unverzichtbar.

LOTHAR SPÄTH

DER ARTIST UNTER DER SPD-KUPPEL

W ie war das mit den Artisten unter der Zirkuskuppel?
Sie waren ratlos. Ähnlich, so muß ich gestehen, ist es
mir über weite Strecken bei der Lektüre von Oskar Lafontaines neuestem Buch gegangen, das den ambitionierten Titel
»Die Gesellschaft der Zukunft« trägt. Immer wenn man
glaubt, eine vom Autor bedeutungsvoll aufgebaute Erwartungshaltung werde sich jetzt endlich realisieren, stellt man
fest: Nein, ganz so war es doch nicht gemeint. Lafontaines
Zukunftsentwurf ist ihm auf eine schon wieder faszinierende
Weise zum Vexierbild geraten, das jedenfalls den christdemo-
kratischen (oder sagen wir allgemeiner: den liberal-konserva-
tiven) Leser ein ums andere Mal in die Irre schickt.

Irrtum Nummer eins: Die Diskussion um das Lafontainesche Arbeitszeitverkürzungsmodell im Kopf, erwartet man
hierzu konkrete Aussagen, Begründungen, Forderungen und
Entwicklungslinien. Von all dem findet sich in den sechs Kapiteln auf 267 Seiten indessen nichts. Allerdings wird Beherzi-
genswertes über die Notwendigkeit einer »Neudefinition der
Arbeit« gesagt: Arbeit soll künftig auch den Bereich der Weiterbildung und Umschulung umfassen, und als Arbeit soll
auch die nichtbezahlte Hausfrauenarbeit, die Erziehungslei-
stung und die immaterielle, gesellschaftlich nützliche Arbeit
gelten. Wer wollte dem widersprechen?

Irrtum Nummer zwei: Eingestimmt durch etliche un-
freundlich-polemische und plakative Äußerungen über den
»Neokonservativismus« im allgemeinen und die Union im besonderen, erwartet man eine fulminante inhaltliche Abgren-
zungsstrategie des Vordenkers der »Linken«, wie er die Sozialdemokratie mit Blick auf ihre historischen Wurzeln gerne
nennt, und findet sich erneut genasführt. Die meisten Positionen, die Lafontaine im wirtschafts- und gesellschaftspolitischen Bereich bezieht, sind Positionen einer allenfalls noch
linksliberal zu bezeichnenden Mitte. Einzig die bemüht-trot-

zigen Anfeindungen gegen angebliche konservative Haltungen, in denen sich jedoch kein normaler Christdemokrat mehr wiedererkennen kann, verhindern, daß man zu oft »jawohl« und »richtig so« sagt. Die Wahrheit aber ist: Lafontaine hat ein Buch geschrieben, das in weiten Teilen im sogenannten bürgerlichen Lager konsensfähiger sein dürfte als in der Grundsatzprogramm-Kommission seiner eigenen Partei, deren geschäftsführender Vorsitzender er ist.

Erst wenn man dieser beiden Irrtümer innegeworden ist – und dazu bedarf es ungefähr der Lektüre von zwei Dritteln des Textes –, wird einem wirklich klar, was den Reiz und den Impetus des Lafontaineschen Werkes ausmacht: Hier hat sich einer zum Pragmatiker gewandelt und versucht nun, seine Partei durch die Beschwörung ihrer Geschichte und ihrer Ideale gerade nicht auf einen ideologischen, sondern auf einen pragmatischen Kurs zu führen. Hier sieht einer die Linke im Kampf um das »Projekt Moderne« gegenüber »konservativen Modernisierungsstrategien« weit, vielleicht sogar hoffnungslos zurückgefallen und versucht jetzt, mit beachtlichem advokatischem Talent, die Geschichte umzuschreiben und aus dem – von ihm glasklar gesehenen – Erkenntnisrückstand vieler Parteifreunde einen – nur noch nicht von allen verinnerlichten – programmatischen Vorsprung zu machen.

Insofern geht es zwar auch um die »Gesellschaft der Zukunft«. Aber die Adressaten der Lafontaineschen Einsichten und Forderungen sind eindeutig in erster Linie die Sozialdemokratie und die Gewerkschaften. Die Union dient nur als Sparringpartner. Liest man das Buch so und läßt sich durch alle vordergründig geworfenen Nebelkerzen nicht beirren, dannn wird die Lektüre auf einmal geradezu spannend.

Denn Lafontaine erinnert seine Partei mit Nachdruck daran, daß sie letztlich ein »Kind der Aufklärung« sei. Und Aufklärung hat etwas mit Vernunft, mit Fortschritt und mit Bejahung der Technik als unentbehrlichem wirtschaftlichem und gesellschaftlichem Gestaltungsmittel zu tun. Natürlich muß Technik dienen, darf sie nicht Selbstzweck werden, müssen ihre Folgewirkungen beherrschbar und politisch verantwortbar bleiben. Doch ist dies, jedenfalls vom Grundsatz her, überhaupt kein Streitpunkt mehr in der politischen Diskussion unserer Tage.

Der wirkliche Streit wird vielmehr darum geführt, wie denn das »Leben in der Risikogemeinschaft« – so die Überschrift des zentralen Kapitels – gleichermaßen praktisch und human organisiert und gestaltet werden kann. Und hier sieht Lafontaine offenbar viel zu viele Sozialdemokraten immer noch in Gefahr, sich in die bequeme »neue Romantik« der Grünen zu flüchten und sich der mühsamen verantwortungsethischen Aufgabe einer Synthese von technologischem Fortschritt und sozialer Gerechtigkeit durch Realitätsverweigerung zu entziehen. Für ihn ist das Verrat an der Aufklärung und damit Verrat an den eigenen geistigen und geschichtlichen Wurzeln.

Die Folgen solcher Realitätsverweigerung erkennt Lafontaine deutlich, auch wenn er sie eher verdeckt beschreibt. Er zitiert Günther Nenning mit dessen Warnung, die Sozialdemokratie als »bisher unentbehrliche Ordnungsmacht« könne eines Tages »wegrationalisiert« werden. Er verweist auf die Sogwirkung des neuen Individualismus, der sowohl eine »in den Strickmustern ihres überkommenen sozialstaatlichen Wachstumsmodells« verfangene SPD als auch Gewerkschaften, die den Emanzipationsprozeß ihrer Mitglieder unterschätzen, zum Opfer fallen könnten.

Das liest sich, etwas gestelzt, so: »Die Linke wird in Zukunft nicht umhinkönnen, die soziale Sicherheit der Menschen stärker in Verbindung mit einem fortschreitenden Prozeß der Demokratisierung zu denken. Der Status eines Staatsbürgers, der sich zwar rechtlich geschützt, staatlich abgesichert und bürokratisch versorgt weiß, der aber ansonsten überwiegend unselbständig und weisungsgebunden handeln muß und der in der Erwerbsarbeit oder für die eigene Lebensplanung wenig verantwortlich ist, bedeutet vielen Menschen keinen Emanzipationsgewinn mehr.« Oder, an anderer Stelle: »Diese (gemeint ist die neue Stufe der Emanzipation) fordert nicht den unselbständigen Lohnempfänger, dem Staat, Unternehmerschaft oder Gewerkschaft alle Entscheidungen abnehmen, sondern den kompetenten, selbstbewußten mündigen Mitarbeiter als Mitunternehmer, der zwar eines verbindlichen Rahmens gesellschaftlich organisierter Solidarität niemals wird entraten können, der nichtsdestoweniger jedoch in diesem Rahmen seine Arbeit wie seinen Berufs- und Lebensweg weitgehend selber verantwortet.«

Weiter allerdings wagt er sich nicht vor. Die Frage nach den daraus zu ziehenden Konsequenzen bleibt im wesentlichen unbeantwortet. Die Detailschärfe der Analyse steht im umgekehrten Verhältnis zum Konkretisierungsgrad der Vorschläge. Die logischen Schlüsse von der Anerkennung des Mitarbeiters als Mitunternehmer zur Forderung nach mehr Arbeitszeitautonomie für den einzelnen nach differenzierten Tarifverträgen unterbleiben ebenso wie die an und für sich zwingende Folgerung, dem bürokratisch nicht mehr total versorgt sein wollenden Staatsbürger eben mehr soziale Eigenverantwortung zugestehen zu müssen.

Ich glaube nicht, daß es Lafontaine an Phantasie und politischem Vorstellungsvermögen mangelt, konkrete Lösungsmodelle in dieser Richtung zu entwickeln. Eher trifft wohl zu, daß er die Grenzen der Beweglichkeit seiner Partei, die Grenzen auch der Gewerkschaften, ihr traditionelles Selbstverständnis in Frage zu stellen, realistisch eingeschätzt hat. Die Art, wie man ihn in den letzten Wochen zu disziplinieren versuchte, zeigt, daß sein Gefühl ihn nicht getrogen hat. Die »Linke« ist noch längst nicht bereit, sich mit den gesellschaftlichen Folgen des Strukturwandels auszusöhnen oder auch nur anzufreunden. Sie sollte sich aber davor hüten, Lafontaines Analysen kurzerhand in den Giftschrank sozialdemokratischer Abweichler-Literatur zu verbannen. Sonst könnte es geschehen, daß das nächste Buch des saarländischen Querdenkers davon handeln muß, warum und wohin der einstigen Arbeiterbewegung die Arbeitnehmer und dem frühen »Kind der Aufklärung« die aufgeklärten Kinder weggelaufen sind.

KURT BIEDENKOPF

Links in der Mitte

Zeiten des Umbruches sind Zeiten der Unsicherheit. Alte
Erfahrungen lassen uns im Stich, neue Erfahrungen sind
noch nicht gemacht. Die neuen Wirklichkeiten entziehen den
alten Entwürfen die Grundlage. Aufgaben von gestern haben
sich erledigt – die Aufgaben von morgen sind noch nicht verbindlich definiert. Von Wertewandel wird gesprochen. Aber
nicht die Werte wandeln sich, sondern ihre konkrete Ausprä-
gung und ihr Verhältnis zueinander: Freiheit und Bindung,
Gemeinwohl und Sonderinteresse, soziale Sicherheit und Bereitschaft zum Risiko, Wachstum und Begrenzung, techni-
scher Fortschritt und Schutz der Umwelt, Solidarität und
Subsidiarität gruppieren sich neu. Politische Fronten kommen in Bewegung. Alte Gegensätze bauen sich ab, neue Konfliktlinien kündigen sich an.

In dieser neuen Unübersichtlichkeit (Habermas) ist Orientierung gefragt. Wir wollen wissen, wie es weitergeht und
wohin. Es ist die Zeit der Entwürfe und Perspektiven. Sie sollen die Zukunft vermessen und Auskunft geben über die Bedingungen der Zukunftsfähigkeit unserer modernen Industriegesellschaft in einer Zeit voller Risiken und Gefahren.

Um diese Zukunftsfähigkeit geht es Lafontaine mit seinem
neuen Buch: »Die Gesellschaft der Zukunft«. Wer von ihm
den Entwurf einer Gesellschaft von morgen erwartet, wird allerdings enttäuscht. Lafontaine liefert keinen Bauplan für die
Gesellschaft der Zukunft. Weite Bereiche, wie die Wirtschaftspolitik, die Neuordnung des Arbeitsmarktes und der
sozialen Systeme, das Verhältnis von Staat und Gesellschaft
und die damit verbundenen Fragen unserer Verfassungs- und
Rechtsordnung, aber auch die vertiefte Darstellung ord-
nungspolitischer Zusammenhänge in einer modernen Industriegesellschaft, bleiben ausgespart. Lafontaine geht es vor
allem um die Überprüfung politischer Ziele und Prioritäten,
um Ortsbestimmungen für eine Gesellschaft auf dem Wege

von der klassischen Industriegesellschaft zur aufgeklärten, mündigen Gesellschaft – und dabei wieder um den Weg der »Linken«, seiner sozialdemokratischen Partei, in die Zukunft.

Lafontaine ist geschäftsführender Vorsitzender der Grundsatzprogramm-Kommission seiner Partei. Auch wenn er in seinem Buch diese Funktion nicht für sich in Anspruch nimmt, so bestimmt sie doch den politischen Stellenwert dessen, was er zu sagen hat. Bemerkenswert ist dabei, daß er den von Erhard Eppler geprägten Irseer Entwurf für ein Grundsatzprogramm der SPD mit keinem Wort erwähnt. Gleichwohl muß sein Buch als Alternative zum Irseer Entwurf verstanden werden. Seine Grundtendenz ist optimistischer, ohne die für Eppler kennzeichnende Neigung zu apokalyptischen Visionen. Wo Lafontaine Handreichungen für konkretes poltisches Handeln anbietet, sind sie durch die Praxis des ehemaligen Oberbürgermeisters und amtierenden Ministerpräsidenten in einem überschaubaren Bundesland geprägt. Der angeblich linke Lafontaine bezieht eindeutig in der Mitte Position.

Diese Positionsbestimmung in der Sache ist wohl auch der Grund für die eher kompensatorische Bemühung Lafontaines, nachzuweisen, daß »neokonservative Politik« gescheitert sei und die »Linke« politisch die Nase vorn habe. Sie verläuft parallel zur inhaltlichen Aussage – massiert am Anfang, sporadisch im weiteren Verlauf des Buches. Diese Parallelität von politischer Ortsbestimmung in der Sache und Begründung eines Zukunftsanspruches der Linken prägt den methodischen Ansatz des Buches und seine Durchführung. Sie ist dem Vorhaben Lafontaines nicht förderlich. Denn der Versuch, seine Erkenntnisse und Überlegungen in ein »Links-rechts-Schema« zu zwingen und daraus die Überlegenheit der »Linken« abzuleiten, ist ihm nachhaltig mißlungen. Was er dazu schreibt, liest sich eher wie eine parteipolitisch-taktische Pflichtübung. Es bleibt weit hinter dem sonstigen Niveau seines Buches zurück.

Das hat vor allem zwei Gründe: Das traditionelle »Links-rechts-Schema« hat seinen möglichen Erklärungswert längst verloren. Denn die Risiken und Gefahren, die es heute und morgen zu meistern gilt, sind nicht das Ergebnis neokonservativer oder sozialistischer Politik. Sie gehen aus von den zunehmend dominierenden Folge- und Nebenwirkungen unserer heutigen Industriegesellschaft, wie sie durch *beide* politischen Strömungen, der ehemals kapitalistischen wie der ehemals sozialistischen und ihren Auseinandersetzungen, geprägt wurde. Im sachlichen Teil seiner Argumentation sieht Lafontaine dies genauso, etwa, wenn er die SPD an ihre Wachstumsorientierung während der frühen siebziger Jahre erinnert. Beide Bewegungen haben sich im Zuge dieser Auseinandersetzung und der durch sie vorangetriebenen Entwicklungen immer stärker aufeinander zubewegt. Dieser Prozeß ist auch am Verhältnis der beiden Volksparteien CDU/CSU und SPD nicht vorübergegangen. Sie haben sich in den letzten Jahren einander angenähert.

Lafontaine ist aber auch zu intelligent, um dies nicht selbst zu erkennen. Seine bessere Einsicht steht ihm deshalb bei dem Versuch im Wege, das »Links-rechts-Schema« plausibel zu vertreten. Was bleibt, wird auch seine nachdenklicheren Parteifreunde kaum überzeugen.

In der Sache selbst geht Lafontaine exemplarisch vor. Anhand wesentlicher Teilbereiche der Politik entfaltet er seine Kritik am Hergebrachten und entwickelt seine inhaltlichen Alternativen. Die Auswahl bestimmt den Aufbau des Buches. Was er in den fünf Hauptkapiteln zur Rolle der Technik und der Notwendigkeit ihrer Beherrschung (»die aufgeklärte Megamaschine«), zum »Leben in der Risikogesellschaft«, zur »Überwindung des Nationalstaates«, zur Gleichberechtigung der Geschlechter und zu den Folgen ihrer Verwirklichung in der gesellschaftlichen Wirklichkeit (»Aufbruch in die Gleichheit«), zu den Prinzipien und Konsequenzen einer verantwortlichen Freiheit (»der mündige Mensch«) zu sagen hat, wird zum Teil auf breite Zustimmung stoßen. Es könnte vielfach, wie Heiner Geißler es im Zusammenhang mit der Diskussion über die Arbeitszeitverkürzung formulierte, von der CDU abgeschrieben sein. Jedenfalls handelt es sich zu einem nicht unerheblichen Teil um Positionen, die inzwischen allgemein anerkannt sind oder doch quer zu den Trennungslinien der politischen Parteien diskutiert werden. In diesem Sinne ist Lafontaine ein Querdenker.

Er beginnt – nach einer Einführung, auf die ich zurückkomme – mit unserem Verhältnis zur Technik. Im Grunde geht es ihm um die Realisierung des inzwischen allgemein anerkannten Prinzips, daß wir nicht alles tun dürfen, was wir technisch tun können. Dabei finden sich im Ansatz beachtliche Gemeinsamkeiten, so in den Feststellungen: Unsere Welt ist vor allem dort voller Risiken, wo sich die technische Produktion gegen die Gesellschaft verselbständigt hat. Eine auf technokratische Rationalität verkürzte Vernunft ist das Gegenteil dessen, was die Aufklärung unter Vernunft verstanden hat. Wer danach fragt, inwieweit die Technik der Freiheit des Menschen dient, kommt an einer Kritik der instrumentellen Vernunft nicht vorbei. Erst die katastrophalen Folgen der technologischen Entwicklung haben uns bewußt gemacht, wie unvernünftig, wie »unaufgeklärt«, wie rücksichtslos wir eigentlich wirtschaften, wenn wir den technischen Fortschritt nicht in humane und ökologische Schranken verweisen. Und: Die Technik muß den Menschen, nicht der Mensch der Technik angepaßt werden.

Zu den Widerständen, die sich einem neuen Denken entgegenstellen könnten, heißt es: Die entscheidende Frage ist nicht, ob und inwieweit die überkommenen Berufsstrukturen, die gewachsenen Institutionen der Interessenvertretungen und der demokratischen Partizipation gestört werden, sondern wie, ob und inwieweit das Aufbrechen der gegebenen Struktur in sozialen Fortschritt umgemünzt werden kann. Und weiter: Die individuelle und nationale Souveränität geht verloren, wenn die Technik den menschlichen Bedürfnissen und Fähigkeiten nicht angepaßt ist, wenn der Apparat neben den Menschen tritt, wenn er sich durch seine Komplexität gegen den Menschen verselbständigt.

Daraus zieht Lafontaine den Schluß: In einem fortschrittlichen Sinne konservativ sein heißt, die Zukunft zu bewahren, heißt, gegen die Risiken eine Politik der Sicherheit zu betreiben. Gesellschaft wie Politik der nahen Zukunft werden mehr und mehr durch die Gefahr geprägt sein, in die wir alle gleichermaßen durch die ungewollten Nebenwirkungen einer unverantwortlichen Produktionsweise geraten. Wir dürfen das Sozialprodukt nicht weiter auf Kosten der Gesundheit und Lebensangst steigern.

Diese Aussagen gehören heute zum gesicherten Bestand des gesellschaftlichen Konsenses. Das gleiche gilt für die Forderung, technische Entwicklung müßte politisch verantwortbar bleiben. Allerdings hätte ich mir Konkreteres zu der Frage gewünscht, wie sich die geforderte politische Begleitung und Kontrolle der technischen Entwicklung praktisch verwirklichen läßt. Lafontaine führt uns in diesem Zusammenhang nicht wesentlich über den bestehenden Erkenntnisstand hinaus. Konsensfähiges findet sich auch zu den Bedingungen sozialer Sicherheit und ihrer Systeme. Dazu heißt es bei Lafontaine: Zweifellos war und ist die staatliche Garantie sozialer Sicherheit eine der größten Errungenschaften der Arbeiterbewegung und darf nicht grundsätzlich in Frage gestellt werden.

Er sagt aber auch: In den staatlichen Organisationen muß der Freiraum für die Selbstbestimmung der Betroffenen erweitert werden. Eine Deklassierung der hilfsbedürftigen Menschen zu passiven Almosenempfängern ist nicht der richtige Weg. Der Status eines Staatsbürgers, der sich zwar rechtlich geschützt, staatlich abgesichert und bürokratisch versorgt weiß, der aber … in der Erwerbsarbeit oder für die eigene Lebensplanung wenig verantwortlich ist, bedeutet vielen Menschen keinen Emanzipationsgewinn mehr. – Man kann nur hoffen, daß wir uns von dieser Einsicht auch bei der Reform der Sozialsysteme leiten lassen werden.

Bemerkenswert ist wieder, was Lafontaine unter der Überschrift »Aufbruch zur Gleichheit« zur Gleichberechtigung der Frauen Konsensfähiges zu sagen hat: Wenn es stimmt, daß die Benachteiligung der Frauen strukturell in der Industriegesellschaft angelegt ist, daß deren System gar nicht funktionieren kann, ohne Frauen zu benachteiligen, dann kann der politische Schlüssel zur Lösung der Frauenfrage nur in einer Veränderung der industriellen Strukturen liegen.

Und: Es reicht auch nicht aus zu fordern, daß die Erwerbsarbeit nicht mehr den Männern zugeordnet und hoch bewertet und die Haus- und Familienarbeit den Frauen überlassen und niedrig bewertet sein soll. Mit gesellschaftspolitischen Maßnahmen allein läßt sich die Lage der Frauen kaum verbessern: Die Strukturen der Gesellschaft müssen verändert werden.

Lafontaine beobachtet zu Recht, daß die Versuche, Familienarbeit und Erwerbstätigkeit im gegenwärtig bestehenden wirtschaftlichen und sozialen System zu vereinbaren, nur mäßige Erfolge gezeigt haben. Daraus zieht er die Konsequenz: Soll die Struktur der organisierten Arbeitswelt und damit die Struktur unserer Gesellschaft tatsächlich frauengerechter werden, dann muß sie in erster Linie familienfreundlicher werden ... Und: Wäre die Arbeitsorganisation einem solchen Leitbild angepaßt, sie könnte das Fundament einer künftigen Gesellschaft sein, in der wirklich alle frei und gleich wären.

Zwar hält er es in diesem Zusammenhang auch für möglich, Familien- und Hausarbeit zu kommerzialisieren und damit die Familie zu entlasten. Im Ergebnis scheint ihm dieser Weg aber dann doch nicht gangbar. Begründung: Da eine solche Organisation der Haus- und Familienarbeit die Funktion der Familie weitgehend aufheben würde, ist sie nicht mit dem Modell einer Gesellschaft vereinbar, in der die Menschen solidarisch füreinander einstehen. Das, was der einzelne in der Familie an Zuwendung erfährt, können Dienstleistungsbetriebe nicht ersetzen. Die Annäherung an Positionen der CDU in der Familienpolitik ist unverkennbar.

Gerade bei der Neugestaltung des Verhältnisses von Arbeitswelt und Familie werden allerdings auch die Schwierigkeiten deutlich, die mit einer *Umsetzung* solch allgemeiner Grundsätze verbunden sind. Lafontaine meint dazu: Eine familienfreundliche Organisation der Berufswelt und eine berufsfreundliche Veränderung des Familienlebens ... werden auf lange Sicht das gestörte gesellschaftliche Gleichgewicht wiederherstellen und die beiden Bereiche der gesellschaftlich notwendigen Arbeit funktional aufeinander abstimmen. Die Politik kann durch Reformen einem neuen Familienbegriff zum Druchbruch verhelfen und ihm durch öffentliche Diskussion die notwendige Zustimmung verschaffen. Die Utopie der Freiheit verpflichte uns, so Lafontaine, in dieser Richtung Fortschritte zu erzielen, damit die Gleichberechtigung in der Gesellschaft der Zukunft Wirklichkeit wird.

Aber nach Auskunft darüber, welche Fragen praktisch angepackt werden müssen und wie, sucht man vergebens. Eine Konkretisierung der allgemeinen Vorstellung fehlt. Soweit Lafontaine eine Richtung andeutet, übersieht er, daß es zur Verwirklichung einer familienfreundlichen Gestaltung unserer Gesellschaft nicht ausreicht, das Verhältnis von Erwerbsarbeit und Familienarbeit neu zu bestimmen. Auch die soziale Ordnung muß einbezogen werden, die sich aus der Aufteilung des Lebens in Familie und Beruf ergeben hat: die Rentenversicherung, der Familienlastenausgleich, allgemeiner: die Umverteilungswirkungen der sozialen Systeme zugunsten der Familie, aber auch ihre familienfeindlichen Wirkungen, insbesondere im Rahmen des Generationenvertrages. Nur wer die durch die Industriegesellschaft geprägte soziale Ordnung und ihre Auswirkungen auf die Stellung und die Aufgaben der Familie sieht und in seine Reform einbezieht, hat Aussicht (mit der Änderung der Arbeitsorganisation), zur wirklichen Gleichberechtigung zu gelangen.

Am deutlichsten sieht Lafontaine die weitreichenden Wirkungen einer wirklichen Gleichberechtigung der Geschlechter in unserer Wirtschaftsgesellschaft noch für den Arbeitsmarkt. Da die Menge der entgeltlichen Arbeit nicht beliebig vermehrbar ist, müssen die Geschlechter hier auch *teilen*, wenn es wirkliche Gleichberechtigung geben soll. Dies stellt nicht nur die Gewerkschaften, sondern auch die Unternehmer vor enorme Innovationsaufgaben. Dies als Sozialdemokrat deutlich zu machen, ist ein Verdienst Lafontaines. Allerdings erfährt der Leser nicht, was die »neue Linke« zur praktischen Umsetzung des richtigen Zieles zu sagen hat. Mit schönen Utopieformeln alleine lassen sich die praktischen Fragen jedenfalls nicht beantworten. Die Politik muß sich auch in den Konsequenzen bewähren.

Zum technischen Fortschritt selbst stellt Lafontaine fest:

Da der technische Fortschritt nicht von selber Vernunft annimmt, müssen wir ihn dazu bringen. Richtiger wäre es wohl zu sagen, wir müssen *uns* dazu bringen, denn ohne uns gibt es weder technischen Fortschritt noch einen Fortschritt mit Vernunft.

Bemerkenswertes schreibt Lafontaine auch zum »Prinzip Verantwortung in der Marktwirtschaft«. Nach seiner Überzeugung gibt es kein System, »das die menschlichen Bedürfnisse besser befriedigt hätte als die Marktwirtschaft. Das Prinzip Verantwortung soll also den Marktmechanismus keineswegs aushebeln, es soll ihn vernünftigen Regeln aussetzen«. Genau dies ist das Anliegen des Denkens in Ordnungen, wie sie der Neoliberalismus unter dem Einfluß von Walter Eucken, Franz Böhm und anderen entwickelt hat. Es wäre zu wünschen, fährt Lafontaine fort, die Wirtschaft selber träfe ihre Entscheidungen nicht nur in betriebswirtschaftlicher, sondern sehr viel stärker auch in gesamtgesellschaftlicher Verantwortung. »Noch aber ist es nicht soweit, noch bedarf der Markt des regelnden Ausgleichs durch den Staat, noch brauchen wir den Sozialstaat und mehr denn je eine staatliche Korrektur des Marktes zum Schutze der Umwelt. Das wird, wäre hinzuzufügen, immer so bleiben. Denn auch der Wille der Wirtschaft zur gesamtwirtschaftlichen Verantwortung kann die staatlich geschaffene Ordnung der Wirtschaft nicht ersetzen.«

In diesem Zusammenhang kommt Lafontaine auch auf die Notwendigkeit zu sprechen, Gefährdungen der Freiheit und der Identität des Menschen durch moderne Technologie zu verhindern. Zu Recht stellt er fest, daß dies nicht eine Frage der Technik, sondern der gesellschaftlichen Entscheidungen ist. Solche Entscheidungen seien nach wie vor möglich. Aber er meint auch: Die Notwendigkeit eines verantwortlichen Umgangs mit der Technik wirft … die Frage auf, wie die gesellschaftliche Macht, die über die technologische Entwicklung entscheidet, selber gesellschaftlich und politisch, das heißt demokratisch kontrolliert werden kann.

Dies ist in der Tat eine entscheidende Frage. Mit Josef Huber ist Lafontaine überzeugt, daß die Weiterentwicklung unserer Gesellschaft und ihre ökologische Modernisierung nur gelingen kann, wenn alle Bürger sich dafür mitverantwortlich fühlen und an ihr teilnehmen.

Mit der stärkeren Beteiligung der einzelnen an der Gestaltung der Gesellschaft hat nach Auffassung Lafontaines der Prozeß des gesellschaftlichen Fortschritts eine neue Stufe der Emanzipation erreicht. Diese fordere, so schreibt er, nicht den unselbständigen Lohnempfänger, dem Staat, Unternehmerschaft oder Gewerkschaft alle Entscheidungen abnehmen, sondern den kompetenten, selbstbewußten, mündigen Mitarbeiter als Mitunternehmer, der zwar einen verbindlichen Rahmen gesellschaftlich organisierter Solidarität niemals wird entbehren können, der nichtsdestoweniger jedoch in diesem Rahmen seine Arbeit sowie seinen Berufs- und Lebensweg weitgehend selber verantwortet. Franz Böhm hat dieses Prinzip einer freien und verantworteten Gesellschaft schon vor 40 Jahren formuliert. Lafontaine will jetzt auch die sozialdemokratische Partei darauf verpflichten.

Worum es letztlich geht, liest sich dann so: Die Freiheit in der Gesellschaft zu bewahren fordert vom Menschen ein Ethos der ökologischen Selbstbeschränkung. Die Fähigkeit zur Selbstbeschränkung wiederum fordert ein verantwortungsbewußtes Individuum. Das für Verantwortlichkeit nötige Selbstwertgefühl des Menschen aber bildet sich erst in der Auseinandersetzung mit anderen. Wir werden nicht mehr Demokratie erlangen, indem wir ein Reich der Harmonie, der Konflikt- und Herrschaftsfreiheit erträumen. Worauf es ankommt, ist zu lernen, die Konflikte, die es immer geben wird, ja geben muß, möglichst gewaltfrei auszutragen und möglichst schöpferisch zu gestalten. Worauf es ankommt, ist Herrschaft, die es wohl auch immer geben wird, zu beschränken und demokratisch zu kontrollieren. Genau diese Erkenntnis gehört zum Kernbestand des politischen Konsenses, auf dem unsere Gesellschaft beruht.

Dieser Konsens im Prinzipiellen bedeutet jedoch keineswegs Gemeinsamkeit im Konkreten. Wie wir das praktisch verwirklichen, was wir gemeinsam wollen oder als notwendig erachten: darüber müssen wir uns politisch auseinandersetzen. Das geht nicht ohne ein Miteinander im Prinzip und in der Toleranz und dem Respekt vor den Meinungen der anderen.

Auch Lafontaine fordert im Eingangskapitel seines Buches Miteinander statt Gegeneinander. Was er dazu schreibt, wird dieser Forderung jedoch nicht gerecht. Mir ist schwer erklärlich, was ihn in diesem ersten Kapitel geritten hat. Schiefe Metaphern, Platitüden, Banales zu wichtigen Fragen der politischen Theorie, Schlagworte (global denken, global handeln – das ist der kategorische Imperativ der Ökologiebewegung) und schlichtweg Unsinniges zum Thema konservativ (eine Politik, die die Menschen nach Freund und Feind gruppiert, steht gegen das Politikmodell der demokratischen Linken, die immer auf Solidarität, auf das Miteinander setzt – soll ich denn wirklich in einem sonst seriösen Text durch solche Formulierungen an meine Erfahrungen mit dem Wahlkampf erinnert werden, in dem Johannes Rau meine Partei mit der Hilfe des erschlichenen Zeugnisses von Kriegerwitwen aus einem Altersheim der Arbeiterwohlfahrt beschuldigte, wir wollten den Krieg und nicht den Frieden?) wechseln einander ab und hätten fast dazu geführt, mir die Lust an der Besprechung des Buches zu nehmen.

Sätze wie diese: So wie der Dollar eine internationale Leitwährung, so ist die politisch-kulturelle Entwicklung in den USA für viele Staaten auf der ganzen Welt beispielhaft. Oder: Es lag in der Logik dieser Zeit, daß auf Ronald Reagan in den Vereinigten Staaten Helmut Kohl in der Bundesrepublik folgte – sind politisch schwachsinnig. Sie haben ebensowenig Erklärungswert wie der Satz: Die Alternative der Linken zum Neokonservatismus ist eine Politik, die auf gemeinsames Handeln zielt, eine Politik, in deren Zentrum die Solidarität steht.

Aussagen dieser Art, die sich verstreut auch in den nachfolgenden Kapiteln finden, verleihen dem sonst beachtlichen Text eine merkwürdige Ambivalenz. Sie richten zugleich genau jene Diskussionsbarrieren wieder auf, die Lafontaine doch abbauen will. Mir ist nicht erklärlich, was ihn dazu veranlaßt hat; vielleicht der Umstand, daß er in Wahrheit die Position der Linken im sozialistischen Sinne aufgibt, dies aber seiner Partei nicht offen zumuten will und deshalb durch Ausfälle nach rechts verschleiert.

Tatsächlich – und dies scheint mir die eigentliche Aussage des Buches zu sein – ist Lafontaines Gesellschaft der Zukunft und die von ihm entwickelte Reformpolitik eine eindrucksvolle Bestätigung für eine nachhaltige Veränderung unserer politischen Landschaft: Die beiden Volksparteien, SPD und Union, haben sich in grundsätzlichen, aber zunehmend auch in konkreten politischen Positionen einander angenähert. Kontroversen über wichtige Einzelfragen gehen inzwischen mitten durch die Parteien. Die alten ideologischen Positionen verwischen sich. Die inzwischen längst vollzogene Synthese von Kapital und Arbeit findet ihren Ausdruck zunehmend auch in der inhaltlichen Angleichung der bürgerlichen und der sozialistischen Volkspartei. Der Entwurf einer »Versöhnungsgesellschaft« Lothar Späths und der Ruf Norbert Blüms nach einer »Konsens-Gesellschaft« weisen in die gleiche Richtung.

Den jüngsten Ausdruck hat dieser Annäherungsprozeß in der von Lafontaine angestoßenen Diskussion über die Arbeitszeitverkürzung gefunden. Ihre Fronten verlaufen eher quer zu den traditionellen Trennungslinien zwischen SPD und Union. Während große Teile der Gewerkschaft die Überlegungen Lafontaines ablehnen oder sich nur zögernd mit ihnen befassen, werden sie von Teilen der Arbeitgeberschaft und Teilen der CDU begrüßt und weitergeführt. Aus einer parteipolitisch definierten ist eine inhaltlich definierte Diskussion geworden. Die Notwendigkeit, über neue Wege aus der Arbeitslosigkeit nachzudenken, erweist sich als stärker als die durch die klassischen Positionen der beiden konkurrierenden Volksparteien definierten Loyalitäten.

Dies berührt vor allem das Verhältnis der sozialdemokratischen Partei zu den Gewerkschaften. Sie werden nicht nur durch die aktuelle Diskussion, sondern auch durch die Aussage Lafontaines in seinem Buch vor die Notwendigkeit gestellt, ihre Positionen zu überprüfen. Sie müssen lernen, Vielfalt zu organisieren, mehr Individualität zuzulassen und damit das Verhältnis zwischen Solidarität und Individualität neu zu definieren. Genau dies verlangt Lafontaine von ihnen.

Umgekehrt verlangt er – soweit er sich seriös mit ihnen auseinandersetzt – von den bürgerlichen Parteien, daß sie das Verhältnis von Solidarität und Individualität zugunsten der Solidarität neu definieren. Zwar hat seine Darstellung des christlich-demokratischen Solidaritätsgedankens wenig mit der politischen Wirklichkeit zu tun. Gleichwohl wird in der Aufforderung Lafontaines an die Sozialdemokraten, die Individualität stärker zu betonen, und an die bürgerlichen Parteien, die Solidarität stärker zu betonen, der Annäherungsprozeß zwischen den beiden Volksparteien auf den Punkt gebracht. Tatsächlich unterscheiden sich Union und SPD in den betroffenen Politikbereichen heute vor allem durch eine unterschiedliche *Interpretation* des Verhältnisses von Solidarität und Individualität (oder Solidarität und Subsidiarität oder Solidarität und Selbstverantwortung). Die prinzipiellen Unterscheidungen dagegen bauen sich zunehmend ab.

Dies wird auch deutlich in den Aussagen zur Neugestaltung der Arbeit in der modernen Industriegesellschaft. Mit ihr greift Lafontaine ein zentrales innenpolitisches Thema auf. Wiederum in der Diskussion über die Arbeitszeitverkürzung, aber auch über die Gleichstellung der Frau im Arbeitsmarkt, geht es dabei um die Bereitschaft der arbeitenden Menschen, mit anderen, vor allem mit den Arbeitslosen, *zu teilen*. Diesen Gedanken des Teilens als Ausdruck der Solidarität vertritt er mit Nachdruck. Damit erkennt er an, daß die eigentlichen Verteilungskonflikte nicht mehr zwischen Kapital und Arbeit verlaufen, sondern innerhalb der Bevölkerung zwischen denen, die Arbeit, Einkommen und Wohlstand haben, und jenen, denen die Errungenschaften der modernen Industriegesellschaft noch abgehen. Wichtiger: Lafontaine akzeptiert damit, daß es sich hier um Verteilungsverpflichtungen handelt, die die Mehrheit gegenüber der Minderheit hat.

Das heißt, er relativiert das traditionelle Verteilungsschema sozialistischer Politik. Es wird inzwischen durch andere, neue Verteilungskonflikte weitgehend überlagert.

Vor allem als Manifestation der Überwindung des für die klassische Industriegesellschaft prägenden Konfliktes von Kapital und Arbeit, die sich nun auch im politischen Bereich vollzieht, ist Lafontaines Buch wichtig. Er will mit ihm eher seiner Partei als unserer Gesellschaft den Weg in die Zukunft öffnen. Geprägt durch die Erfahrung der Individualisierung als negativem Ergebnis des Kapitalismus, so schreibt er, geprägt aber auch durch eine ebenso alte Fixierung auf kollektive Solidarität und staatlichen Interventionismus, habe die Sozialdemokratie zu spät bemerkt, daß die Systeme der sozialen Sicherheit, die sie selber für die Menschen erkämpft hatte, der geänderten Zeit und dem geänderten Zeitgeist nicht mehr ganz gerecht wurden.

Um seine Partei auf den neuen, auf *seinen* Weg in die Zukunft zu bringen, nimmt Lafontaine Irritationen ebenso in Kauf wie die vermeintliche Notwendigkeit, die »Linke« auch dort noch gegen konservative und christlich-demokratische Positionen abzugrenzen, wo solche Abgrenzungen unsinnig wirken müssen. Die damit verbundenen Ungereimtheiten und Schieflagen werden auch jene stören, die Verständnis für taktische Notwendigkeiten haben. Insgesamt nehmen sie jedoch dem Buch nicht seinen Wert.

Denn Lafontaines Überlegungen, Positionsbestimmungen und Zielvorgaben sind wichtig und werden die politischen Auseinandersetzungen um die Zukunft unseres Landes beeinflussen. Bewähren müssen sie sich allerdings in der Konkretisierung und der politischen Umsetzung.

Nicht wer Ideen hat, gestaltet letztlich die Gesellschaft, sondern wer die Kraft hat, sie umzusetzen.

KARL GEORG ZINN

DEN TECHNISCHEN FORTSCHRITT ZUR VERNUNFT BRINGEN

Karl Georg Zinn ist Professor für Wirtschaftswissenschaften an der
Technischen Universität Aachen.

Die Fragen, mit denen Lafontaine sich jüngst in Schlagzeilen und Talkshows katapultiert hat, werden in seinem neuen Buch allenfalls gestreift. Das tut dem unbeabsichtigten Marketingeffekt für das Buch keinen Abbruch. Wohl aber dürfte die unselige Lohnverzichtsfloskel, der die hitzige Pro- und-Contra-Debatte folgen mußte, Rezeptionsbarrieren errichten. Lafontaines weitreichende und erfrischende Überlegungen zur »Gesellschaft der Zukunft« haben das weder verdient, noch kann es dem Autor – so selbstgewiß er die Lohnverzichtsdiskussion auch eskalieren läßt – recht sein, daß Gewerkschafter, politisch scharfsichtige und engagierte Arbeitnehmer und nicht wenige linke Ökonomen sein Buch mit spitzen Fingern anfassen werden und gewisse Probleme haben könnten, wenn es zu beurteilen gilt, wie »links« die konkreten Konsequenzen aussehen werden, die aus Lafontaines skizziertem Zukunftsentwurf folgen.

Solche Skepsis erscheint verständlich, wird aber gerade durch das Buch widerlegt. Nicht daß es keinen Anlaß für gewerkschaftliche oder andere Kritik von einer der vielen linken Positionen aus böte, aber wenn Lafontaines Vision nach ihrem Kerngehalt beurteilt wird, so kann es keinen Zweifel geben, daß er die emanzipatorische Tradition der Aufklärung und der sozialen Bewegung fortführt. Vor allem das letzte Kapitel »Der mündige Mensch« zeigt in vielen treffenden, teils neuen Gedanken, daß der Autor ein linkes »Projekt Moderne« vertritt und dafür zu mobilisieren weiß. Lafontaines Botschaft kommt in diesem letzten Kapitel am besten zur Geltung. Deshalb kann es als unsystematische Einstiegslektüre empfohlen werden.

Die Kernthese lautet, daß die Ambivalenz der Technik, deren zerstörerische Komponenten heute übermächtig auf der Menschheit lasten, nur durch vorbeugende gesellschaftliche Technikgestaltung beherrscht werden kann. Vorbeugende Kontrolle muß sich demokratisch legitimierter Interventionen bedienen. Das erfordert Eingriffe in den kapitalistischen Akkumulationsprozeß, mit dem wir es hier im Westen zu tun haben. Lafontaine plädiert für Korrektur und Ergänzung kapitalistisch-marktwirtschaftlicher Prozesse, nicht für deren prinzipielle Beseitigung; jedenfalls nicht für die absehbare Zukunft. Gewiß wird solche »Zurückhaltung« manchen radikaleren Reformvorstellungen unbehaglich erscheinen, aber sie spiegelt Pragmatik und praktische Erfahrungen eines Politikers wider. Pragmatisches Handeln gerät leicht in Opportunismusverdacht. Ein solcher Vorwurf wäre hier sowohl ungerecht als auch undifferenziert. Denn es gilt zwischen opportunistischer Deformation eines nur so genannten Pragmatismus und jenem Pragmatismus zu unterscheiden, der die bestehenden Machtstrukturen ins Kalkül zieht, um gegen diese bestimmte Ziele zu erreichen. Allerdings ist ein solcher *richtiger* Pragmatismus noch nicht vor Irrtümern und Verkürzungen gefeit. Er braucht solidarische Kritik.

Lafontaine attestiert der Technik, richtig genutzt, mehr materiellen Wohlstand und mehr Freiheit zu verschaffen. Trotz seiner Kritik an einer vermeintlich undifferenzierten Technikhoffnung der traditionellen Linken, besteht wohl kein Konfliktpotential in diesem Punkt zwischen »alten« und »neuen« Linken, gar zwischen Ökosozialisten und Gewerkschaften. Wer würde widersprechen, wenn es darum geht, die guten und die schlechten Folgen des technischen Fortschritts klar voneinander zu trennen und sich durch eine vernunftbestimmte Technikbeherrschung – im Gegensatz zur kapitalorientierten Technikbeherrschung – der guten Seiten des technischen Fortschritts zu versichern und die Negativeffekte zu eliminieren. Auch daß dazu eine vorbeugende Politik unabdingbar ist, die bereits im Entstehungsprozeß des wissenschaftlich-technisch Neuen ansetzt, kann mit Vernunftargumenten *heute* nicht mehr entkräftet werden.

Technik wird im Rahmen bestimmter Produktionsverhältnisse nicht nur angewendet, sondern die Verhältnisse wirken bereits im Entstehungsprozeß des technisch-wissenschaftlichen Wandels mit. »Die Notwendigkeit eines verantwortlichen Umgangs mit der Technik wirft ... (somit) die Frage auf, wie die gesellschaftliche und politische Macht, die über die technologische Entwicklung entscheidet, selber gesellschaftlich und politisch, das heißt demokratisch kontrolliert werden kann.« Das »Technikproblem« ist für Lafontaine, in kritischer Abgrenzung zu den technikmetaphysischen Verschleierungs- und Selbststeuerungsformeln der Neokonservativen und Wirtschaftsliberalen, kein Problem der Technik selbst, sondern ein politökonomisches Phänomen. Die politischen Konsequenzen sind evident: Demokratische Kontrolle aller Macht, um der Verantwortung für die – lebende und kommende – Menschheit im Sinn der aufklärerischen Vernunft gerecht werden zu können.

Auf absehbare Zeit wird Machtkontrolle nicht anders als durch den demokratischen Staat möglich sein. Das impliziert das Plädoyer für den wirtschafts- und technologiepolitischen Interventionismus, wie er in der jüngeren Vergangenheit eher von den Gewerkschaften als von der sozialdemokratischen Partei politisch lebendig gehalten wurde. Mit einer von führenden Sozialdemokraten lange nicht mehr artikulierten Deutlichkeit werden die interventionistischen Instrumente eingefordert. »Als Ergebnis vernunftgeleiteten Denkens zielt der Interventionismus darauf ab, die gesellschaftliche Freiheit auch in den marktwirtschaftlichen Prozessen sicherzustellen.« (S. 246) Der Marktmechanismus wird von Lafontaine als eine instrumentelle Einrichtung verstanden, deren Koordinations- und Allokationsleistungen genutzt werden sollen, aber die das vernunftbestimmte Handeln des gesellschaftlichen Kollektivs nicht zu ersetzen vermag. Hierin liegt der fundamentale Unterschied zwischen Lafontaines Akzeptanz marktwirtschaftlicher Prozesse und der liberalistischen bzw. neoklassischen Gleichgewichtsmetaphysik marktwirtschaftlicher Selbststeuerung. Deshalb formuliert Lafontaine präzise, daß und warum Eingriffe in das Marktgeschehen notwendig sind. Sein Begründungsansatz ist nicht ökonomisch, gar krisentheoretisch, sondern basiert auf der Machtkritik: Eine vernünftige Gesellschaftsökonomie wird durch die Marktmächte verhindert. Deshalb der steuernde und kontrollierende Eingriff.

Lafontaines Kritik an Selbststeuerungsformeln resultiert aus der Kritik an soziologischen Übertragungen des wirtschaftsliberalistischen Selbststeuerungskonzepts auf die Technik. Dort hat es weder Selbststeuerung im Sinn einer »verborgenen« Entwicklungstendenz technischen Fortschritts zum »letztlich« Guten gegeben, noch läßt sich ein solcher, positive und negative Effekte der Technik säuberlich voneinander scheidender Selbstreinigungsvorgang installieren. In kritischer Rückübertragung auf die Ökonomie verwirft Lafontaine dann auch dort die Selbststeuerungsdoktrin. Adam Smiths »unsichtbare Hand« ist eben eine metaphysische Konstruktion, die um so gefährlichere Wirkungen zeitigt, je irreversibler die Technikfolgen sind. »Wir dürfen uns nicht auf die gesellschaftliche Selbststeuerung der Risiken verlassen, wir müssen durch ein rechtzeitiges verantwortliches Eingreifen dafür sorgen, daß unabsehbare Risiken gar nicht erst entstehen.« (S. 241) Es gibt keine »List« bzw. Vernunft der Geschichte, die über die Köpfe und Hände der Menschen hinweg das Gute hervorbringt. »Wie kann man ... heute noch auf die List der Geschichte bauen, wenn doch die Geschichte uns vor allem eines gelehrt hat: daß sie nicht listig ist? Da der technische Fortschritt nicht von selbst Vernunft annimmt, müssen wir ihn dazu bringen.« (S. 241) Orientierung der Technik an den der Aufklärung verpflichteten, vernunftbestimmten Normen setzt die Freiheit des Menschen voraus, seine Geschichte gestalten zu können, ohne von der seiner demokratischen Kontrolle entzogenen Macht daran gehindert zu werden. Deshalb wirft das Technikproblem die Frage auf, wie kapitalistische Macht – ob privat- oder staatskapitalistisch – mit Hilfe der Demokratie entmachtet werden kann.

Die Technikdiskussion zieht sich als roter Faden durch Lafontaines Buch. Redundanz ist da kaum vermeidbar, zumal wenn es deutlich zu machen gilt, in welcher Vielfalt der zentrale Topos Technik zu einzelnen gesellschaftlichen Bereichen in Bezug steht. Wenn im Klappentext darauf aufmerksam gemacht wird, daß eines der beiden Hauptthemen die »Technik und ihre Verträglichkeit mit dem Recht des Menschen auf Freiheit und die besondere Verantwortung der Politik für Technikgestaltung und Technikfolgen« betrifft, so ist das eher untertrieben; es handelt sich um *das* Hauptthema. Hingegen fällt die Diskrepanz zwischen Klappentextankündigung zum zweiten »Hauptthema«, der »Neubestimmung des Begriffs der Arbeit«, und der mehr als dürftigen Ausführung auf. In den kurzen essayistischen Abschnitten, aus denen sich das ganze Buch mosaikartig zusammensetzt, wird zwar immer wieder angerissen, daß so etwas wie ein neuer Arbeitsbegriff zeitgemäß sei, aber zusammenhängend wird die »Neubestimmung der Arbeit« nur auf wenigen Seiten versucht (S. 81 ff.). Mit einem Zitat von Jacques Julliard entledigt sich Lafontaine einer näheren Begründung, warum in puncto Arbeit nun alles anders werden müsse. Offenbar hängt sich Lafontaine an Julliards These an, daß die gegenwärtige Wirtschaftskrise eigentlich keine Wirtschaftskrise ist, sondern eine »soziale Krise«. Wenn der Autor auf Aha-Erlebnisse beim Leser spekuliert haben sollte, so hat er wohl ein allzu unkritisches Publikum im Auge. Lafontaine konstatiert, daß der »Begriff der Arbeit ... in Zukunft seine Bestimmung und Bewertung nicht in erster Linie aus der damit verbundenen Bezahlung erhalten (sollte), sondern daraus, inwieweit die Arbeit gesellschaftlich nützlich ist und inwieweit sie dem einzelnen Chancen zur Selbstverwirklichung, zur Emanzipation bietet« (S. 82). So allgemein formuliert, mag das kaum kontrovers werden, aber auch nichts Neues bringen. Problematisch wird es, wenn Arbeitslosigkeit einfach durch semantisches Wortgeklingel *wegdefiniert* werden soll. Die Konservativen versuchten die Wegdefinition auch schon mal – durch statistische Umbenennungen. »Die Neudefinition der Arbeit hebt den Begriff der Arbeitslosigkeit auf, indem Weiterbildung und Umschulung als Tätigkeit begriffen werden für die Selbstverwirklichung des Menschen. Sie werden so stark erweitert, daß die produzierende Wirtschaft nach Arbeitskräften sucht, die ihre Weiterbildung und Umschulung abgeschlossen haben, statt daß die Arbeitslosen wie bisher vor den Arbeitsämtern Schlange stehen und gleichzeitig keine Möglichkeit haben, ihre beruflichen Fähigkeiten zu entwickeln.« Der über fünfzigjährige Facharbeiter, der in einer strukturschwachen Region seinen Arbeitsplatz verloren hat, wird ob solcher Aussichten, seine Arbeitslosigkeit durch »Neudefinition der Arbeit« aufgehoben zu sehen, wohl kaum den dialektischen Doppelsinn des Verbums begreifen. Und für den arbeitslosen Jungakademiker sind Weiterbildung und Umschulung auch nicht gerade das, was er sich nach dem bestandenen Examen wünschen dürfte. –Wie gesagt, viel steht zur Neubestimmung der Arbeit nicht im Buch, aber das wenige ist mehr bedenklich als bedenkenswert. Versucht man, dem Ansatz eine sozialökonomische Konkretisierung zu geben, so heißt das wohl, ein sehr umfassendes Volksbildungsprogramm mit einer »Grundsicherung« für die solcherart Sozialbetreuten zu installieren. Kein leicht zu finanzierendes Unterfangen, solange die produktive, für die Finanzierung von Transferleistungen notwendige Erwerbsarbeit um über zwei Millionen Arbeitslose verkürzt bleibt. Arbeitslosigkeit ist nämlich *auch* ein Verlust an gesamtwirtschaftlicher Wertschöpfung und Verlust an Finanzierungsmöglichkeiten für alle Experimente im Rahmen der »Neudefinition der Arbeit«.

Lafontaines Buch läßt sich beim besten Willen nicht als Beitrag zur Diskussion über die zentralen politökonomischen Probleme unserer Zeit lesen. Über Ursachen der Wirtschaftskrise erfährt der Leser fast nichts. Wiederkehrende Schelte gegen konservative und wirtschaftsliberale Ökonomievorstellungen, gegen multinationale Unternehmen und elegante Ausfälle gegen diese oder jene kapitalistische Unzulänglichkeit am Rande des Weges zur »Gesellschaft der Zukunft« zeugen eher von einer gewissen analytischen Verlegenheit, als daß sich daraus die Konturen einer sozialdemokratischen Alternative zur herrschenden Wirtschaftslehre und -politik des Westens herauslesen lassen. Lafontaine läßt einen großen weißen Flecken, wo man nach Antworten auf Wirtschafts-

krise und krisenbezogene Politik sucht. Wenn das Lohnver-
zichtskonzept als Nachtrag gedacht war, so bekommt die als
Eloge gemeinte Charakterisierung Lafontaines als eines Norbert Blüm der SPD, die kürzlich, aus journalistischer Einsicht geboren, ihren Weg in die Presse fand, eine unange-
nehme Zweideutigkeit.

Doch der Verzicht Lafontaines, neben vielen anderen wichtigen Fragen auch noch Wirtschaftskrise und Weltwirtschaft
ausführlicher zu thematisieren, darf wohl als kluge Entscheidung charakterisiert werden. Damit hat sich Lafontaine – soweit es sein Buch angeht – noch offengehalten.

Wie bereits bemerkt, bringt das Buch Anregendes und wird
die Reformdebatte beleben. Die klare, ohne opportunisti-
sches Zwinkern vorgetragene Argumentation gegen Kern-
kraft, das Plädoyer für ein vereintes Europa und eine grundsätzliche Veränderung der bundesdeutschen Verteidigungs-
doktrin im Rahmen eines künftigen europäischen Sicher-
heitskonzepts, das engagierte und hellsichtige Kapitel über
die Gleichberechtigung der Frauen (»Aufbruch zur Gleichheit«) oder auch die im Einleitungskapitel (»Miteinander
statt gegeneinander«) gewagte Offenlegung der objektiven
Restriktionen, denen sich ein Politiker durch Bürokratie,
übersteigerte Erwartungshaltung der Öffentlichkeit und dergleichen ausgesetzt fühlt und unter denen er subjektiv um so
mehr leidet, als er Politik nicht der Karriere, sondern des Ein-
tretens für die bessere Gesellschaft halber betreibt, sind
kaum überschätzbare Stärken des Buches.

Der dialogfordernde Tenor des Autors stimuliert zur kriti-
schen Auseinandersetzung. Und wie diese Schrift belegt, erfüllt Lafontaine eine Katalysatorfunktion für die dringend
notwendige Zukunftsdebatte nicht nur durch Provokation,
sondern auch – vor allem – durch die stringente argumen-
tative Verbindung von sozial-ethischen Forderungen und politischen Einsichten. Die Präferenz des Autors für postulie-
rende Aussagen gegenüber analytischer Erklärung und die
Bevorzugung der exemplarischen Deskription gegenüber der
theoretischen Erläuterung gibt der Argumentation eine Grif-
figkeit, die sicherlich bei einem breiten Publikum überzeu-

gender wirkt, als Systemgeschlossenheit und akribische Argumentationslogik es vermöchten. Jedenfalls gelingt es dem Autor, seine zentrale Botschaft klar zu vermitteln: Die Menschen müssen sich die Freiheit erkämpfen, um die aufklärerische Vernunft für ihre Lebensverhältnisse wirksam machen zu können, und dies verlangt umfassende, die Wirtschaft einbeziehende Demokratisierung der Gesellschaft. Viel wird von Solidarität gesprochen, aber kaum von jener, die sich in der Wirklichkeit immer wieder als die für den gesamtgesellschaftlichen Fortschritt wichtigste erwiesen hat: die Solidarität der gewerkschaftlich Organisierten, die Solidarität in den materiell und psychisch opferreichen Arbeitskämpfen, also die praktizierte Solidarität im Unterschied zur Solidarität der Worte. Der soziale Fortschritt wurde gegen kapitalistische Interessen *vor allem* durch die organisierten Arbeitnehmer erkämpft. Ich kann mir keine »Gesellschaft der Zukunft« vorstellen, die ohne dieses historische Subjekt vorbereitet wird – mögen »Volksparteien« auch ein Selbstverständnis entwickeln, das sie nach Wegen dorthin suchen läßt, die bequemer erscheinen, als sie der historischen Erfahrung der Arbeiterbewegung und der sozialen Bewegungen entsprechen.

FRITZ W. SCHARPF

VOLLBESCHÄFTIGUNG KOSTET GELD

S eit Beginn der Krisenperiode vor nunmehr fast 15 Jahren
haben alle Regierungen immer wieder versprochen, die
Vollbeschäftigung durch stärkeres Wirtschaftswachstum wie-
derzugewinnen.

Nachdem diese Hoffnungen aber so lange enttäuscht worden sind, scheint es mir nun an der Zeit, die Problemdefi-
nition zu wechseln und die Bekämpfung der Massenarbeitslosigkeit in erster Linie als ein Verteilungsproblem zu behandeln. Dies bedarf einer Begründung.

Die Arbeitslosigkeit in der Bundesrepublik stagniert seit
mehreren Jahren bei etwa 2,2 Millionen, zu denen man noch
eine »stille Reserve« von mindestens einer weiteren Million
Menschen hinzurechnen muß, die zwar nicht als Arbeitslose
registriert sind, aber bei besseren Beschäftigungschancen
ebenfalls Arbeit suchen würden. Ein Grund liegt in der seit
1977 (und noch bis Anfang der neunziger Jahre) jährlich steigenden Zahl der Personen im erwerbsfähigen Alter. Wichtiger aber ist die Tatsache, daß seit 1973 in jedem Wirtschaftsab-
schwung mehr Arbeitsplätze verlorengingen als im darauffol-
genden Aufschwung wieder dazugewonnen wurden. Dabei
traten die Verluste zwar per saldo in der privaten Wirtschaft
ein, aber auch die Beschäftigung im öffentlichen Dienst, die
in den siebziger Jahren noch spürbare Zuwächse aufwies, stagniert seitdem.

Woher aber kommen die Beschäftigungsverluste im Privatsektor? Hier besteht jedenfalls in der Bundesrepublik mit
ihrem vergleichsweise hohen Industrieanteil nach wie vor
eine sehr starke Abhängigkeit vom Investitionsverhalten der
Unternehmen: Wenn die Anlageinvestitionen zurückgehen,
dann vermindert sich im folgenden Jahr auch die Zahl der Beschäftigten im Privatsektor, und wenn die Investitionen wieder steigen, dann nimmt auch (aber mit weit schwächeren
Steigerungsraten) die private Beschäftigung wieder zu.

Bei uns jedenfalls stimmt also der alte Merksatz, daß zusätzliche Arbeitsplätze durch zusätzliche Investitionen geschaffen werden. Aber stimmt auch sein zweiter Teil noch, nach dem die Investitionen von den Gewinnen kommen sollen? Die Unternehmensgewinne sind in der Tat seit 1982 steil angestiegen, und die Netto-Kapitalrendite erreicht inzwischen wieder die Spitzenwerte der sechziger Jahre, ohne daß die Investitionen im gleichen Maße nachgezogen hätten. Ist deshalb aber der Kausalzusammenhang zwischen Gewinnen und Investitionen aufgehoben?

Er wird zumindest modifiziert durch einen Faktor, der in der beschäftigungspolitischen Diskussion kaum eine Rolle gespielt hat – nämlich die jeweilige Höhe der Realzinsen. Unternehmen und Haushalte haben ja bei der Verwertung ihrer Gewinne und Ersparnisse immer die Wahl zwischen gewinnbringenden (und arbeitsplatzschaffenden) Investitionen auf der einen Seite und spekulativen oder zinsbringenden Finanzanlagen auf der anderen Seite. Dabei bildet der jeweilige Zinsertrag der völlig risikofreien Staatspapiere die eigentliche Untergrenze für die Renditeerwartung längerfristiger Kapitalanlagen. Die Attraktivität von (immer riskanten) Unternehmensinvestitionen wird also nicht unmittelbar von der Höhe der Gewinne bestimmt, sondern von der (erwarteten) Rendite-Differenz zwischen den Gewinnen und den Realzinsen der Staatsanleihen. Und da die Realzinsen von Anfang der siebziger Jahre bis über die Mitte der achtziger Jahre hinaus kontinuierlich angestiegen sind, hat diese Rendite-Differenz trotz steigender Gewinne auch bis vor kurzem noch deutlich unter dem Niveau der frühen siebziger Jahre gelegen. Es waren also nicht etwa die (keineswegs zu niedrigen) Gewinne selbst, sondern die bei steigenden Realzinsen schrumpfende Rendite-Differenz, die bisher die Investitionsneigung der Unternehmen (und damit das Wachstum der privaten Beschäftigung) dämpfte. Woher aber kommt dieser beschäftigungsschädliche Anstieg der Realzinsen, und was läßt sich dagegen unternehmen?

In den siebziger Jahren waren steigende Realzinsen eine bundesdeutsche Besonderheit gewesen, verursacht durch die extreme (und im internationalen Vergleich auch erfolgreiche) Anti-Inflationspolitik der Deutschen Bundesbank, während im Ausland bei viel höheren Inflationsraten die Realzinsen nahe bei Null gelegen hatten oder sogar negativ gewesen waren. Nach 1979 aber reagierte auch die amerikanische Notenbank auf den neuen Inflationsschub des zweiten Ölpreisschocks mit einer stark restriktiven Geldpolitik, die – im Zusammenwirken mit dem rasch ansteigenden Haushaltsdefizit der Reagan-Administration – die Dollarzinsen für langfristige Anleihen von minus drei Prozent an der Jahreswende 1979/80 auf plus sechs Prozent im Frühjahr 1982 und sogar auf plus acht Prozent im Sommer 1983 hochschnellen ließ. Angesichts der Verflechtung der internationalen Kapitalmärkte konnten sich auch die anderen westlichen Länder dem Sog dieser hohen Dollarzinsen nicht entziehen, wenn sie nicht massive Kapitalflucht in Kauf nehmen wollten. Seitdem werden also die Realzinsen in anderen Ländern weniger von der eigenen Geldpolitik als von der amerikanischen Zins- und Währungsentwicklung bestimmt.

Für eine erfolgreiche Vollbeschäftigungspolitik der europäischen Länder nach dem in den sechziger und siebziger Jahren erfolgreichen keynesianischen Muster bedeutet der Verlust der Zinssouveränität ein fast unüberwindliches Hindernis. Bei hohen Realzinsen führt Deficit-Spending zu einer rasch ansteigenden Zinsbelastung der öffentlichen Haushalte, die in kurzer Zeit alle Handlungsspielräume der Finanzpolitik beseitigen kann.

Aber selbst wenn man diese haushaltswirtschaftlichen Folgen in Kauf nähme, wäre keynesianisches Deficit-Spending bei hohen Realzinsen ein ungeeignetes Rezept zur Erhöhung arbeitsplatzschaffender Investitionen. Zwar könnten durch die Erhöhung der gesamtwirtschaftlichen Nachfrage die gegenwärtigen Unternehmensgewinne weiter wachsen, aber die zusätzlich auf den Markt kommenden Staatsanleihen müßten zugleich das Angebot lukrativer und völlig sicherer Finanzanlagen vermehren und so die Investitionsneigung der Unternehmen sogar noch weiter vermindern. Wenn man Unternehmen trotzdem veranlassen will, ihre höheren Gewinne für arbeitsplatzschaffende Investitionen einzusetzen, dann müßte man also durch weitere Maßnahmen die Aussicht auf künftige Gewinne noch weiter verbessern, bis die Rendite-Differenz zu mit Finanzanlagen erreichbaren Realzinsen wieder so groß wird, wie sie vor Beginn der Hochzinsperiode einmal gewesen ist. Darin liegt die Logik aller angebotstheoretischen Rezepte der konservativen und liberalen Wirtschaftspolitik.

Die Lehre aus alledem muß für sozialdemokratische Wirtschaftspolitiker und für die Gewerkschaften ernüchternd sein: Solange die Realzinsen nicht gesenkt werden können, läuft jeder Versuch, die Vollbeschäftigung mit den Mitteln des keynesianischen Deficit-Spending zurückzugewinnen, auf eine gigantische Umverteilung zugunsten der Kapitaleinkommen hinaus. Schon in der ersten Runde geht es dabei um eine Umverteilung zwischen Steuerzahlern und Kapitalanlegern, denen für die Zeichnung von Staatsanleihen ein langfristig hoher Zinsertrag garantiert wird. In der zweiten Runde müssen dann die Gewinneinkommen zu Lasten aller übrigen Steuerzahler gezielt begünstigt werden, damit sie wieder mit der Rendite der Staatsanleihen konkurrieren können. Und schließlich sehen sich auch die Gewerkschaften unter dem Druck der Arbeitslosigkeit zu Lohnverzichten gezwungen, deren ökonomischer Sinn weniger in der Wiedergewinnung der internationalen Wettbewerbsfähigkeit liegt (die ohnehin über den Wechselkurs gesteuert wird) als in der Notwendigkeit, höhere Investitionen durch verbesserte Gewinnerwartungen herbeizulocken.

Wenn also bei hohen Realzinsen jeder Beschäftigungsgewinn im Privatsektor über eine massive Umverteilung zugunsten der Kapitaleinkommen erkauft werden muß (und wenn an den hohen Realzinsen vorderhand auch wenig zu ändern ist), dann liegt die Frage nahe, ob nicht andere Formen der Umverteilung direkter, wirksamer und mit weniger anstößigen Verteilungsfolgen mindestens den gleichen Beschäftigungseffekt erzielen könnten. Gemeint ist damit die Möglichkeit der solidarischen Umverteilung von Beschäftigungs- und Einkommenschancen zwischen Arbeitsplatzbesitzern und Ar-

234

beitsuchenden, die durch Oskar Lafontaine auf die Tagesordnung der bundesdeutschen Politik gesetzt worden ist.

Freilich hat auch diese Umverteilung ihre Schwierigkeiten, die in einer in erster Linie mit moralischen Argumenten bestrittenen Diskussion nicht angemessen berücksichtigt werden können. Im Prinzip gibt es jedoch zwei oder vielleicht auch drei praktikable Lösungen, mit denen in der Tat wesentliche Erfolge bei der Bekämpfung der Massenarbeitslosigkeit erzielt werden können – sofern die Mehrheit der Steuerzahler und Arbeitsplatzbesitzer zu den entsprechenden Opfern bereit ist. Zu diesen Lösungen gehören die Subventionierung zusätzlicher Beschäftigungsmöglichkeiten im privaten Sektor durch die Einführung eines garantierten Grundeinkommens, die Schaffung zusätzlicher Beschäftigungsmöglichkeiten im öffentlichen und frei-gemeinnützigen Sektor durch Ausweitung der öffentlich finanzierten sozialen Dienstleistungen und schließlich die Umverteilung der vorhandenen Beschäftigungsmöglichkeiten durch die Verkürzung der regulären Arbeitszeiten.

Von diesen drei Möglichkeiten spielt in der bundesdeutschen Diskussion die erste bisher kaum eine Rolle. Wir wissen zwar, daß ein wesentlicher Teil des »amerikanischen Beschäftigungswunders« der siebziger und achtziger Jahre sich im Bereich der wenig produktiven privaten Dienstleistungen wie Einzelhandel, Gaststätten, Beherbergung, Krankenpflege, Reparaturleistungen vollzogen hat, deren Beschäftigungsanteil bei uns sehr viel geringer ist. In der deutschen Diskussion wird jedoch das amerikanische Beispiel sogleich durch seine kritikwürdigen Aspekte disqualifiziert. In der Tat wird dort ein erheblicher Teil der privaten Dienstleistungen von den sogenannten »working poor« bestritten, die in ungesicherten und schlecht bezahlten »bad jobs« zuviel zum Sterben und zuwenig zum Leben verdienen. In der Bundesrepublik haben gewerkschaftliche Tarifverträge und das höhere Niveau unserer sozialstaatlichen Leistungen die Ausbildung eines Niedriglohnsektors verhindert, und niemand will das ernsthaft ändern.

Auf den ersten Blick hat auch die von Außenseitern in allen

Parteien erwogene Forderung nach einem staatlich garantierten Grundeinkommen wenig mit der Annäherung an »amerikanische Verhältnisse« zu tun. Wenn man freilich Regelungen in Betracht zieht, die den eigenen Zuverdienst der Empfänger nicht (wie bei der Sozialhilfe oder beim Arbeitslosengeld üblich) in vollem Umfang wegsteuern, sondern ihn nur graduell auf die empfangene Leistung anrechnen, dann wird der Zusammenhang mit der Beschäftigungspolitik rasch deutlich. Für jemanden, dessen Existenzminimum durch das Grundeinkommen gesichert ist und der von jeder zuverdienten Mark einen erheblichen Anteil behalten kann, werden auch geringer entlohnte Arbeitsmöglichkeiten interessant, solange nur die Aufgabe selbst und die Arbeitsbedingungen attraktiv genug sind. Damit würden sach- und personenbezogene Dienstleistungen wieder »marktfähig«, die bei uns längst vom (legalen) Arbeitsmarkt verschwunden sind, weil die dabei erzielbaren Einkommen nicht weit genug über der Sozialhilfe oder dem Arbeitslosengeld liegen, um an deren Stelle (das heißt bei voller Anrechnung) attraktiv zu sein. Bei entsprechender Ausgestaltung böte das garantierte Grundeinkommen also durchaus die Chance einer beschäftigungswirksamen Ausweitung der privaten Dienstleistungen ohne die im amerikanischen Modell damit verbundene Konsequenz einer zunehmenden Verarmung der darin tätigen Arbeitnehmer. Es wäre also richtiger, wenn in der politischen Diskussion nicht länger von einem »arbeitslosen Grundeinkommen«, sondern von der staatlichen Subventionierung niedriger Erwerbseinkommen geredet würde. Dann würde auch deutlicher, daß es um eine massive (aber völlig marktkonforme) Umverteilung von den höheren zu den niedrigeren Einkommen geht, durch die zugleich die Wahlmöglichkeiten auf dem Arbeitsmarkt erweitert werden.

Die zweite der erwähnten Möglichkeiten, die Ausweitung der öffentlichen und sozialen Dienstleistungen, wird bei uns etwas intensiver diskutiert. Auf diesem Wege hat Schweden, wo die private Beschäftigung sich noch ungünstiger entwikkelte als in der Bundesrepublik, bisher nicht nur die Vollbeschäftigung verteidigen, sondern in den siebziger und frühen achtziger Jahren sogar die Gesamtzahl der Beschäftigten noch wesentlich erhöhen können. Inzwischen erreicht die Beschäftigung im öffentlichen Sektor in Schweden einen Anteil von mehr als einem Drittel an der Gesamtbeschäftigung, während ihr Anteil in der Bundesrepublik noch unter 16 Prozent bleibt. Schwerpunkte der Beschäftigungsausweitung (durch die in erster Linie Teilzeitarbeitsplätze für Frauen geschaffen wurden) waren die Betreuungs-, Beratungs- und Pflegeleistungen für Kinder, Behinderte, Alte und Kranke, an denen auch in der Bundesrepublik noch erheblicher Bedarf besteht. Der Preis dafür, den die schwedische Gesellschaft bisher zu zahlen bereit war, bestand in einer Erhöhung der Abgabenquote auf mehr als 56 Prozent, während in der Bundesrepublik der Anteil der Steuern und Sozialabgaben am Bruttosozialprodukt 1987 noch unter 42 Prozent lag. Auch dieser Weg zur Vollbeschäftigung führt also über eine steuerliche Umverteilung der Einkommen.

Die dritte Möglichkeit schließlich, die Arbeitszeitverkürzung, spielt in der bundesdeutschen Diskussion eine größere Rolle als irgendwo im Ausland. Dahinter steht die Erfahrung, daß schon vor Beginn der Krise das gesamtwirtschaftliche Arbeitszeitvolumen von Konjunkturzyklus zu Konjunkturzyklus zurückgegangen war und daß selbst in den sechziger Jahren die Vollbeschäftigung nicht hätte erhalten werden können, wenn nicht der (im Durchschnitt über der Rate des Wirtschaftswachstums liegende) Produktivitätsfortschritt durch die stetig fortschreitende Verkürzung der regulären Arbeitszeiten zum Teil absorbiert worden wäre. Wenn man aber durch kürzere Arbeitszeiten vorhandene Arbeitsplätze sichern kann – warum sollte man dann nicht auch durch größere Schritte der Arbeitszeitverkürzung das vorhandene Arbeitszeitvolumen umverteilen und so die Massenarbeitslosigkeit abbauen können?

Die Antwort ist, wie die Kontroverse um die Vorschläge von Oskar Lafontaine zur Genüge demonstriert hat, nicht mit einer simplen Dreisatzrechnung zu finden. Wenn die graduelle Verkürzung der Wochenarbeitszeit um 30 Minuten pro Jahr per saldo vielleicht 200 000 Arbeitsplätze sichert, die andernfalls weggefallen wären, dann folgt daraus noch nicht, daß der plötzliche Übergang von der 40-Stunden-Woche auf die 35-Stunden-Woche Beschäftigung für zwei Millionen Arbeitslose schaffen könnte. Der Grund liegt in der Begrenztheit des Verteilungsspielraums, innerhalb dessen die Tarifvertragsparteien über Löhne und Arbeitszeiten zugleich verhandeln müssen. Er wird (wenn man Veränderungen der Wechselkurse außer acht läßt) im wesentlichen definiert durch den jährlichen Produktivitätsfortschritt, der in den letzten Jahren in der Größenordnung von etwa 2,5 Prozent lag.

Wenn die Unternehmer auf jede Erhöhung ihrer Gewinne verzichten, dann kann dieser Spielraum entweder über eine Erhöhung der realen Monatslöhne um 2,5 Prozent oder über eine einstündige Verkürzung der Wochenarbeitszeit (oder für beliebige Mischungen) verbraucht werden. Weil überdies bei jeder Verkürzung der Arbeitszeit auch bisher ungenutzte Produktivitätsreserven in den Betrieben mobilisiert werden, kann man vielleicht noch eine zusätzliche Produktivitätssteigerung von 1 bis 1,5 Prozent in Rechnung stellen, so daß insgesamt eine maximal anderthalbstündige Wochenarbeitszeitverkürzung pro Jahr möglich wäre, bei der weder die Realeinkommen der Arbeitnehmer sinken noch die Lohnstückkosten der Unternehmen steigen müßten. Damit würden freilich immer nur die erwartbaren Produktivitätsfortschritte ausgeglichen.

Bei Nullwachstum der Wirtschaft könnten also lediglich die vorhandenen Arbeitsplätze gesichert werden, aber die eigentlich angestrebte Umverteilung des vorhandenen Arbeitszeitvolumens zwischen den Beschäftigten und den Arbeitslosen käme dadurch noch nicht zustande. Zusätzliche Beschäftigung gäbe es also auch weiterhin nur in dem Maße, wie durch Wirtschaftswachstum und Investitionen zusätzliche Arbeitsplätze geschaffen werden.

Wenn man mehr erreichen will, dann müßte die Arbeitszeitverkürzung in größeren Schritten vorgenommen werden, die über den bloßen Ausgleich des Produktivitätszuwachses hinausgehen. Sie könnte dann freilich nicht mehr zugleich einkommens- und kostenneutral sein, sondern müßte entweder durch Realeinkommensverzichte der Arbeitnehmer oder durch Gewinnverzichte der Unternehmen bezahlt werden. Vom Standpunkt der Moral wäre gewiß die zweite Lösung vorzuziehen, aber auch die erste ließe sich als praktischer Ausdruck der Solidarität zwischen Beschäftigten und Arbeitslosen mit guten Argumenten vertreten. Unglücklicherweise wären aber beide Lösungen beschäftigungspolitisch ineffizient oder sogar schädlich. Bei beiden würde die Umverteilung zugunsten der Arbeitslosen mit zusätzlichen Arbeitsplatzverlusten bezahlt, die im Ergebnis sogar die Arbeitslosigkeit erhöhen könnten.

Die Gründe liegen in den ökonomischen Zusammenhängen zwischen Arbeitnehmereinkommen und gesamtwirtschaftlicher Nachfrage und zwischen Produktionskosten und Beschäftigung. Wenn die Realeinkommen der beschäftigten Arbeitnehmer zurückgehen, dann sinkt zunächst die Kaufkraft der Verbraucher, und es ist unsicher, ob der Rückgang durch die Zusatznachfrage zusätzlich eingestellter Arbeitnehmer künftig ausgeglichen wird. Angesichts dieser Unsicherheit werden aber viele Unternehmen mit Neueinstellungen zögern, so daß am Ende ihre skeptische Erwartung als »self-fulfilling prophecy« bestätigt wird. Wenn aber umgekehrt die realen Einkommen der Arbeitnehmer konstant gehalten werden, bleiben zwar die Absatzerwartungen der Unternehmen konstant, aber zugleich treiben die höheren Stundenlöhne die Lohnstückkosten in die Höhe. Da die Preise zunächst noch nicht steigen können (weil ja die erhoffte zusätzliche Nachfrage von den noch nicht vorgenommenen Einstellungen abhängt), sinken die Unternehmensgewinne und mit ihnen die Bereitschaft zu Neueinstellungen und zu neuen Investitionen.

Ob mit oder ohne Lohnausgleich – das Ergebnis wäre also im Prinzip dasselbe: Größere Schritte der Arbeitszeitverkürzung, welche den vom Produktivitätsanstieg begrenzten Verteilungsspielraum der Tarifparteien überschreiten, führen mit hoher Wahrscheinlichkeit nicht zu mehr Beschäftigung, sondern eher zu einer weiteren Verminderung des gesamtwirtschaftlich nachgefragten Arbeitszeitvolumens. Deshalb sollte man den deutschen Gewerkschaften auch nicht vorwerfen, daß alle tariflichen Vereinbarungen über Arbeitszeitverkürzung bisher im Rahmen des vom Produktivitätsanstieg begrenzten Verteilungsspielraums geblieben sind. Sie haben damit auch beschäftigungspolitisch vernünftig gehandelt.

Können also durch Arbeitszeitverkürzung die vorhandenen Arbeitsplätze doch nur sicherer gemacht, aber nicht zugunsten der Arbeitslosen umverteilt werden? Diese Schlußfolgerung scheint unausweichlich, solange nicht der begrenzte Verteilungsspielraum der Tarifparteien von dritter Seite erweitert wird. Aber diese dritte Seite gibt es, und es gibt auch gute Gründe, sie in die beschäftigungspolitische Pflicht zu nehmen. Sie folgen aus der Tatsache, daß die eigentlichen Gewinner bei jeder Zunahme der Beschäftigung weder die Gewerkschaften noch gar die Arbeitgeber, sondern die öffentlichen Hände sind. Wenn man die Minderausgaben für Arbeitslose und die Mehreinnahmen bei Steuern und Sozialabgaben zusammenrechnet, dann verbessert sich die Finanzlage von Bund, Ländern, Gemeinden und Versicherungskörperschaften bei jedem zusätzlichen Vollzeitbeschäftigungsverhältnis um insgesamt mehr als 21.000 Mark pro Jahr (Zahlen von 1984). Dies entspricht fast der Hälfte der durchschnittlichen jährlichen Bruttolohnkosten für einen zusätzlichen Arbeitnehmer. Wenn der Staat also bereit wäre, einen Betrag dieser Größenordnung als Lohnkostenzuschuß für Neueinstellungen jenen Unternehmen zur Verfügung zu stellen, welche die Zahl ihrer Beschäftigten über den bisherigen Stand hinaus erhöhen, dann könnte der Verteilungsspielraum der Tarifparteien in der Tat so ausgeweitet werden, daß auch größere und beschäftigungswirksamere Schritte der Arbeitszeitverkürzung ohne Reallohnverzicht und ohne Erhöhung der realen Lohnstückkosten möglich werden.

Ronald Schettkat hat am Berliner Wissenschaftszentrum Modellrechnungen für einen solchen Vorschlag ausgearbeitet, die von einem Ausgangsbestand von 16 Millionen Vollzeitbeschäftigten im Privatsektor und von der (pessimistischen) Annahme ausgehen, daß die Arbeitsproduktivität in jedem Jahr mit Arbeitszeitverkürzung um vier Prozent (sonst

2,5 Prozent) zunimmt. Unterstellt wird weiterhin, daß der Staat bei tariflichen Arbeitszeitverkürzungen, die über zwei Wochenstunden pro Jahr hinausgehen, Lohnkostenzuschüsse in Höhe von 21.000 Mark pro Jahr für zusätzlich Beschäftigte anbietet. Unter diesen Bedingungen bleiben auch bei vollem Lohnausgleich (also bei real konstanten Monatseinkommen der bisher Beschäftigten) die Lohnstückkosten annähernd konstant – wenn und solange die Unternehmen den effektiven Arbeitsausfall der kürzeren Arbeitswoche durch zusätzliche Einstellungen ausgleichen. Zuschüsse werden also nur insoweit und so lange gezahlt, wie die tatsächliche Zahl der Beschäftigten eines Betriebes höher liegt als die Beschäftigung an einem vor der Arbeitszeitverkürzung liegenden Stichtag.

Unter diesen Voraussetzungen wäre bei einer vereinbarten Arbeitszeitverkürzung um insgesamt fünf Wochenstunden in drei Schritten (3 + 1 + 1) selbst bei Nullwachstum zunächst mit einem spürbaren Anstieg der Beschäftigung zu rechnen, und bei einer durchschnittlichen Wachstumsrate von drei Prozent stiege die Beschäftigung im privaten Sektor in den ersten drei Jahren sogar um 1,8 Millionen Arbeitsplätze.

Aber selbstverständlich dürfen auch vorsichtige Modellrechnungen nicht als Prognosen mißverstanden werden, und selbst innerhalb des Modells darf der rechnerisch ermittelte zusätzliche Bedarf an Arbeitskräften nicht mit einem entsprechenden Abbau der registrierten Arbeitslosigkeit gleichgesetzt werden. Nicht alle freien Arbeitsplätze können derzeit besetzt werden, und nicht alle zusätzlichen Beschäftigten kämen aus der Arbeitslosigkeit. Immerhin kann das Modell aber zeigen, in welcher Größenordnung durch größere Schritte der Arbeitszeitverkürzung ein zusätzlicher Bedarf an Arbeitskräften im Privatsektor der Wirtschaft erzeugt werden kann.

Für den öffentlichen Sektor könnte man zwar theoretisch Einkommensverzichte der Arbeitnehmer durch garantierte Neueinstellungen honorieren, so daß die komplizierte Subventionierung nicht notwendig wäre. Da jedoch die fiskalischen Vorteile der Mehrbeschäftigung bei Bund, Ländern und Gemeinden in höchst unterschiedlichem Maße zu Buche schlagen, spräche manches dafür, den Subventionsanreiz (dessen Hauptlast vom Bundeshaushalt und von der Bundesanstalt für Arbeit getragen werden müßte) auch den Gemeinden und vielleicht auch den Bundesländern anzubieten. Die Bereitschaft der Finanzressorts und Parlamente, die zusätzlichen Stellen auch tatsächlich zu schaffen, könnte dadurch erhöht werden.

Selbstverständlich ist auch die hier vorgeschlagene Finanzierung der Arbeitszeitverkürzung nicht kostenlos. Sie wird bezahlt durch den Verzicht auf andernfalls erwartbare Steuerentlastungen. Wenn man überdies davon ausgeht, daß die Lohnkostenzuschüsse vom Bund und der Bundesanstalt für Arbeit geleistet werden, deren Haushalte ohnehin in enger Verbindung stehen, dann sind Netto-Mehrausgaben zu erwarten, die höhere Steuern erfordern (sofern nicht in den Verhandlungen über die Verteilung der Umsatzsteuer zwischen Bund und Ländern ein Ausgleich erreicht wird). Im Prinzip hat das auch seinen guten Sinn.

Die Bekämpfung der Massenarbeitslosigkeit ist nicht kostenlos zu haben, und für die gerechte Verteilung der Kosten bietet das Steuersystem allemal bessere Voraussetzungen als die Tarifpolitik der Gewerkschaften.

HUBERT KLEINERT

LAFONTAINE UND KEIN ENDE

Hubert Kleinert ist Bundestagsabgeordneter der Grünen.

M anch einer wird es kaum mehr hören können: Oskar
hier, Lafontaine da. Wochenlang hat der saarländische
Ministerpräsident die Schlagzeilen beherrscht. Beifall quer
durch alle Parteien, scharfe Kritik der Gewerkschaften. Man-
cher Linke war schnell zur Hand mit der alten Lehrbuchweis-
heit, daß Lafontaine nur den Arbeitern die Lasten der Krise
aufhalsen wolle. Wo doch ausweislich der Einkommensentwicklung bei den Unternehmern genug zu tun wäre. Und die
Bonner Steuerpolitik, die sowieso die Reichen nur reicher
machen will …

Ganz so einfach geht das nicht. Denn man mag ja manches
gegen Lafontaines Thesen einwenden können. Man mag vor
allem die beschäftigungspolitische Wirksamkeit tariflicher Arbeitszeitverkürzungen in der Privatwirtschaft – nicht im öffentlichen Dienst – bestreiten. Aber eines halte ich schlicht
für falsch: die Vorstellung, im Kapitalismus sei eine radikale
Arbeitszeitverkürzung bei vollem Lohnausgleich für alle
unter Bedingung der Massenarbeitslosigkeit jemals durchsetzbar. Wenn man aber davon ausgeht, daß nicht geringfü-
gige, sondern nur radikale Arbeitszeitverkürzung einen wirklich entscheidenden Beitrag zur Bekämpfung der Massenarbeitslosigkeit leisten kann, dann landet man nolens volens bei
differenzierten Lohnausgleichsmodellen. Alles andere ist
zwar politisch ehrenwert gedacht. Aber leider wird es den Arbeitslosen am Ende wenig nutzen.

So ist an Lafontaine gewiß zu kritisieren, daß er allzusehr
jene außen vor läßt, die angesichts unternehmerischer Gewinne der letzten Jahre nun wirklich zur Kasse gebeten werden könnten. Und selbstverständlich gehört die Steuerreform und die Wirtschaftspolitik der Bundesregierung mitten
hinein in jede ernsthafte Debatte um Arbeitslosigkeit. Doch

243

deshalb seine Überlegungen einfach beiseite zu schieben und sich mit Verratsgeschrei zu begnügen, geht nicht an. Und das nicht nur deshalb, weil unübersehbar ist, wieviel Zustimmung jenseits aller parteipolitischen Grenzen der saarländische Ministerpräsident bekommen hat. Ich fürchte sowieso, daß das linke Verratsgeschrei nur zur bloßen Agitationspose verkommt, die ihre Vertreter praktisch in hilfloser Defensive beläßt.

Wer den Leuten nach mehr als einem Jahrzehnt der Massenarbeitslosigkeit nicht mehr anzubieten weiß als die Abschaffung des Kapitalismus, mit der es in diesem Jahrtausend ja wohl wirklich nichts mehr werden wird, verhält sich theoretisch vielleicht konsistent, praktisch freilich ganz schön ignorant gegenüber den Problemen der wirklichen Arbeitslosen.

Natürlich kann das nicht begeisterte Zustimmung zu Lafontaine heißen: Differenzierte Lohnausgleichsmodelle können nur dann überhaupt verhandelbar sein, wenn effektive Einstellungsgarantien daran zu knüpfen sind. Alles andere wäre tatsächlich bloß Einkommensverzicht.

Schon dieses praktisch umzusetzen ist schwierig genug. Aber an dieser Stelle weiterzudenken scheint mir lohnenswerter als der Rückzug in die linke und gewerkschaftliche Wagenburg.

Zumal die Brisanz der jüngsten Veröffentlichungen von Lafontaine weit über diese Fragen hinausreicht. So sind seine Äußerungen im jüngsten Buch jenseits aller Debatten über Tarifrunden und darüber, wie sich ein potentieller Kanzlerkandidat für 1990 schon jetzt medienwirksam in Szene setzen will, auch der Versuch, einen modernistischen Öffnungskurs einer sich wandelnden SPD nach außen zu dokumentieren.

Ob sich da wirklich etwas öffnet – ich bin da skeptisch. Sicher ist, daß Lafontaine kräftige Raubzüge durch die Gedankenwelt der Grünen unternommen hat. Die Betonung der ökologischen Frage, seine technikkritischen Anmerkungen sind ein Versuch, einen neuen Fortschrittsbegriff zu definieren, seine Position zur Neubewertung der Arbeit – all das sind Überlegungen, die geradewegs von Grünen-Papieren abgeschrieben sein könnten. Hier will einer offensichtlich eine neue profilierte Sozialdemokratie, die ökologische Sensibilität mit marktwirtschaftlicher Wirtschaftspolitik und den klassischen SPD-Themen zu verbinden weiß. Damit soll der Tanker SPD das Profil einer modernen Reformpartei erhalten, die für Unternehmer wie für Alternative gleichermaßen wählbar werden soll. Übrigens keine Beruhigung, sondern eine Gefahr für die Grünen.

Paradox bleibt lediglich, daß das Ganze öffentlich und machtpolitisch als sozialdemokratische Öffnung zur F.D.P. wahrgenommen wird. Denn jenseits aller Spekulationen über Frühstücksbuffets bei Herrn Genscher ist mir schleierhaft, wie Lafontaine seine Grundthesen vom »Leben in der Risikogesellschaft« oder gar vom »Aufbruch zur Gleichheit« ausgerechnet mit Herrn Lambsdorff durchsetzen will. Entweder das Ganze ist »just for show« und wichtig allein die machtpolitischen Machbarkeiten. Dann mag sozial-liberal sogar irgendwann denkbar sein, wenn auch sicher so bald nicht.

Wenn aber Oskar Lafontaine seine Grundthesen ernst meint, dann wird er in der Grünen Diskussion um's garantierte Mindesteinkommen, um ein neues Fortschrittsverständnis, um das Rentenmodell und die Technikfolgenabschätzung weit eher Bündnispartner suchen müssen als im Umfeld jener Herren von der Drei-Pünktchen-Partei, deren erklärtes Ziel nach wie vor die soziale Amerikanisierung der Bundesrepublik ist.

Eher beruhigend für die Grünen freilich kann Lafontaines Abstrafung durch den sozialdemokratischen Gewerkschaftsflügel sein. Wo mit Lafontaine die innerparteiliche Betonrechte gleich noch Rache an der ganzen Enkelgeneration nehmen wollte – von wegen Friedensbewegung und so –, liegen nicht nur jene Linken gründlich daneben, die das gewerkschaftliche Dauerfeuer gegen den saarländischen Ministerpräsidenten als Überbleibsel oder gar Neuansatz klassenkämpferischen Denkens gründlich mißverstehen. Schlimmer noch: Das innerparteiliche Spießrutenlaufen des kleinen Napoleon von der Saar bedeutet auch eine erste Weichenstellung zugunsten des Kanzlerkandidaten Jochen Vogel. Dies mag manchen Grünen aufatmen lassen. Von der politischen

Gesamtsituation her bedeutete sie eine Festschreibung werdender politischer Fronten. Und das ist nichts anderes als eine Bestandsgarantie für die derzeitige Bundesregierung. So gesehen ist der relative Erfolg des Gewerkschaftsflügels ein Pyrrhussieg.

FRANZ STEINKÜHLER

»WIR MACHEN DER PARTEI DRUCK«

Gespräch mit dem SPIEGEL

Spiegel: Herr Steinkühler, wünschen Sie sich, daß die SPD die nächste Bundestagswahl verliert?

Steinkühler: Natürlich nicht. Ich will, daß die SPD die Wahl gewinnt, und zwar so, daß sie nach Möglichkeit allein regieren kann.

Spiegel: Warum torpedieren Sie dann den Versuch der SPD, sich auf dem Parteitag in Münster als regierungsfähig darzustellen? In Interviews haben Sie gesagt, die Sozialdemokraten liefen »kopflos in die Krise«, in der SPD würden »unterschiedliche Konzeptionen in unverträgliche Kompromisse gegossen«. Mobilisiert das Wähler?

Steinkühler: Meine Kritik bezog sich auf das SPD-Vorstandsmitglied Wolfgang Roth, der gerade aus Schweden zurückkam und meinte, der Leitantrag zur Wirtschaftspolitik sollte weiter zugespitzt werden. Das wollte ich verhindern. Denn mit dem Leitantrag Wirtschaftspolitik in der jetzigen Fassung können wir als Gewerkschafter durchaus leben.

Spiegel: Können Sie auch mit dem heimlichen Kanzlerkandidaten der SPD, mit Oskar Lafontaine, leben?

Steinkühler: Sie werden mich nicht dazu verführen, heute bereits über Personen zu urteilen. Der Luftballon, den man zuerst steigen läßt, läuft auch Gefahr, zuerst zu platzen.

Spiegel: Sie und Ihre Gewerkschaft waren diejenigen, die am heftigsten über eine Person hergefallen sind, nämlich über Lafontaine. In der Zeitschrift »Der Gewerkschafter« standen hämische Karikaturen über Oskar, der die alte Dame DGB verläßt und sich einer jungen Sexbombe namens FDP an den Hals schmeißt. Dann haben Sie zehn Thesen verbreitet. Einhelliger Tenor: Die Enkel-SPD ist auf dem Marsch zu Kapitalisten und Konservativen. Wollen Sie verhindern, daß Oskar Lafontaine der erste Mann in der SPD wird?

Steinkühler: Ich hab' nicht über Lafontaine geredet, sondern ich hab' viel mit Oskar gestritten. Auge in Auge, miteinander am Rednerpult. Dazu gab es eine ganze Menge Anlaß.

Spiegel: Zum Beispiel die Forderung, Arbeitnehmer sollten bei Arbeitszeitverkürzungen auf den Lohnausgleich verzichten.

Steinkühler: Das hat der Oskar, wie wir mittlerweile wissen, so nicht gemeint. Aber das Etikett hängt ihm bis heute an. Bei unseren Funktionären hat das tiefe Verstimmung ausgelöst. Gestritten haben wir aber auch über die Möglichkeiten der Tarifpolitik, die er wohl überschätzt, und über seine neue Definition der Arbeit.

Spiegel: Lafontaine will die Arbeiten im Haushalt, in der Altenversorgung, in der Kindererziehung, im ganzen sozialen Bereich aufwerten und langfristig mit der klassischen Erwerbsarbeit gleichstellen. Das geht Ihnen zu weit?

Steinkühler: Im Zentrum unserer Gesellschaft wird auch in Zukunft die Erwerbsarbeit stehen, die wird das Selbstverständnis der Menschen definieren. Wir sagen immer: Wenn wir das Leben der Menschen besser machen wollen, dann müssen wir das Leben der Menschen in der Erwerbsarbeit besser machen. Man kann nicht schlecht arbeiten und gut leben. Das ist ein Widerspruch in sich. Da haben wir unterschiedliche Auffassungen mit der neuen Enkel-Generation.

Spiegel: Daß die sozialen Tätigkeiten, die sogenannte Nichterwerbsarbeit, an Bedeutung gewinnen wird, haben Sie früher selbst geschrieben.

Steinkühler: Auch wir glauben, daß der Zeitanteil der Nichterwerbsarbeit zunimmt, daß ihre Bedeutung für die Menschen zunimmt. Aber Erwerbsarbeit muß im Zentrum politischen Handelns stehen. Nichterwerbsarbeit ist eigentlich eine Resultante der Erwerbsarbeit, eine abhängige Variable. In der SPD wird das teilweise anders diskutiert. Wir warnen ganz nachdrücklich davor, Erwerbsarbeit im Stellenwert zu mindern, weil dann der Kampf um Vollbeschäftigung sein Ziel verliert.

Spiegel: Sie halten ziemlich viel für falsch, was die sogenannten Enkel der SPD wollen. Entsteht da eine SPD, mit der die Gewerkschaften nicht mehr Schulter an Schulter marschieren können?

Steinkühler: Das Verhältnis zwischen SPD und Gewerkschaften ist in den letzten Jahren sicher nicht einfacher geworden. Aber wir hatten immer, über 100 Jahre lang, einen spannungsgeladenen Konsens. Jetzt knirscht es eben ein wenig mehr. Das liegt daran, daß beide Organisationen im Umbruch sind, sie suchen neue Mitglieder und neue Wählerstrukturen. Und in beiden sind bestimmte Personengruppen unterrepräsentiert: Das Funktionärskorps der Partei ist heute produktionsferner. Seit 1945 gab es keinen amtierenden Betriebsratsvorsitzenden mehr im Parteivorstand der SPD.

Spiegel: Trennen sich die Wege von Sozialdemokraten und Gewerkschaften?

Steinkühler: Nein, beide Organisationen brauchen einander. Die SPD ist nach wie vor die einzige Partei, die falls sie an die Regierung kommt, den Streikparagraphen 116 beseitigen will. Die SPD ist auch die einzige Partei, die mit uns gemeinsam die Aussperrung abschaffen will. Die SPD hat uns im Kampf um die 35-Stunden-Woche unterstützt. Sie vertritt unsere Position in der Frage des Betriebsverfassungsgesetzes, wo die Gewerkschaften weiter geschwächt werden sollen.

Das zeigt, daß die SPD den gewerkschaftlichen Forderungen sehr nahe steht. In der Wirtschaftspolitik fordern wir vielleicht mehr, als die Partei derzeit leisten kann.

Spiegel: Wer mutet wem zuviel zu? Prescht nicht die SPD, indem sie sich zum bürgerlichen Lager hin öffnet, schneller voran, als es die Gewerkschaft ihrem traditionellen Arbeiterstamm zumuten kann?

Steinkühler: Die IG Metall wurde von der SPD mit Sicherheit nicht überholt. Was wir auf unseren Zukunftskongressen an neuer Programmatik entwickelt haben, was sich in den letzten drei Jahren innerhalb der IG Metall bereits verändert hat, ist – teilweise – der SPD weit voraus.

Spiegel: Ist es ein Fortschritt, sich an aktuellen politischen Kontroversen allein als Interessenvertreter des harten Kerns der Arbeiterschaft zu beteiligen? Die von Ihnen geschmähte

Enkel-SPD hat mit neuen Ideen Respekt und Anerkennung bei bürgerlichen Wählern geerntet, ohne die es keinen Wahlsieg geben wird.

Steinkühler: Die SPD dankt Lafontaine dafür, daß er die Diskussion angefangen hat, weil er damit Arbeitslosigkeit wieder in das Zentrum der Diskussion gebracht hat. Wenn wir als Gewerkschafter jedoch die Diskussion analysieren, haben wir den Eindruck, daß er die Schuldfrage für die Arbeitslosigkeit ins Zentrum gebracht hat. Er hat den Eindruck erweckt, daß die Gewerkschaften nicht genügend Arbeitszeitverkürzung durchgesetzt hätten, daß sie vor allem eine egoistische Tarifpolitik betrieben hätten, weil sie nicht bereit waren, auf Lohn zu verzichten.

Wir glauben, daß die Diskussion über die Lafontaine-Thesen keine positiven Aspekte zur Bekämpfung der Arbeitslosigkeit gebracht hat. Sie hat im Gegenteil diejenigen, die die Arbeitslosigkeit bekämpfen, auch noch öffentlich an den Pranger gestellt. Das ist die unterschiedliche Einschätzung.

Spiegel: Lafontaines Strategie paßt Ihnen nicht. Aber der von Ihnen seit vielen Jahren propagierte Weg zur Bekämpfung der Arbeitslosigkeit, nämlich öffentliche Ausgabenprogramme, etwa das 50-Milliarden-Programm Arbeit und Umwelt, lockt ja auch keine neuen Wähler an – und sogar Sozialdemokraten bezweifeln, ob solche Programme überhaupt noch etwas taugen.

Steinkühler: Wir nehmen für uns nicht in Anspruch, den Stein der Weisen zu besitzen und das alleinige Heilmittel und Rezept zur Bekämpfung der Arbeitslosigkeit zu haben.

Spiegel: Warum dann die rigorose Ablehnung eines neuen Konzeptes, das Lafontaine vorschlägt? Zumal es doch politisch bereits erfolgreich gewirkt hat.

Steinkühler: Ich glaube nicht, daß die neuen Vorschläge zur Arbeitszeitverkürzung ausreichen, um Wahlen zu gewinnen. Ich weiß auch nicht, ob man da nur kurzfristig Beifall kassiert oder wirklich neue Wählerschichten findet. Ich weiß aber sicher, daß alte Wählerschichten dadurch vergrätzt worden sind. Diese Verzichtsmentalität, die bei der Diskussion der Lafontaine-Thesen mitschwang, die kam bei einigen gut an.

Bei denen aber, die mit Vollarbeitszeit kaum mehr verdienen als den Fürsorgesatz, da kam das nicht an.

Spiegel: Dann würden Sie auch nicht den SPD-Vorschlag unterstützen, eine Energiesteuer einzuführen, um durch sinkenden Energieverbrauch die Umwelt zu entlasten?

Steinkühler: So etwas führt zu einer enormen Steigerung der Lebenshaltungskosten. Da muß ich mich fragen: Wie sehen das meine Mitglieder? Viele Arbeitnehmer und Rentner gehen schon jetzt sehr sparsam mit Energie um – einfach weil sie rechnen müssen. Die können den Preisanstieg nicht durch Sparsamkeit auffangen, die müssen das dann voll tragen. Das Ziel, Umweltsicherung, ist auch unser Ziel. Aber der Weg dahin, fürchte ich, wird keine Begeisterung auslösen.

Spiegel: Was schlagen Sie vor zur Rettung der Natur?

Steinkühler: Der Hausbrand ist doch gar nicht die Hauptursache der Luftverschmutzung. Die Großabnehmer müßten sorgsamer mit Energie umgehen und durch entsprechende Tarife auch dazu gezwungen werden. Die gegenwärtigen Tarife laden doch zu Verschwendung und Umweltzerstörung ein.

Spiegel: Die sozialen Härten, die Sie befürchten, ließen sich vermeiden, da gibt es viele sozialpolitische Möglichkeiten. Aber ausgerechnet jetzt, da die SPD etwas in die Praxis umsetzen will, was die IG Metall programmatisch auch schon gefordert hat, da zucken Sie zurück und sagen: Wir ziehen nicht mit, unsere Klientel wird zu stark belastet.

Steinkühler: Ich bin dafür, daß der Energieverbrauch massiv gedrosselt wird, weil sonst die Welt kaputtgeht.

Spiegel: Das kriegen Sie doch nur über Verteuerung hin. Wie wollen Sie es denn sonst machen?

Steinkühler: Ich bin nicht sicher, ob die Arbeitnehmerhaushalte zusätzlich belastet werden können.

Spiegel: Wollen Sie Öl zuteilen? Wie wollen Sie den Energieverbrauch drosseln, wenn nicht über den Preis?

Steinkühler: Es gibt viele Möglichkeiten neben dem Instrument Preis, gegen das ich mich ja gar nicht ausspreche. Ich spreche mich nur gegen Preisbelastungen in Arbeitnehmerhaushalten aus. Denn viele dieser Haushalte sind bereits an der Grenze der Sparmöglichkeiten angelangt. Vielleicht muß man es so regeln, daß die Preiserhöhungen nur den oberen Einkommensgruppen zugemutet werden. Das wird man alles noch diskutieren müssen. Aber die Klientel, die ich vertrete, die Mitgliedschaft der IG Metall, die hat ein Familien-Nettoeinkommen von unter 3000 Mark im Monat. Und da wird es mir sehr schwer fallen, diesen Leuten zuzumuten, enorme Preissteigerungen hinzunehmen. Ich weiß nicht, wie die noch sparen sollen.

Spiegel: Die SPD versucht, ein Programm zur wirtschaftlichen Weiterentwicklung vorzustellen. Ihre Begeisterung dafür hält sich deutlich in Grenzen, Sie warnen und kritisieren. Hat die IG Metall ein Programm, das besser ist, das überzeugt und mitreißt?

Steinkühler: Aber ja. Und vieles davon findet sich im Münsteraner Parteitagsantrag zur Sozialpolitik: gerechtere Verteilung des Arbeitsvolumens, individuelle Gestaltungsmöglichkeiten in der Erwerbsarbeit, mehr Mitbestimmung am Arbeitsplatz, gleiche Verteilung der Haus- und Erziehungsarbeit auf Männer und Frauen. Ferner 35-Stunden-Woche bei Siebenstundentag. Das ist unsere Programmatik, die wir auf unseren Zukunftskongressen diskutieren. Das ist unser Kompaß für das Jahr 2000.

Spiegel: Welche Personen stehen in der SPD hinter diesen Forderungen?

Steinkühler: Dieser Antrag ist im Parteivorstand – soviel ich weiß – einstimmig verabschiedet worden.

Spiegel: Wo ist die wirtschaftspolitische Persönlichkeit, mit der die SPD die nächste Wahl gewinnen kann?

Steinkühler: Die kenne ich nicht.

Spiegel: Die SPD hat aber doch nur dann eine Chance, wieder an die Regierung zu kommen, wenn sie – wie Ende der sechziger Jahre – wirtschaftspolitische Sachkompetenz beweisen und auch personell vorstellen kann. Damals ging das mit Karl Schiller und dem Programm der Globalsteuerung. Wo ist ein solches Angebot der SPD heute?

Steinkühler: Wo ist in der Regierungspartei CDU ein Mann, den wirtschaftspolitisch jemand ernst nimmt? Trotzdem regiert sie. Wo ist in der Regierungspartei FDP ein Mann, den wirtschaftspolitisch jemand ernst nimmt? Fehlanzeige. Trotzdem regiert sie. Leute von dem Kaliber eines Bangemann oder Stoltenberg hat die SPD allemal. Ob das ausreicht, die Wahl zu gewinnen, das weiß ich allerdings nicht.

Spiegel: Könnten Sie sich vorstellen, daß Sie selbst ins Kabinett gehen? Es gab 1966 mit Georg Leber schon einmal einen bekannten Gewerkschaftsführer, der Minister wurde.

Steinkühler: Natürlich kann ich mir das vorstellen – allerdings erst nach meinem Ausscheiden mit 64 oder 65 Jahren bei der IG Metall. Vorher nicht. Ich bin in erster Linie IG-Metall-Vorsitzender. Ich hoffe, auch wiedergewählt zu werden bis zu meiner Pensionsgrenze.

Spiegel: Die Gewerkschaft zählt mehr?

Steinkühler: Für mich ja. Die IG Metall zu führen mit mehr als 2,5 Millionen Mitgliedern, das ist eine anspruchsvolle Aufgabe. Das ist etwas absolut Gleichwertiges, wie Kabinettsmitglied zu sein.

Spiegel: Geht es überhaupt noch um Macht und Einfluß der Gewerkschaften? Einer der Lafontaine nahestehenden sozialdemokratischen Vordenker, Fritz Scharpf, behauptet, angesichts eines verschärften globalen Wettbewerbs und eines unkontrollierbaren, weltweiten Kapitalmarkts könnten die Gewerkschaften die Unternehmer gar nicht mehr unter Druck setzen.

Steinkühler: Das ist eine sehr resignative These.

Spiegel: Aber vielleicht eine realistische Erkenntnis. Sinkt die Rendite einer Firma unter den Zinssatz des internationalen Kapitalmarktes, dann legen die Unternehmer ihr Geld lieber auf die Bank, statt in Arbeitsplätze zu investieren.

Steinkühler: Die Dinge sind im Augenblick so, weil die Kräfteverhältnisse so sind. Aber wenn man das als unvermeidlich akzeptieren würde, dann würde das bedeuten, daß die Partei kapituliert. Das würde bedeuten, daß die Gewerkschaften kapitulieren, daß sie anfangen, sich im Kapitalismus mit den durch das Kapital vorgegebenen Grenzen einzurichten. Dann können die Gewerkschaften gleich zumachen, dann werden sie degradiert zum ADAC für Arbeitnehmer.

Spiegel: Sie halten an den alten Zeiten und Visionen fest?

Steinkühler: Weder eine Partei noch eine Gewerkschaft darf auf Visionen verzichten. Gerade die SPD täte gut daran, ihren Fixstern, der ihr Orientierung gibt, ein bißchen sichtbarer zu machen. Die Menschen brauchen einen solchen Fixstern, damit sie sich in den täglichen Auseinandersetzungen daran orientieren können. Zur Zeit sind die Visionen der IG Metall klarer als die der SPD. Deshalb machen wir Druck auf die Partei, weil wir nicht wollen, daß sie kapituliert. Wir glauben, daß man sozialer und ökologischer wirtschaften kann als bisher und daß es trotzdem möglich ist, Arbeitsplätze in Deutschland zu sichern.

Spiegel: Ist das nun Vision oder Illusion? In der Stahlindustrie, bei Krupp-Rheinhausen, haben Sie erleben müssen, wie Arbeiter und Gewerkschaften mit dem Rücken an der Wand standen.

Steinkühler: Das Stahlwerk war realistischerweise nicht zu halten, aber wir standen keineswegs mit dem Rücken an der Wand. Wir haben eine ganze Menge bewegt. Zum erstenmal haben Arbeitgeber ihre Verantwortung für die Schaffung neuer Arbeitsplätze schriftlich zugegeben. Außerdem haben wir vorgeschlagen, anstelle von Bargeldabfindungen Beschäftigungsgesellschaften zu gründen. Da wurde etwas Neues entwickelt – und jetzt steht das im wirtschaftspolitischen Leitantrag der SPD. Es ist also noch immer mehr zu bewegen, als viele glauben.

Spiegel: Wird der europäische Binnenmarkt 1992 den Handlungsspielraum der deutschen Gewerkschaften weiter einengen? Können Mitbestimmung, Kündigungsschutz, soziale Sicherung und Arbeitsschutz-Standards, die ja hierzulande sehr weit entwickelt sind, dann überleben?

Steinkühler: Zunächst mal ist die Bundesrepublik keineswegs die soziale Oase der EG. Der Kündigungsschutz ist in anderen Ländern teilweise besser geregelt. Und in Belgien zum Beispiel dürfen Unternehmer aussperren, aber sie müssen die Löhne und Gehälter weiterzahlen.

Spiegel: Sie möchten gern die besten Standards zum Maßstab für Europa machen?

Steinkühler: Ja, unbedingt. Allerdings muß klar sein, daß dies nicht ein halbes Jahr nach 1992 durch Gesetz verordnet werden kann. Unsere hohen Sozialleistungen in der Bundesrepublik sind auch Ausdruck unserer hohen Produktivität. Man kann deshalb die hohen Sozialleistungen, die wir haben, auch die hohen Lohnnebenkosten, nicht einfach auf Portugal übertragen. Damit würde man Portugal kaputtmachen. Dieses Land kam in die EG, um sich besser entwickeln zu können. Wenn das geschieht, werden sich auch die sozialen Standards angleichen.

Spiegel: Die Unternehmerverbände argumentieren, daß die sozialen Standards und die Arbeitnehmerrechte demnächst die Standortentscheidungen von Unternehmen beeinflussen werden. Heißt das, daß dann in der Bundesrepublik, im Wettbewerb um Arbeitsplätze, der Sozialstaat abgebaut wird?

Steinkühler: Die Bundesrepublik darf den Sozialstaat, der sie wohlhabend gemacht hat, der im Grundgesetz verankert ist, nicht ab 1992 zur Disposition der Unternehmer stellen. Ich habe den Eindruck, daß die Bundesregierung, wenn man die Aussagen von Kohl und Bangemann ernst nehmen kann, inzwischen andere Auffassungen als die Arbeitgeber vertritt. Die Regierung akzeptiert, darauf deuten die Aussagen von Kohl wie auch Bangemann hin, daß unsere Standards nicht abgebaut werden dürfen. Das sind Aussagen. Wir werden sie beim Wort nehmen müssen – falls sie 1992 doch noch an der Macht sind.

Spiegel: Falls die SPD nicht alle Ihre Visionen teilt, falls den Sozialdemokraten ein stärkeres Entgegenkommen gegenüber dem bürgerlichen Lager und den Unternehmern erforderlich erscheint – wo liegen die Grenzen Ihrer Kompromißfähigkeit?

Steinkühler: Gewerkschafter haben in ihrer Geschichte ganz selten hundertprozentige Erfolge gehabt, und im Krötenschlucken müssen sie Meister sein. Aber eines werden sie nie im voraus sagen: welche Kröte sie noch zu schlucken bereit sind. Weder bei Tarifverhandlungen noch bei der SPD.

Spiegel: Vielen Dank für dieses Gespräch.

»EIN NEUER HEINRICH DEIST DER SPD?«

Karl Schiller auf dem SPD-Parteitag in Münster 1988

Genossinnen und Genossen! Ich möchte zur Grundsatzdebatte nur ein paar Worte sagen. Es sind Worte aus der Vergangenheit. Es fällt mir natürlich schwer, aus der Vergangenheit heraus zur Gegenwart und zur Zukunft zu sprechen. Aber das wirtschaftspolitische Konzept der SPD im Laufe von über 40 Jahren, die ich übersehe, macht mir es leicht, aus der Vergangenheit zu sprechen. Denn dieses wirtschaftspolitische Konzept hat sich ganz zyklisch in Wellen bewegt.

Ich erinnere daran: Seit 1948 lagen wir viele Jahre in hoffnungsloser Defensive gegenüber der marktwirtschaftlichen Initiative von Ludwig Erhard. Es ist kein Zweifel, daß wir damals einem verfehlten Glauben an die Steuerbarkeit der Wirtschaft durch Kontingente, durch Bewirtschaftungsmaßnahmen, durch Lenkungsmaßnahmen anhingen und daß wir Wahl für Wahl verloren.

Dann kam Godesberg. Und dann kam Heinrich Deist, den ich hier als ersten der Neuerer der wirtschaftspolitischen Konzepte der SPD erwähnen will. Auch er hatte seinen Konflikt mit den Gewerkschaften. Er wagte es, auf einem Parteitag der SPD zu sagen: »Wir wollen keinen Unternehmerstaat, aber wir wollen auch keinen Gewerkschaftsstaat.« So sprach Heinrich Deist Anfang der sechziger Jahre. Er scharte eine Reihe von Genossen um sich, die die marktwirtschaftlichen Reformer der SPD bildeten. Sie öffneten unsere Partei für neue Schichten und Gruppen der Bevölkerung.

Nach wenigen Jahren waren wir mit den Konzepten der CDU und FDP gleichauf, und nach noch weniger Jahren waren wir in der Regierung, zuerst in der großen Koalition und dann unter unseren Bundeskanzlern Willy Brandt und Helmut Schmidt.

In all diesen Jahren von der großen Koalition bis zum Ende der Regierung Helmut Schmidt haben wir Sozialdemokraten auf dem Fundament der vorhergehenden Jahre der Reformer und der Erneuerer der Partei im marktwirtschaftlichen Sinne eine ganz gute Politik betrieben.

Danach, nach 1982, kam ein Absturz. Ich sage das hier in das Schweigen der Menge hinein. Es gab einen vermehrten Glauben an den Staat und ein vermehrtes Mißtrauen gegenüber der Marktwirtschaft. Wir sprechen heute – um nur ein Beispiel zu nennen – so flott vom qualitativen Wachstum. Ja, liebe Freunde, welcher Minister und welcher Beamte in den Ministerien ist in der Lage zu entscheiden, welches Wachstum gut und welches schlecht ist? Ergibt sich nicht das meiste doch in der bescheidenen Registrierung der spontanen Kräfte der Entwicklung und auch der Marktwirtschaft!

In dieser Lage, in der wir dem Staat sehr viel Vertrauen entgegenbringen und sehr viel für machbar erklären, sind Oskar Lafontaine und Wolfgang Roth aufgestanden. Beide haben doch wohl versucht – jeder auf seine Weise –, diese Partei neu zu öffnen. Oskar hat es verstanden, aus einer ursprünglich linken Position – (Heiterkeit) – das darf man doch wohl sagen, man darf das Wort »links« doch wohl noch sagen, ohne hier Gelächter zu erregen – sich der Marktwirtschaft mit kritischer Sympathie zu nähern. (Heiterkeit)

Ich erinnere an ein altes Wort von Gustav Dahrendorf, den die meisten hier nicht mehr kennen. Er sagte: Die Marktwirtschaft ist eigentlich am besten in den Händen der Regierung aufgehoben, die der Marktwirtschaft selber kritisch gegenübersteht, weil sie durch die Marktwirtschaft nicht geistig korrumpiert werden kann. Deswegen bin ich auch der Meinung, daß Sozialdemokraten bessere Marktwirtschaftler sind als Konservative.

Auf jeden Fall lebt eine Marktwirtschaft gut und gedeiht und prosperiert unter einer Regierung, die ihr vielleicht etwas distanziert gegenübersteht, die aber ihre Spielregeln beachtet. So ist es doch gewesen.

Und nun frage ich die Kritiker von Oskar Lafontaine heute: Haben sie sich klargemacht, daß wir dem Staat zuviel zumuten? Haben sie sich klargemacht, daß wir einiges dem Markt überantworten können? Haben sie sich klargemacht, daß die Tarifparteien unbestrittenermaßen auch etwas mit dem Beschäftigungsstand einer Volkswirtschaft zu tun haben?

Liebe Freunde, ich möchte gerade die Kritiker von Oskar Lafontaine im wesentlichen fragen – und sie sollten es auch erkennen –, ob unsere Partei in der Situation nicht doch die Öffnung zu neuen Schichten und neuen Gruppen braucht. Sie sollten sich selber die Frage vorlegen: Ist Oskar Lafontaine vielleicht im freien Wettbewerb der Personen nicht gar der neue Heinrich Deist der SPD?

ROBERT SPAEMANN

SCHUTZ DES SONNTAGS

Der Philosoph Robert Spaemann lebt in München.

Artikel 140 des Grundgesetzes der Bundesrepublik
Deutschland sagt – in Übernahme des Artikels 139 der
Weimarer Reichsverfassung –: »Der Sonntag und die staatlich anerkannten Feiertage bleiben als Tage der Arbeitsruhe
und der seelischen Erhebung gesetzlich geschützt.« »Seeli-
sche Erhebung«, das klingt für unsere Ohren etwas altmo-
disch. Der Ausdruck hat indessen einen ziemlich präzisen
Sinn, der im folgenden noch erläutert wird. Noch ein anderes
Wort aus dem Verfassungsartikel verdient Erwähnung. Der
Artikel sagt nicht, der Sonntag sei oder werde geschützt. Er
sagt, er bleibe geschützt. Das bedeutete damals wohl praktisch, daß die betreffenden gesetzlichen Bestimmungen der
vorrepublikanischen Zeit in Kraft blieben, Äquivalente des
Sonntags sollten ausgeschlossen bleiben. Das Wort erinnert
aber auch daran, daß der Sonntag nicht eine Schöpfung des
Staates ist, sondern ein sehr viel älteres und fundamentaleres
Element unserer Zivilisation, das seine Existenz überhaupt
nicht dem Staat verdankt, obwohl es auf dessen Schutz angewiesen ist. Es ist darin der Institution der Familie vergleich-
bar.

Wenn der Schutz des Sonntags heute gleichwohl in die Diskussion geraten ist, so ist dies in erster Linie der Tatsache zu
verdanken, daß neue Produktionsmethoden eine Unterbrechung der Produktion verlustreicher machen als bisher. Die
Frage taucht auf, ob der Sonntag nicht in größerem Umfang
als bisher für die Produktion zur Verfügung stehen könne. Als
Ersatz lockt – neben höherem Einkommen – unter Umständen mehr gleitende Freizeit.

Bei Fragen, deren Beantwortung von praktischer Relevanz
ist, hängt in der Regel alles ab von der Weise, wie sie formuliert und wie die Begründungspflichten verteilt werden. In

dieser anfänglichen Formulierung und in der Verteilung der Begründungspflichten liegt immer bereits eine Vorentscheidung. Es ist gerade in diesem Fall wichtig, sich diese Vorentscheidung bewußt zu machen. Für freie menschliche Wesen gibt es so etwas wie absolute Sachzwänge überhaupt nicht. In jedem Sachzwang steckt verborgen bereits ein von bestimmten Wünschen, Wertungen und Präferenzen geleiteter Wille. Wenn draußen ein Wolkenbruch ist und ich keinen Schirm habe, werde ich wahrscheinlich sagen: »Ich kann jetzt nicht vor die Tür gehen.« In Wirklichkeit heißt das natürlich: »Ich will nicht vor die Tür gehen, weil ich nicht klatschnaß werden soll.« Es kann aber sehr wohl sein, daß ich einen Termin erreichen muß, der wichtiger ist als der Wunsch, trocken zu bleiben. In diesem Fall entfällt augenblicklich der Sachzwang, und ich überlege nur noch, wie ich den Schaden möglichst gering halten kann. Sachzwänge ergeben sich aus vorhergehenden Entscheidungen und Wertungen. Und wer Sachzwänge als etwas Absolutes behandelt, ist sich dessen entweder nicht bewußt oder er will diese Entscheidungen und Wertungen bewußt verschleiern. Alle Fakten und Daten werden erst zu praxisrelevanten Faktoren, wenn sie eingeordnet werden in einen bereits bestehenden Praxiszusammenhang, in bereits getroffene Vorentscheidungen und Zielvorgaben.

Darum ist das erste, was zur gegenwärtigen Erörterung zu sagen ist, dies: Es gibt zwei ganz verschiedene Fragen, unter denen die gegenwärtige Situation erörtert werden kann. Die eine Frage würde lauten: »Was können und müssen wir tun, um den gesetzlichen Schutz des Sonntags als Tag der Arbeitsruhe und der seelischen Erhebung unter veränderten Bedingungen aufrechtzuerhalten und unter Umständen sogar effektiver als bisher zu gestalten?« Die andere Frage würde ganz anders lauten, nämlich so: »Unter welchen Umständen sollten wir bereit sein, den gesetzlichen Schutz des Sonntags weiter als bisher einzuschränken, und welche Äquivalente wären wir bereit zu akzeptieren?« Wenn die Entscheidung darüber, wie die Frage lauten soll, nicht vorab getroffen wird, dann fehlen die Koordinaten, innerhalb derer die zur Sprache gebrachten Fakten überhaupt einen Stellenwert bekommen. Sie machen uns dann mit Bezug auf das, was zu tun ist, nicht klüger. Die Gefahr besteht allerdings, daß sich ohne eine solche ausdrückliche und bewußte Entscheidung die zweite Form der Frage, also diejenige durchsetzt, die auf eine weitere Aushöhlung des Grundgesetzes hinausläuft. Denn sie liegt in einem mächtigen Trend. Sich dem Trend widersetzen, hat für viele Menschen mit einem bestimmten Geschichtsbild den Beigeschmack des Vergeblichen, des Rückwärtsgewandten, der Donquichotterie.

Wir müssen uns jedoch klar machen, daß alles Humane in der Welt, alle Struktur, alles Recht dem Trend abgerungen ist. Der universelle Trend der Welt wird formuliert durch den zweiten Hauptsatz der Thermodynamik. Er besagt, daß der Automatismus jeder nicht bewußt gesteuerten Entwicklung auf Entstrukturierung, auf Unordnung, auf Nivellierung und am Ende auf Tod hinausläuft. Alles Organische, alles Leben, alles Humane geht in umgekehrte Richtung. Der Rechtsstaat ist eine große Unternehmung gegen den Trend, gegen das, was von selbst geschähe, wenn wir ihm nicht entgegenwirken. Was von selbst sich durchsetzt, ist allemal das Recht des Stärkeren. Wenn wir eine Antimonopolgesetzgebung haben, dann deshalb, weil wir wissen, daß der freien Marktwirtschaft eine Tendenz zur Selbstaufhebung innewohnt, die schon Karl Marx kannte. Eben dieser Tendenz zur Selbstzerstörung wirkt unser Gesetz entgegen.

Und mit einer solchen Tendenz zur Selbstzerstörung unserer Zivilisation haben wir es auch zu tun, wo der Sonntag zur Disposition gestellt werden soll. Daß er zur Diskussion gestellt wird, kann indessen nichts schaden. Es kann zu einer neuen Besinnung auf seinen Sinn führen und zu einer neuen Bemühung um seine sinnvolle Gestaltung.

Der gefährlichste Angriff auf den Sonntag geschieht in der Form einer scheinbar harmlosen, in Wirklichkeit jedoch heimtückischen Frage, der Frage: Was kostet uns der Sonntag? Dieser Angriff wirkt wie der Anschlag der alten Dame in Dürrenmatts Stück »Der Besuch der alten Dame«. Die alte Dame setzt einfach einen exorbitant hohen Preis auf den Tod jenes Mannes, mit dem sie eine Rechnung zu begleichen hat.

Die Mitbürger des Mannes weisen den unsittlichen Antrag zunächst entrüstet zurück. Die Dame reist ab, aber das Angebot wirkt wie ein langsames Gift. Gefallen sind die Würfel in dem Augenblick, wo die Mitbürger sich zu fragen beginnen, was sie alle, was einen jeden von ihnen das Leben dieses Mannes kostet. Die Wahrheit ist natürlich, daß es sie gar nichts kostet, denn der Mann will ja nichts von ihnen. Aber der Sündenfall geschieht in dem Augenblick, wo sie die ökonomische Denkweise, nach welcher entgangener Gewinn Verlust ist, auf das Leben eines Menschen ausdehnen. Sie haben ihn sozusagen gedanklich schon getötet, das Geld dafür kassiert und fühlen sich nun so, als müßten sie es wieder hergeben, wenn sie den Mann leben lassen. Und das ist ihnen zu teuer. Eine Milliarde für einen Menschen, ist das nicht zu viel? Bei dieser Rechnung ist klar, daß der Mann verloren ist.

Und bei dieser Rechnung ist auch der Sonntag verloren. Die Frage: »Was kostet uns der Sonntag?« oder »Wieviel wollen wir ihn uns höchstens kosten lassen?« ist eine heimtückische Frage, die selbst schon der entscheidende Anschlag auf den Sonntag ist. Der Sonntag ist nämlich gerade dadurch Sonntag, daß er nichts kostet und – im ökonomischen Sinne – nichts bringt. Die Frage, was sein Schutz als arbeitsfreier Tag kostet, setzt nämlich voraus, daß wir gedanklich den Sonntag bereits in einen Arbeitstag verwandelt haben und dann den Ertrag berechnen, den wir verlieren, wenn wir auf diesen Arbeitstag verzichten.

Aber eben diese Rechnung hat bereits den fundamentalen Sinn zerstört, der den Sonntag in den christlichen Ländern, den Samstag bei den Juden und den Freitag im Islam definiert. Dieser Sinn liegt darin, daß der Sonntag nicht Teil des funktionalen Systems unserer Daseinssorge ist. An diesem Tag sind wir nicht Knechte, sondern Herren. Nicht zu etwas gut, sondern einfach da, und alles andere ist gerade gut genug für uns. Die Nationalsozialisten hatten, wie einige sich erinnern mögen, eine Freizeitorganisation geschaffen mit dem Namen »Kraft durch Freude«. Als 15jährigem fiel mir bereits die Funktionalisierung der Freude auf, und ich schrieb in meinem Schulaufsatz, die Arbeitskraft sei doch wohl für die

Freude da und nicht die Freude für die Arbeitskraft. Der Lehrer trennte, nachdem er mir eine Eins gegeben hatte, den Aufsatz aus dem Heft. Er hätte bei einer Inspektion zu Schwierigkeiten führen können. Heute wieder?

Der Sonntag repräsentiert in unserem Lebensrhythmus, was nicht funktional, nicht »gut zu etwas« ist, sondern das, was aller Funktionalität erst Sinn gibt. Der Sonntag repräsentiert den Sinn. Es gibt dagegen das Argument, solche nicht funktionalen Elemente des Lebens seien archaische Fremdkörper, die nur Hindernisse auf dem Fortschritt zu einer befriedeten Menschheit darstellten. Das Buch des amerikanischen Psychologen Skinner »Jenseits von Freiheit und Würde« bezeichnet Freiheit und Menschenwürde als solche irrationalen Relikte, die uns bei einer rationalen Durchorganisation der Gesellschaft eher hinderlich sind. Die Frage ist indessen, wer von uns in der totalitären Skinner-Welt leben möchte, in der es nur Arbeit, Konsum und manipuliertes Wohlbefinden gibt, aber Fragen nach dem Sinn des Ganzen nicht einmal mehr formuliert werden dürfen. In der Tat: Freiheit und Menschenwürde sind »mystische« Begriffe, wenn wir unter mystisch das verstehen, was nicht funktional, nicht durch Zweckmäßigkeit definiert werden kann, sondern was selbst den Zweck repräsentiert. Jedes Volk, jede Zivilisation lebt in ihrem Kern von einem solchen Mystischen oder Sakralen. Wir sprechen alle mit Schaudern von Menschen, denen nichts heilig ist, für die alles verwertbar und eine Frage der Zweckmäßigkeit ohne Zweck ist. Wo es das Mystische, das Heilige in der Mitte einer Kultur nicht gibt, da wird alles möglich; jeder Wert hat seinen Preis. Der Preis des Heiligen aber, des Unbedingten, ist immer zu hoch. Was kostet es uns, keine Sklaverei zu haben? Was kostet es uns, keine Menschenversuche machen zu können? Was kostet es uns, Grund und Boden für Friedhöfe auszuweisen? Was kostet es uns, alte Menschen und geistig Behinderte am Leben zu lassen?

Wenn das Grundgesetz den Sonntag als Tag »seelischer Erhebung« bezeichnet, dann heißt dies zuerst und vor allem: Es ist der Tag, an dem wir uns über die funktionalen Sachzwänge des Alltagslebens erheben und das Leben selbst feiern. Man könnte einwenden: Dazu braucht es nur irgendeinen freien Tag. Es muß nicht für die ganze Gesellschaft ein und derselbe Tag sein. Aber das ist ganz falsch. Freizeit kann man individuell konsumieren. Feiern ist etwas Gemeinschaftliches. Niemand kann ganz mit sich alleine feiern. Der Sonntag als Mitte des Lebens einer Nation ist als gemeinsamer Feiertag das, was der Transformation des Volkes in eine individualistische Produktions- und Konsumgenossenschaft im Wege steht. Der Widerstand gegen diese Transformation formiert sich heute auf den verschiedenen Ebenen. Die sogenannte Alternativkultur ist vielfach noch die Reaktion und der Ersatz für den Verlust der nichtfunktionalen Elemente in unserer Zivilisation. Ein solches Auseinanderfallen unserer Gesellschaft in angepaßte Bürger und Aussteiger können wir nicht wollen. Der Sonntag war seit Jahrtausenden das gemeinsame Aussteigen des ganzen Volkes aus der Welt der Sachzwänge, die unvermeidlich unser Leben bestimmen.

Der Ursprung des Sonntags liegt im mythischen Dunkel. Seine Heilighaltung wird im dritten der Zehn Gebote befohlen. Und was Sabbatruhe heißen kann, kann man noch im heutigen Israel erleben. Die Ruhe des siebten Tages wird in der Bibel begründet mit der Ruhe Gottes am siebten Tag nach Erschaffung aller Dinge. Das heißt, daß Gott am siebten Tag alles betrachtete, was er gemacht hatte, »und siehe, es war sehr gut«. Und dann heißt es seltsamerweise: »Und Gott vollendete am siebten Tag das Werk, das er gemacht hatte.« Wieso dies? Es heißt doch, er ruhte am siebten Tag.

Aber eben dies ist die Antwort. Es ist die Ruhe Gottes, seine Betrachtung der Welt, seine Freude an ihr, die das Werk vollendet. Erst in diesem »Und siehe, es war sehr gut« liegt die Vollendung. Die Ruhe des Sabbats und des christlichen Sonntags ist immer als Nachahmung der Ruhe Gottes verstanden worden. Nicht bloß als Verschnaufpause, sondern als der Tag, an dem die Welt eigentlich zu ihrem Sinn findet. An diesem Tag lassen wir nicht die Früchte unserer Arbeit von anderen betrachten, sondern betrachten sie selbst. D. h. wir sind nicht Knechte, sondern Herren.

Marx hat einmal gesagt, die Philosophen hätten die Welt

nur betrachtet, es komme darauf an, sie zu verändern. Darauf kann man nur sagen: Keine Veränderung verändert die Welt zum Besseren, die sie nicht so verändert, daß es sich erst recht lohnt, sie zu betrachten. (Da die Philosophie sie in der Tat nur betrachtet, nannte Hegel sie den »Sonntag des Lebens«.) Daß der Sonntag Tag der Vergegenwärtigung des Sinnes des Lebens ist, heißt, daß er von jeher der Tag der kollektiven Gottesverehrung war. Denn unter dem Namen »Gott« wird das verehrt, was allem bloß Funktionalen gegenüber- und vorauffliegt, das Unbedingte, ohne das Worte wie Freiheit, Menschenwürde, Heiligkeit des Lebens usw. ihren Status verlieren. Das Grundgesetz hat deshalb nicht ohne Grund die Verantwortung vor Gott in seiner Präambel stehen. Der Sonntag ist die Weise, wie in den Ländern christlicher Herkunft, d. h. in den Ländern Europas, den Ländern griechischer, römischer, germanischer, keltischer und slavischer Herkunft, die Gegenwart eines Unbeteiligten, Heiligen, nicht zur Disposition Stehenden symbolisch realisiert wird.

Daß tatsächlich in unserem Land nur eine Minderheit der Menschen sonntags zur Kirche geht, ändert nichts daran. Diese Minderheit ist nicht irgendeine Minderheit, sondern eine solche, deren Praxis für unsere Kultur als Ganzes von fundamentaler Bedeutung ist. Tatsächlich gehört ja die große Mehrheit unseres Volkes einer christlichen Kirche an, nimmt deren Dienste in entscheidenden Stadien ihres Lebens in Anspruch und möchte auf deren vielfältige soziale Leistungen nicht verzichten. Und auch von denjenigen unserer Mitbürger, die nie einen Gottesdienst besuchen, würde nur eine kleine Minderheit zustimmen, wenn die alten Kirchen ihrer ursprünglichen Bestimmung entfremdet und in weltliche Räume umfunktioniert würden. Die Mitte der Kirchen aber ist nicht das, was die Mehrheit an ihr schätzt, sondern die sonntägliche Gottesverehrung. Die Minderheit, die dies trägt, hält das lebendig, was die Mehrheit nicht missen möchte. Und im übrigen ist der ebenfalls mystische Gedanke der Stellvertretung seit jeher ein für das Christentum zentraler Gedanke und eine zentrale Form des religiösen Handelns gewesen.

Es schien mir wichtig, von dem religiösen, mystischen, d. h. nicht funktionalen Sinn des Sonntags zu sprechen. Das, was die meisten Menschen bewegt, wenn sie Interesse an der Erhaltung des Sonntags zeigen, ist zunächst nicht dies. Es sind die weitläufigen Folgewirkungen jenes Festes, die auch derjenige mitbekommt, der nach dem Grund dieser Wirkungen nie gefragt hat. Die wichtigste Wirkung ist wohl die, daß dieser Tag Menschen zusammenführt in jenen primären Formen der Gesellung, die nicht durch die Erfordernisse der gesellschaftlichen Arbeitsteilung bedingt sind: Familie, Freundschaft, Vereine, Sport, Nachbarschaft. Und auch politische Gesinnungsgemeinschaft findet immer wieder sonntags ihre Realisierung. Daß die Parlamentswahlen bei uns des Sonntags stattfinden, hat ebenfalls seinen guten Sinn. Sie auf den Samstag zu verlegen, würde diesen Sinn zerstören. Denn Parlamentswahlen sind die Ereignisse, in denen das Volk alle paar Jahre als Gesamtheit souverän in Erscheinung tritt. Gerade weil Wahlen etwas anderes sind als Meinungsumfragen, gehören sie auf den Sonntag. Nun gibt es noch einen letzten gewichtigen Einwand gegen das sonntägliche Arbeitsverbot, nämlich den Hinweis darauf, daß dieses Verbot bereits vielfältig durchlöchert ist, daß bereits fast vier Millionen Menschen am Sonntag arbeiten. Vermutlich sind das bereits viel zu viele. Wo steht denn geschrieben, daß die Sonntagsarbeit sich nach einem geheimen Gesetz immer mehr ausweiten muß? Es gibt nur ein solches Gesetz, nämlich eben jenes Entropiegesetz, nach welchem alles einem Zustand größtmöglicher Entstrukturierung, Nivellierung und Unordnung zustrebt, wenn nicht bestimmte Kräfte diesem Prozeß entgegenwirken. Alle Kultur beruht auf solcher Gegenwirkung. Und so muß der Gesetzgeber zweifellos von Zeit zu Zeit dem eingerissenen Verfall entgegensteuern und die Erlaubnis für Sonntagsarbeit an strikteren Maßstäben überprüfen.

Es gelten dafür wohl zwei Kriterien. Es gibt Arten der Arbeit, die erforderlich sind zur Erhaltung des Lebens und zur Erhaltung von Produktionsstätten; Bergwerke müssen am Absaufen gehindert werden, Universitäten ebenso wie Fabriken brauchen Tag- und Nachtwachen. Und vor allem muß

Kranken auch sonntags geholfen werden. »Wer von euch«, sagt Jesus im Evangelium, »dem sein Ochse in die Grube fällt, wird ihn nicht auch am Sabbat herausziehen?« In dieser Hinsicht gibt es heute sogar eine übertriebene Aussparung des Sonntags, genauer gesagt, des »Wochenendes«, denn der Samstag wird ja völlig unberechtigterweise immer mehr dem Sonntag gleichgestellt. Wenn Kinder nicht mehr sonntags geboren werden und Kranke in der Klinik sonntags nicht mehr sterben dürfen, dann ist das eine Perversion, hinter der natürlich überhaupt nicht so etwas wie Schutz des Sonntags steht, sondern einfach ein falsches Freizeitverständnis von Funktionären, die dem Beruf, um den es sich hier handelt, offenbar nicht innerlich verbunden sind. Aber solche Erhaltungsarbeiten sind von Produktionstätigkeiten deutlich unterschieden.

Es hat mich in Israel sehr beeindruckt, als ich in einem Kibbuz auf meine Anfrage nach der Arbeit am Sabbat erfuhr: »Wir melken natürlich unsere Kühe, weil das für die Kühe und für die Erhaltung der Milchproduktion notwendig ist, aber wir verkaufen niemals die am Sabbat gemolkene Milch. Ehe wir mit ihr ein Geschäft machen, schütten wir sie weg.« Ich sage nicht, daß Christen so etwas tun sollten. Sie werden die so gewonnene Milch als Gabe Gottes mit Dank annehmen.

Der zweite, ungleich wichtigere Teil der Sonntagsarbeit ist die Arbeit nicht bloß am Sonntag, sondern für den Sonntag. Der Pfarrer, der Meßner und der Organist arbeiten für den Sonntag. Aber auch diejenigen, die das Sonntagsessen auf den Tisch bringen. (Müssen es immer die Mütter sein, die dasselbe auch schon werktags tun?) Alle, die die öffentlichen Verkehrsmittel in Betrieb halten, alle, die im Gaststättengewerbe arbeiten. Gewiß arbeiten auch sie am Sonntag für ihren Lebensunterhalt. Aber sie tun es mit Arbeiten, die für viele den Sonntag sonntäglicher machen. Und nur wenn und insofern sie das tun, ist die Arbeit am Sonntag gerechtfertigt.

Alles aber, was über diese beiden Kategorien hinausgeht, ist ein Anschlag auf den Sonntag und ein Verstoß gegen seinen verfassungsrechtlichen Schutz.

Und was nun die Produktionsmethoden betrifft, die bei

Aussparung des Sonntags zu Einbußen führen, so kann die Frage nur lauten: Wie werden wir mit diesem Problem fertig unter der Voraussetzung, daß der Sonntag nun einmal nicht zur Disposition steht? Warum, so könnte man ja fragen, entwickelt man überhaupt eine Methode, die nur unter irrealen Voraussetzungen rentabel sein kann? Das tut doch sonst kein vernünftig kalkulierender Techniker. Er stellt zunächst die Gegebenheiten in Rechnung und entwickelt seine Verfahren mit Bezug auf diese Gegebenheiten. Wasserkraftwerke in einem Land ohne Wasser sind sinnlos. Offenbar muß doch jemand schon bei der Entwicklung solcher Verfahren auf einen siebten Arbeitstag spekuliert haben, den es in unserem Kulturkreis gar nicht gibt.

Aber auch jetzt ist das Problem unter völliger Verschonung des Sonntags dann lösbar, wenn der Gesetzgeber davon ausgeht, daß er nicht in der Lage ist, über diesen Tag zu disponieren. Zum Glück ist der Mensch, vor allem in einer freien Gesellschaft und Wirtschaft, unerhört erfindungsreich. Es gibt nur eine Bedingung für das Finden von Auswegen. Man muß das Bewußtsein haben, mit dem Rücken an der Wand zu stehen und nicht schon einen leichteren Ausweg zu haben.

Welche erstaunlichen Erfindungen werden in Kriegen gemacht! Das ökologische Bewußtsein der letzten Jahre hat der Industrie völlig neue Wege gewiesen, weil plötzlich Naturressourcen nicht mehr zur freien Verfügung stehen, die bisher zur Verfügung standen. Und daß Natur etwas anderes ist als bloße Ressource für menschliche Produktivität, das ist in den letzten Jahren immer mehr zu Bewußtsein gekommen. Schon dürfen alte Bäume in Städten nicht mehr gefällt werden. Sie scheiden aus den Nutzen-Kosten-Rechnungen aus als Gegebenheiten, die unserer jederzeitigen Disposition entzogen sind. Und gerade die jüngere Generation besteht darauf, daß sie aus diesem Kalkül ausscheidet. Der Sonntag ist wie ein Baum, in dessen Schatten wir seit jeher auszuruhen gewohnt sind. Als Ressource darüber hinaus steht er nicht zur Verfügung. Nur wenn das ohne Wenn und Aber klar ist, nur dann werden Wege gefunden, auch ohne einen siebten Arbeitstag zu leben.

WOLFGANG HUBER

SOLIDARITÄT UND FREIHEIT: MASSSTÄBE FÜR EINE HUMANE ZUKUNFTS-GESTALTUNG

Wolfgang Huber ist Professor der Theologie
an der Universität Heidelberg.

Die neue Solidarität derer, die in unserem Land von Erwerbsarbeit abhängig sind, muß ihre Kraft darin zeigen, daß sie die Kluft überbrückt, die zwischen verschiedenen Gruppen von Lohnabhängigen entstanden ist. Sie verbindet die neuen Arbeitnehmer in aufstrebenden Industrien und Dienstleistungsbereichen mit Menschen, denen der Zugang zur Erwerbsarbeit versperrt ist. Ob den Gewerkschaften dieser Brückenschlag zwischen Zugelassenen und Ausgesperrten gelingt, wird ein wichtiger Prüfstein dafür sein, ob sie ihrem Charakter als Menschenrechtsbewegung ein neues Profil geben können. (…)

Die Richtungsänderung, die um dieser Solidarität willen nötig ist, kann von den Gewerkschaften nicht allein und isoliert zustande gebracht werden. Zu erreichen ist sie nur durch einen großen gesellschaftlichen Dialog. Wichtige Orte und wichtige Partner für diesen Dialog sind die Gewerkschaften, die Kirchen, die politische Linke, die Initiativbewegungen. Doch sie alle müssen ihre Struktur wie ihre Kultur – ihre Streitkultur vor allem – verändern, wenn sie diesen gesellschaftlichen Dialog führen wollen. Nur wenn wir eine neue Streitkultur entwickeln, werden wir auch im politischen Handeln Eigennutz und Solidarität, persönliche Freiheit und soziale Gerechtigkeit zueinander in ein neues Verhältnis setzen. Nur durch den Dialog können Menschen dafür gewonnen werden, das Streben nach eigenen Vorteilen um der Schwächeren wie um des gemeinsamen Lebens willen zu begrenzen.

Die neue Solidarität versteht sich nicht von selbst; sie wird, wenn sie zustande kommt, das Ergebnis einer bewußten Anstrengung sein, die Hindernisse nicht scheut. Zwar beruht die verbreitete Behauptung, die Arbeiterbewegung des 19. Jahrhunderts habe es mit der Solidarität leicht gehabt, auf einer wirklichkeitsfremden Geschichtsklitterung. Doch immerhin konnte Marx noch annehmen, daß der Kapitalismus selbst die Solidarisierung seiner Opfer herbeiführt. Heute dagegen versteht sich Solidarität nicht mehr von selbst. Sie muß gewollt, mit Bewußtsein vereinbart, gegen Widerstände festgehalten werden. Zu ihr muß auch die Bereitschaft der relativ Stärkeren gehören, um der Schwächeren willen nicht alle eigenen Chancen auszureizen. Deshalb können Vorschläge von der Art, daß Besserverdienende auf Lohnzuwächse verzichten, wenn das Arbeitslosen effektiv zugute kommt, oder daß diejenigen, die von der Steuerreform profitieren, den Zugewinn in einen freiwilligen Beschäftigungsfonds einbringen, den Weg zu neuer Solidarität öffnen. Neue Solidarität zeigt sich darin, wie Männer mit Frauen für deren effektive Gleichstellung eintreten, wie Stammbelegschaften für und mit Randbelegschaften für deren Arbeits- und Entlohnungsbedingungen eintreten, wie bessergestellte Angestellte für und mit vom Abstieg bedrohten Arbeitern kämpfen und wie diejenigen, die über Arbeitsplätze verfügen, für und mit Arbeitslosen sich für neue Arbeitsmöglichkeiten einsetzen.

Solidarität versteht sich nicht von selbst; die neue Solidarität entsteht nur im offenen Dialog. Denk- und Redeverbote befördern sie nicht, sondern behindern sie. Wenn auch nur der Anschein entsteht, daß durch einen allzu schnellen Schulterschluß Denk- und Diskussionstabus aufgerichtet werden sollen, ist in aller Regel der Schaden größer als der Nutzen. Neue Solidarität entsteht, wo für neue Ideen Raum ist und eine Streitkultur sich bildet, in der sie geprüft werden können. Im Dienst der neuen Solidarität sind heute neue soziale und kulturelle Bündnisse nötig: Bündnisse im Dienst freier Solidarität und solidarischer Freiheit.

CLAUS SCHÄFER
SOLIDARITÄT IN EINER KLASSE

Dr. Claus Schäfer ist Wissenschaftler im DGB-nahen Wirtschafts- und Sozialwissenschaftlichen Institut in Düsseldorf.

Der im Frühjahr von Oskar Lafontaine gemachte Vorschlag »Mehr Arbeitszeitverkürzung durch Verzicht auf Lohnausgleich für obere Einkommen« hat auf dem gerade vergangenen SPD-Bundesparteitag, fast wie zu erwarten, seine Spuren hinterlassen. Nicht ganz erwartungsgemäß war die sich dazu – wie auch zu anderen Fragen – wieder einmal offenbarende problematische »Streitkultur«. Auch deshalb soll hier ein erneuter Vorschlag gemacht werden, die Diskussion über den Lafontaine-Vorschlag aus der Sackgasse einer Personaldebatte herauszuführen auf das weiterführende Gleis einer Strategiedebatte. Das interessenleitende Strategieziel heißt dabei nicht nur: Bekämpfung der Massenarbeitslosigkeit, sondern auch und mehr noch: Wiedergewinnung einer linken Hegemonie zur aktiven Gestaltung der Zukunft von Arbeit wie von Gesellschaft. Und das beide Ziele verbindende Strategieinstrument heißt Verkürzung der Arbeitszeit, die gleichsam zum Schlüssel für eine andere Zukunft werden kann.

Nun ist Arbeitszeitverkürzung zweifellos nicht das einzige generell zur Verfügung stehende Mittel zur Bekämpfung von Arbeitslosigkeit. Insofern ist Lafontaine bei der Ableitung seines Vorschlags zunächst einmal zu kritisieren. Denn er behauptet – fälschlich – im Sinne von Fritz Scharpf und vielen anderen in der SPD und durchaus auch in den Gewerkschaften, daß wegen internationaler Verflechtungen nationale Wirtschaftspolitik in Form staatlicher Nachfragesteuerung nicht mehr möglich sei. Fälschlich, weil nicht nur plausible theoretische Argumente nach wie vor für die Funktionsfähigkeit einer Politik von »Keynes plus« sprechen, d. h. für qualitatives, an ökologischen und gesellschaftlichen Bedarfen orientiertes Wachstum, das durch öffentlich finanzierte Beschäftigungsprogramme angeregt wird und mehr Investitionen und mehr Beschäftigung im öffentlichen Dienst wie der Privatwirtschaft zur Folge hat. Fälschlich auch, weil es seit vielen Jahren in Österreich, Schweden und selbst den USA bis heute praktischen Anschauungsunterricht für die Funktionsfähigkeit dieser Politik gibt – im Fall USA allerdings in nicht nachahmenswerter Form, weil hier die zusätzliche Staatsnachfrage in die Rüstung ging. Das jüngste positive Beispiel ist ausgerechnet Japan, wo die extremen außenwirtschaftlichen Risiken aufgrund des gesunkenen Dollar- bzw. gestiegenen Yenkurses seit 1½ Jahren durch ein enormes staatliches Ausgabenprogramm erheblich gemildert werden konnten. Es besteht deshalb absolut kein Grund, von entsprechenden wirtschaftspolitischen Forderungen der Gewerkschaften und der SPD, die zumindest bei ersteren seit den siebziger Jahren »stehen«, abzugehen und damit die Staatshaushalte (wie auch die Arbeitgeber über ihre notwendigen Finanzierungsbeiträge zu Beschäftigungsprogrammen) aus ihrer Verantwortung für die Bekämpfung der Arbeitslosigkeit zu entlassen.

Aber jenseits dieses fehlgeschlagenen Rechtfertigungsversuchs für seinen Vorschlag muß man Oskar Lafontaine insofern zustimmen, als sich der Staat seit vielen Jahren der Durchsetzung bzw. Umsetzung der Forderung nach Nachfragesteuerung – wie auch anderer Forderungen – verweigert, obwohl z. B. die Gewerkschaften diese Forderungen immer wieder neu begründet und konkretisiert haben und umgekehrt die alternativ betriebene, auf Konsolidierung und Umverteilung von unten nach oben orientierte Wirtschaftspolitik zu Recht kritisieren konnten. Selbst die weite öffentliche Erregung über die fragwürdige »Steuerreform« 1990 oder auch das Einsehen einzelner Parteifreunde in die Notwendigkeit expansiver staatlicher Nachfragesteuerung haben diese Bundesregierung nicht zum Umdenken und Umlenken ihrer Wirtschafts- und Finanzpolitik veranlaßt. Ja nicht einmal die Kritik der sonst so geliebten »US-amerikanischen Freunde« an ausbleibender deutscher Expansionspolitik – motiviert durch das eigene Interesse am Abbau der hohen US-Handelsdefizite – hat die Bundesregierung vom Gegenteil abbringen bzw. die Durchsetzungsbedingungen für eine Politik im gewerkschaftlichen Sinne verbessern können. Auch nachweisbar gestiegene gesellschaftliche Bedarfe an sozialen und öffentlichen Leistungen oder die Notwendigkeit der Abwehr von steigenden außenwirtschaftlichen Risiken, die alle auf eine staatlich induzierte Stärkung der Binnennachfrage hinauslaufen müßten, rühren die Bundesregierung nicht. Mit anderen Worten: Obwohl das nationale und internationale »Umfeld« bzw. die Legitimationsebene für die eigenen Forderungen in der letzten Zeit objektiv besser geworden ist, bleiben die Durchsetzungsaussichten dafür wie seit vielen Jahren praktisch Null.

Es wäre nun allerdings unredlich, zu verschweigen, daß auch schon zu sozialliberaler Zeit Haushaltskonsolidierung betrieben bzw. die Möglichkeiten zur staatlichen Nachfragesteuerung bei weitem nicht ausgeschöpft wurden, etwa weil den vielen als »Konjunkturprogramme« deklarierten Aktivitäten weniger auffällige Streichaktionen an anderer Stelle der öffentlichen Haushalte gegenüberstanden. Und es ist ebenfalls nötig, darauf hinzuweisen, daß auch heute immer noch sozialdemokratisch geführte Länder und Gemeinden staatliche Handlungsmöglichkeiten gegen die Arbeitslosigkeit nicht ausnutzen, auch wenn ihr Handlungsspielraum insgesamt geringer ausfällt als in den siebziger Jahren.

Angesichts dieser nicht wegzuleugnenden Verweigerungshaltung des Staates mogeln sich einige Kritiker von Oskar Lafontaine in diesem Zusammenhang nicht nur an ihrer eigenen Geschichte vorbei, sondern auch an der berechtigten Frage: »Was kann hier und jetzt getan werden, um den Arbeitslosen konkret und schnell zu helfen, anstatt sie auf den ungewissen Zeitpunkt einer Regierungsübernahme durch Sozialdemokraten zu vertrösten?« Und man könnte noch – nicht aus der Sicht von Lafontaine, aber aus der eines langjährigen Beobachters von sozialdemokratischer Regierungspraxis und -programmatik einschließlich der auf dem Münsteraner Parteitag angenommenen Leitanträge – hinzufügen: Kann selbst im Fall einer Regierungsübernahme auf Bundesebene durch die

Sozialdemokraten eine entschiedene staatliche Bekämpfung der Arbeitslosigkeit erwartet werden – angesichts der auch in sozialdemokratischen Kreisen verbreiteten »Sparmoral«, der unökonomischen Angst vor Staatsverschuldung, der Reserviertheit gegenüber einer Einschränkung des Verteidigungshaushalts, der Duldsamkeit gegenüber mangelnder Steuerehrlichkeit usw.?

Auch wenn man die skeptische letzte Frage nicht gelten lassen will, so müssen doch die erkennbar schlechten Durchsetzungsbedingungen für die Forderung nach staatlicher Nachfragesteuerung heute zur stärkeren Nutzung von ohnehin propagierten eigenen Handlungsmöglichkeiten bei der Bekämpfung der Arbeitslosigkeit führen. Diese sind in erster Linie möglichst große und schnelle Schritte der Arbeitszeitverkürzung – eine Strategie, die die Gewerkschaften schon lange vor Oskar Lafontaine entdeckt und in teilweise schmerzhaften Arbeitskämpfen umgesetzt haben.

Die Gewerkschaften haben mit den bisher von ihnen erstrittenen Arbeitszeitverkürzungen und den damit verbundenen Streiks nicht nur viel Geld verloren, innergewerkschaftliche Belastungsproben bestanden und ihre im Erwerbsleben stehenden Mitglieder zu einem beachtlichen Solidaritätsopfer zugunsten der Arbeitslosen veranlassen können – denn immerhin bedeutet jede allgemeine Arbeitszeitverkürzung auch bei vollem Lohnausgleich (der ja im gewerkschaftlichen Sprachgebrauch nur meint, eine absolute Lohnsenkung bei Arbeitszeitverkürzung zu verhindern) den Verzicht auf ansonsten mögliche weitere Lohnerhöhungen. Die Gewerkschaften haben auch gerade durch ihre Arbeitskämpfe 1984 als erste gesellschaftliche Organisation sich erfolgreich gegen den »Wende-Zeitgeist« aufgelehnt und damit eine weiterverbreitete politische Resignation gegenüber »konservativen Hegemonien« durch den Neubeginn von Widerstands- und Alternativdiskussionen ersetzt. Auch die SPD hat davon profitiert.

Es schien deshalb vielen Gewerkschaften zumindest eine unerhörte Geringschätzung der bisherigen gewerkschaftlichen Anstrengungen, als Oskar Lafontaine mit seinem Vorschlag in diesem Frühjahr die solidarische Moral bei der Bekämpfung der Arbeitslosigkeit für sich reklamierte und zumindest von einem Teil der Medien zugewiesen bekam. Selbst wenn man unterstellt, daß ein Teil dieser Zuweisung auch der generell gewerkschaftsfeindlichen Grundhaltung in einigen Medien entsprang, so ist doch trotzdem die öffentliche Resonanz auf den Lafontaine-Vorschlag und darin vor allem die offenkundig gewordene »Opferbereitschaft« breiter Bevölkerungskreise zugunsten von Mehrbeschäftigung für die Gewerkschaften irritierend gewesen. Verärgerung über den moralischen Gestus von Lafontaine und anderen sowie Irritation aber haben leider auch vorhandene Möglichkeiten zur produktiven Nutzung der öffentlich geweckten Empörung über Arbeitslosigkeit überlagert. Denn im Kern waren – und sind – Lafontaine und die Gewerkschaften nicht weit auseinander. Zu dieser Einschätzung kann man kommen, ohne daß dabei Grundpositionen gebeugt oder nachträglich Beschönigungen eingebaut werden müssen:

Tatsächlich wird auch von gewerkschaftlicher Seite nicht ernsthaft bestritten, daß die erreichten Arbeitszeitverkürzungen weder aus beschäftigungspolitischen noch aus gesellschaftspolitischen Gründen ausreichen. Deshalb wird ja nach wie vor die noch nicht erreichte 35-Stunden-Woche gefordert und auch schon darüber hinausgedacht. Die bisherigen Arbeitszeitverkürzungen genügen trotz der Solidaropfer nicht, weil ihre nachweislichen und inzwischen auch von Arbeitgeberseite im Grundsatz nicht mehr bestrittenen Beschäftigungseffekte zwar Arbeitsplätze geschaffen und gesichert haben, aber wegen der nach wie vor steigenden Erwerbspersonenzahl die Arbeitslosigkeit nicht spürbar senken konnten. Aber es war den Gewerkschaften in den letzten Jahren trotz ihrer tarifpolitischen Anstrengungen kaum möglich, mehr Arbeitszeitverkürzung bzw. mehr Verteilungsspielraum zugunsten der Arbeitnehmer durchzusetzen; sie mußten vielmehr wegen der durch Arbeitslosigkeit und Regierungspolitik gewachsenen Stärke der Arbeitgeber seit Ende der siebziger Jahre ein kontinuierliches Absinken der Lohnquote und sogar phasenweise der durchschnittlichen Reallöhne hinnehmen. Wenn aber nun und auch in absehbarer Zeit die Notwendigkeit von mehr Arbeitszeitverkürzung kollidiert mit geringeren tarifpolitischen Durchsetzungsmöglichkeiten – was tun? Soll man sich trotz der hohen und wahrscheinlich andauernden Arbeitslosigkeit mit den bisherigen »kleinen« Schritten der Arbeitszeitverkürzung begnügen (ohne mit dieser Bezeichnung die dafür notwendigen Anstrengungen vergessen machen zu wollen)? Oder soll man auch »unkonventionelle« Möglichkeiten zur Verbesserung des Arbeitszeitverkürzungs-Spielraums suchen, z. B. durch Ausweitung des Verteilungsspielraums nach »innen« bzw. innerhalb der Arbeitnehmerschaft durch einen Verzicht auf den Lohnausgleich?

Letzteres ist der Vorschlag von Oskar Lafontaine, wobei der Verzicht beschränkt sein soll auf (von Lafontaine nie abschließend definierte) »höhere Einkommen«, weil der Verzicht gemäß der gewerkschaftlichen Definition von Lohnausgleich ein absoluter Einkommensrückgang wäre und deshalb den unteren Einkommensgruppen nicht zumutbar ist. Zum allgemeinen Opfer aller beschäftigten Arbeitnehmer bei generellen Arbeitszeitverkürzungen, das im Verzicht auf ansonsten zusätzliche Lohnerhöhungsmöglichkeiten besteht, soll also nach Lafontaine ein besonderes Opfer einer Schicht von Arbeitnehmern hinzukommen, das auf die absolute Senkung ihres Einkommens hinausläuft. Mit diesem besonderen Opfer bzw. diesem absoluten Einkommensverlust soll ein Mehr an Arbeitszeitverkürzung für alle finanziert werden können. Der individuelle Vorteil der Verzichtleistenden wäre mehr freie Zeit, der kollektive Vorteil mehr Beschäftigung.

Mit diesem Vorschlagskern: »Vorleistung« (besonders Opfer) gegen »Gegenleistung« (mehr Arbeitszeitverkürzung bzw. mehr Beschäftigung) ist eigentlich a priori ein Großteil der Kritik an Lafontaine gegenstandslos: Die Arbeitgeber erhalten nichts an zusätzlicher Liquidität bzw. an Verteilungsspielraum geschenkt, sondern sie werden per zusätzlicher Arbeitszeitverkürzung gezwungen, zusätzliche Leute einzustellen, deren Personalkosten durch das besondere Opfer eines teilweisen Lohnausgleichsverzichts finanziert werden. Da der Beschäftigungseffekt der Arbeitszeitverkürzung nicht von der Art der Finanzierung, sondern nur vom Ausmaß der Arbeitszeitverkürzung selbst abhängt, gilt auch: Wenn die bisherige Arbeitszeitverkürzung gut ist, dann ist mehr Arbeitszeitverkürzung besser. Und wenn die bisherige Arbeitszeitverkürzung kein Eingeständnis der Gewerkschaften in eine Alleinverantwortung für Arbeitslosigkeit war, so können es auch stärkere Anstrengungen für mehr Arbeitszeitverkürzung nicht sein.

Eine stärkere Arbeitszeitverkürzung hat sogar den Vorteil, den Wirkungsgrad auf die Beschäftigung zu erhöhen, weil den Arbeitgebern damit noch weniger Zeit und Gelegenheit gegeben wird, Arbeitszeitverkürzung und ihren rechnerischen Beschäftigungseffekt durch betriebliche Anstrengungen zur Rationalisierung und Arbeitsintensivierung zu unterlaufen bzw. zu schmälern. Eine schnellere Arbeitszeitverkürzung hilft damit auch, das scheinbar immer noch verbreitete Unbehagen über Arbeitszeitverkürzung in den Betrieben zu zerstreuen, wo bisher wegen kleiner Betriebsgrößen oder hohem Angestelltenanteil von Beschäftigungseffekten manchmal wenig zu spüren war. Mit beschleunigter Arbeitszeitverkürzung verliert auch der Gedanke an Beschäftigungsgarantien bei Arbeitszeitverkürzung an Bedeutung, weil zumindest im privatwirtschaftlichen Bereich auf gesamtwirtschaftlicher Ebene die Beschäftigungswirkung immer gegeben ist. Geht die Arbeitszeitverkürzung gar über die arbeitsplatzvernichtende Differenz von realem Wachstum und Produktivitätsfortschritt hinaus, so ist sie unwiderlegbar ein nicht nur arbeitsplatzsicherndes, sondern auch unmittelbar arbeitsplatzschaffendes Instrument. Diese reale und quasi automatische Wirkung, die auch durch Preissteigerungen nicht relativiert werden kann, hebt Arbeitszeitverkürzung aus dem autonomen Handlungsrepertoire der Gewerkschaften weit hervor gegenüber anderen Instrumenten wie etwa der unter Umständen auch arbeitsplatzsichernden Qualifizierung. All dies sind Argumente bzw. Schlußfolgerungen zugunsten Arbeitszeitverkürzung, die die Gewerkschaften schon lange vor Oskar Lafontaine gehabt bzw. gezogen haben.

Eine Ausnahme von der generellen Gültigkeit des Wirkungsmechanismus Arbeitszeitverkürzung – Beschäftigung existiert nur im öffentlichen Dienst, und nur dort, wo öffentliche Leistungen für den Bürger bei Arbeitszeitverkürzungen eingeschränkt werden können, weil der Staat die für ein konstantes Leistungsangebot notwendigen zusätzlichen Einstellungen bzw. Personalkosten aus politisch-ideologischen Gründen ersparen will und kraft Monopolstellung auch einsparen kann. Aber dieses Problem gilt bei allen Arbeitszeitverkürzungen im öffentlichen Dienst und ist ebenfalls lange vor Oskar Lafontaine als solches erkannt worden. Deshalb hat beispielsweise die Gewerkschaft Erziehung und Wissenschaft (GEW) auch früher schon über flankierende Maßnahmen der Arbeitszeitverkürzung zur Sicherung eines entsprechenden Beschäftigungseffekts im Sinn von Beschäftigungsgarantien nachgedacht. Doch der Gedanke ist damals nicht angenommen und bis heute nicht wiederholt worden, weil die Finanzminister der Länder (einschließlich der sozialdemokratisch geführten) statt einer Mehrbeschäftigungsgarantie für die angebotene besondere Zurückhaltung bei Lohnerhöhungen nur einen Konsolidierungsbeitrag für ihre Haushalte erzielen wollten. Es hat aber auch niemand der Kritiker von Lafontaine an diese Überlegung der GEW erinnert.

Wenn also nach dem Motto »Mehr Vertrauen in die eigenen Argumente zur Arbeitszeitverkürzung« dem Vorschlag Lafontaines zu mehr Arbeitszeitverkürzung gefolgt werden könnte und sogar müßte, verwehrt dann nicht immer noch sein in vieler Hinsicht »unzumutbarer« Finanzierungsvorschlag jede weitere Akzeptanz bzw. Auseinandersetzung damit? Über die Zumutbarkeit von »besonderen« Solidaritätsopfern ist zwar viel gestritten, aber konkret wenig gesagt worden. Versucht man ernsthaft, den Quantitäten und den davon auch abhängigen Qualitäten solcher Opfer nachzugehen, so schrumpfen die »unüberbrückbaren Gegensätze« auch auf dieser Streitebene deutlich zusammen:

In WSI-Modellrechnungen auf der Basis der gegebenen Einkommensverteilung wird das »besondere« individuelle Opfer für fünf Stunden Arbeitszeitverkürzung innerhalb von drei Jahren sowie für einen Beschäftigungseffekt von 1,8 Mio. Personen beziffert: als vorübergehender Einkommensverlust von rund 0,5 % der Einkommen zwischen 4000 und 5000 DM monatlich sowie von rund 3,0 % der Einkommen über 6000 DM, der individuell spätestens nach drei bzw. fünf Jahren durch weiterhin mögliche Lohnerhöhungen überkompensiert ist. Gesamtwirtschaftlich aber wird das besondere Opfer der »Besserverdienenden« schon von Anfang an durch Lohnerhöhungen bei den unteren und übrigen mittleren Einkommen ausgeglichen, so daß auch unabhängig vom zeitverzögerten Eintritt arbeitszeitverkürzungsbedingter Beschäftigungseffekte eine Beeinträchtigung der Massenkaufkraft bzw. der Konjunktur nicht gegeben ist.

Auch Befürchtungen über negative soziale Auswirkungen solcher Opfer sind übertrieben. Denn die genannten vorübergehenden Einkommensverluste eignen sich in ihren Dimensionen nicht, als legitimatorische Schleuse für mehr Teilzeitarbeit mißbraucht zu werden, wo proportional zur Verringerung der Vollzeitarbeit Einkommensverluste von 50, 40 oder 33 % üblich sind bzw. politisch gewollt werden. Dagegen sind sie den Einkommensopfern sehr viel näher, die die Gewerkschaften selbst über den Staat auch den Arbeitnehmern auferlegen wollen, wenn sie von diesem seit vielen Jahren zur Finanzierung von öffentlichen Beschäftigungsprogrammen eine Ergänzungsabgabe für alle höheren Einkommen und zusätzlich für Beamte (und auch die Selbständigen) eine Arbeitsmarktabgabe fordern. Und ein Nebeneffekt des vorübergehenden Lohnausgleichsverzichts, der die Einkommensschere innerhalb der Arbeitnehmer durch Unterbrechung des Lohnzuwachses »oben« in begrenztem Ausmaß annähert, ist immerhin ein Hauptgegenstand der innergewerkschaftlichen Debatte um eine »solidarische Sockel-Lohnerhöhungspolitik« gewesen.

Trotz der vorgeführten Nähe der Positionen bleibt eine praktische, organisationspolitische Besonderheit beim Vorschlag eines absoluten, per Tarifvertrag auferlegten Einkommensopfers freilich bestehen: Die Opfer müßten von den Gewerkschaftsmitgliedern so weit akzeptiert werden, daß diese mobilisierungs- und streikbereit wären, um den Beschäftigungseffekt ihres individuellen Opfers durchsetzbar zu machen. Ist man diesbezüglich skeptisch, weil man die Grenze der Arbeitnehmer-Opferbereitschaft vorher zieht oder gezogen glaubt, muß man sich dann nicht wie bisher in »kleine Schritte« der Arbeitszeitverkürzung fügen?

Auch diese Schlußfolgerung ist nach meiner Einschätzung voreilig, denn zwischen den beiden genannten Wahlmöglichkeiten gibt es durchaus noch »Zwischenlösungen« zur Beschleunigung der Arbeitszeitverkürzung. Sie sollen hier an zwei Beispielen verdeutlicht werden: Michael Geuenich, im DGB-Bundesvorstand für Wirtschaftspolitik verantwortlich, hat zur Entgegnung auf Oskar Lafontaine darauf hingewiesen, daß auch ohne absolute Einkommensopfer mehr Arbeitszeitverkürzung bei den gegebenen Machtverhältnissen möglich ist; es könnte nämlich der ganze vorhandene Produktivitätsfortschritt (im Durchschnitt der letzten Jahre 2,5 %) und zusätzlich eine induzierbare Produktivitätskomponente durch Arbeitszeitverkürzung ausgeschöpft werden. Das Argument ist per se richtig; aber ob es eine entsprechende Strategie auch durchsetzbar macht, hängt ebenfalls von seinen impliziten Bestandteilen ab. Diese besagen, daß die völlige Ausschöpfung zugunsten von Arbeitszeitverkürzung eine Null-Runde an realer Lohnerhöhung bedeutet und trotzdem erwartet wird, daß die Arbeitnehmer dafür zu mobilisieren sind – genauer: diejenigen mit unteren und mittleren Einkommen, die 66 % aller Arbeitnehmer und einen noch größeren Teil der Gewerkschaftsmitglieder stellen.

Das zweite Beispiel bietet ein bisher leider viel zuwenig beachteter Schritt praktizierter gewerkschaftlicher Solidaritäts- bzw. Tarifpolitik. Im Juni dieses Jahres hat die Gewerkschaft Handel, Banken und Versicherungen mit der BHW-Bausparkasse einen in vielerlei Hinsicht interessanten Tarifvertrag abgeschlossen, dessen wichtigste Bestimmungen vor dem Hintergrund der Lafontaine-Debatte folgende sind: Für die 5000 Arbeitnehmer der BHW-Bausparkasse, die bekanntlich je zur Hälfte dem DGB und dem Deutschen Beamtenbund gehört, wird zum 1. Juni 1989 die Arbeitszeit von jetzt

39 auf dann 35 Stunden wöchentlich verkürzt. Gleichzeitig werden die dadurch nach aller Erfahrung wahrscheinlichen Beschäftigungseffekte in ihrer zeitlichen und quantitativen Dimension nicht der betrieblichen Rationalisierungs-, Organisations- und Personalplanung überlassen, sondern in Form von Beschäftigungsgarantien festgeschrieben. In der BHW-Hauptverwaltung werden 300 und in den Außenstellen weitere unbefristete Arbeitsplätze geschaffen, die vorrangig mit Auszubildenden (mit einem Ausbildungsende bis 1991) besetzt werden sollen. Die Arbeitnehmer verzichten dafür auf ansonsten, d. h. ohne Arbeitszeitverkürzung, mögliche weitere Lohnerhöhungen. Statt 5,9%, wie rechnerisch im Branchendurchschnitt, betragen die Erhöhungen bis zum Laufzeitende nach 20 Monaten 2,0%. Gleichzeitig werden durch eine neue BHW-Gehaltstabelle, die dem Branchentarifvertrag angenähert ist, »übertarifliche« Zulagen geschaffen, auf die in Zukunft kollektive oder individuelle Gehaltserhöhungen hälftig angerechnet werden. Dies führt mit der Zeit zur Abschmelzung dieser Zulagen bzw. von bisherigen Einkommensbesitzständen, ohne daß damit ein absoluter Einkommensverzicht verbunden ist.

Die beiden genannten Beispiele weisen nach meiner Überzeugung wie die Lafontaine-Debatte auf das aktuelle Grundproblem der gewerkschaftlichen Arbeitszeitpolitik hin: Das positive öffentliche Echo auf den Lafontaine-Vorschlag (vom »falschen Beifall« abgesehen), der Geuenich-Vorschlag und der HBV/BHW-Tarifvertrag belegen, daß die Opfer- bzw. Solidarbereitschaft der Arbeitnehmer für mehr Beschäftigung durch mehr Arbeitszeitverkürzung bisher unterschätzt bzw. tarifpolitisch unterfordert wurde. Doch die Unsicherheit, wie groß diese Bereitschaft wirklich ist bzw. wie weit die Gewerkschaften sie abfordern können, wird so lange bestehen bleiben und möglicherweise den Schwung der Arbeitszeitverkürzung auch weiter erlahmen lassen, solange die Diskussion über »Opfer« und ihre verschiedenen Dimensionen nicht offen und organisiert geführt wird. Dabei muß nicht nur zwischen relativen und absoluten, individuellen und kollektiven Opfern unterschieden werden, sondern auch die andere Seite der »Opfermedaille«, der individuelle Gewinn an mehr freier Zeit und der kollektive Gewinn an mehr Beschäftigung, mehr Gesundheit, mehr ökonomischer Gleichstellung der Frauen usw., ausreichend berücksichtigt werden.

Wird die Diskussion darüber dagegen anderen überlassen und wie im Fall Lafontaine als unerwünscht abgewehrt, so lotet man die eigenen Handlungsspielräume nicht aus und verpaßt möglicherweise Handlungschancen. Zugleich verprellt man durch die Art der Diskussion wie im Fall Lafontaine diejenigen sozialen Gruppen, die man an anderer Stelle mit »neuer Offenheit« und »neuer Streitkultur« als potentielle Bündnispartner umwirbt, um die Durchsetzungsbedingungen für eigene Handlungsmöglichkeiten wie für eigene Forderungen an den Staat zu verbessern. Insofern ist auch der unmittelbare Zusammenhang zwischen der Fortführung und Intensivierung der Arbeitszeitverkürzung sowie einer gewerkschaftlichen Gesamtstrategie zur Gestaltung der Zukunft über eine Wiedergewinnung linker Hegemonie offenkundig.

An den Notwendigkeiten weiterer Arbeitszeitverkürzung kann jedenfalls nicht gezweifelt werden, weder aus beschäftigungspolitischen noch aus gesellschafts-, gesundheits-, frauenpolitischen und anderen Gründen: Selbst bei günstigen gesamtwirtschaftlichen Bedingungen einschließlich einer jährlichen Arbeitszeitverkürzung von 1 % wie im Vergangenheitstrend, also der 33-Stunden-Woche im Jahr 2000, wird die Arbeitslosigkeit hoch bleiben und womöglich steigen, nicht zuletzt wegen ständig zunehmender Erwerbsneigung von Frauen. Selbst bei der 33-Stunden-Woche in 2000 wird die Frauenerwerbsquote erst 57 % statt 84 % wie bei den Männern betragen. Auch dann wird der Arbeitstag einschließlich Pausen, An- und Abfahrt immer noch zu lang sein, um Erwerbstätigkeit und Familie ohne große Probleme und vor allem ohne »Doppelbelastung« der Frauen miteinander zu vereinbaren, arbeitsbedingtem Gesundheitsverschleiß vorzubeugen, echte Zeit für soziales, kulturelles und politisches Engagement zu gewähren.

Aber auch die ökonomischen Möglichkeiten von mehr Arbeitszeitverkürzung sind kaum zu bezweifeln: Selbst bei einem schlechteren als dem üblicherweise bis zum Jahr 2000 prognostizierten Wirtschaftswachstum wird der erwartbare Produktivitätsfortschritt jährliche Arbeitszeitverkürzungen bis zu 2 % und mehr möglich machen – ohne daß dadurch die bestehende Einkommensverteilung tangiert würde bzw. dies schon die verteilungspolitische Machtfrage gegenüber dem Kapital bedeutete.

Deshalb kann es ein durchaus zweischneidiger gewerkschaftlicher Vorwurf an die SPD sein, sie laufe Gefahr, ihre Konfliktbereitschaft und Konfliktfähigkeit gegenüber dem Kapital zu verlieren. So berechtigt diese Sorge ist, so wenig darf darüber das gewerkschaftliche Konflikterfordernis aus den Augen geraten. Die SPD muß sich zur Zeit in der Opposition programmatisch beweisen und erst danach (wann?) auf Bundesebene auch realpolitisch. Demgegenüber sind die Gewerkschaften nie in der Opposition im Sinn von Handlungsunfähigkeit, bzw. die Gewerkschaften können heute schon handeln – erst recht, wenn die drängenden Notwendigkeiten mit guten ökonomischen Voraussetzungen einhergehen (s. o.).

Nun darf allerdings nicht der Eindruck entstehen, als gälte es, nur den eigenen »inneren Schweinehund« zu überwinden und ansonsten die von der volkswirtschaftlichen Gesamtrechnung gelieferten Zuwachsraten des Volkseinkommens konfliktfrei auszuschöpfen. Denn man kann nicht nur unterstellen, daß der Widerstand der Arbeitgeber gegen Arbeitszeitverkürzung mit zunehmender Forderungshöhe allein aus anderen als verteilungspolitischen Gründen wächst und deshalb wie bisher auch keine mechanistische, verteilungsneutrale Tarifpolitik möglich ist. Es muß vielmehr auch darum gehen, den weiteren Niedergang der Lohnquote zu stoppen und irgendwann auch umzukehren. Eine solche Trendumkehr ist aber erfahrungsgemäß nicht allein durch verbale Kritik an den Verteilungs- und Machtverhältnissen herstellbar.

Der Imperativ: Herstellung anderer Verteilungs- und Machtverhältnisse, oder mit anderen Worten: Rückgewinnung politischer Hegemonie, muß deshalb wachgehalten, besser noch: wacher gemacht werden, indem neben eine organisierte Debatte über die eigene Solidarfähigkeit eine ebensolche über die Bringschuld anderer hinzukommt. Das erfordert eine Erweiterung der Diskussion über globale Verteilungsquoten um die Kritik an den konkreten Verteilungsverhältnissen auch auf personaler Ebene: Riesige Einkommen und enorme Vermögensanhäufungen als privater und steigender Reichtum weniger versus zunehmende öffentliche und private Armut vieler, d. h. die Armut derjenigen, die weder ausreichende Einkommen beziehen noch öffentliche Leistungen angeboten bekommen oder nutzen können; ungerechtfertigt hohe Managergehälter in privaten und öffentlichen Betrieben; problematische Einkommenshöhen von »freien« Berufen, Parlamentariern usw. – und die dazugehörigen steuerlichen und sonstigen Privilegien, Ungerechtigkeiten u. ä. Auch die »höheren«, nicht von Tarifverträgen erfaßten Einkommen von Arbeitnehmern gehören hier hinein, die auch schon in der Vergangenheit zur erzwungenen Lohnzurückhaltung der tariflich erfaßten und überwiegend gewerkschaftlich organisierten Arbeitnehmer bei der Finanzierung von Arbeitszeitverkürzung nichts beigetragen haben. Mit einer solchen doppelt orientierten »Opfer«-Debatte werden nicht nur die eigenen Positionen glaubwürdiger, es steigen auch die Chancen für mehr Bündnispartner und damit auch die Aussichten für das Hegemonie-Projekt selbst. Nicht »Sozialismus in einer Klasse«, sondern »Solidarität in einer Klasse« ist gefragt.

HORST METTKE / DETLEF HENSCHE

»IHR LÖST EINEN FLÄCHENBRAND AUS«

Gespräch mit dem SPIEGEL

Spiegel: Herr Mettke, Ihre Gewerkschaft, die IG Chemie, läßt sich auf Arbeitszeitvereinbarungen ein, die das Wochenende einbeziehen. Ihr Gegenüber, Detlef Hensche von der IG Druck, sagt: »Das Wochenende gehört der Familie und nicht dem Betrieb!« Sind Sie ein Arbeiterverräter?

Mettke: Der Vorwurf kommt in der Tat hin und wieder. In der Chemie-, der Glas-, Papier- und Keramikindustrie gibt es einzelne Bereiche, in denen schon immer aus technischen Gründen kontinuierlich gearbeitet wird. Deshalb fällt es uns leichter als anderen Gewerkschaften, durch Wochenendarbeit dafür zu sorgen, daß neue Leute eingestellt werden. Den Beweis kann ich in über 200 Fällen antreten. Wochenendarbeit führt nicht zur Verlängerung von Arbeitszeiten, sondern zur Verkürzung. Unser Anspruch, auch eine Politik für Arbeitslose zu machen, kann nur über diesen Weg erfüllt werden. Dazu bekennen wir uns. Aber wir sind deshalb keine Arbeiterverräter.

Hensche: Wir dürfen nicht ohne Sinn und Verstand aus den eigenen Reihen soziale Errungenschaften in Frage stellen. Wir haben gemeinsam im DGB in den sechziger Jahren auf dem Weg zur 40-Stunden-Woche das freie Wochenende durchgesetzt. Das war ein ganz großer Erfolg für die Arbeiter und ihre Familien. Ich sehe keinen Grund, daß dieser Erfolg heute preisgegeben werden soll. Natürlich gibt es Arbeiten, die – wie Hochofen, Krankenhaus, Eisenbahn – auch am Wochenende erbracht werden müssen. In der Druckindustrie ist das zum Beispiel die Montagszeitung, die am Sonntag gedruckt wird. Der SPIEGEL wird samstags gedruckt – zu unserem Leidwesen.

Spiegel: Das ist aber nicht der Kern der aktuellen Auseinandersetzung.

Hensche: Richtig. Gegenwärtig geht es darum, ob lediglich aus Gründen der Rentabilitätssteigerung am Wochenende gearbeitet werden soll, etwa um Werbedrucksachen, Anzeigenblätter, Kataloge, Säcke oder Klopapier herzustellen. Dazu gibt es weder einen gesellschaftlichen Bedarf noch eine produktionstechnische Notwendigkeit.

Mettke: Ich darf dich daran erinnern, Detlef, es geht um neue Arbeitsplätze.

Hensche: Wir sehen erst mal nur Gefahren. Betroffen sind ausgerechnet diejenigen, die heute schon in drei Schichten rund um die Uhr arbeiten, unter erheblichen gesundheitlichen Belastungen. Deren Familienleben muß sich den Schichten anpassen. Und die sollen nun zwangsweise das Wochenende, die letzte Insel für die Familie, preisgeben. Und ein zweites: Horst Mettke sagt, daß eine vierte Schicht, die am Wochenende produziert, Neueinstellungen bringt. Das ist richtig. Aber: Diesen Neueinstellungen steht ein Mehrfaches an Arbeitsplatzgefährdung und -vernichtung in Konkurrenzbetrieben gegenüber. Die Maschinen, die samstags und sonntags laufen, müssen mit Aufträgen belegt werden. Die fallen nicht vom Himmel, sondern die müssen am Markt dem Konkurrenten abgejagt werden.

Mettke: Ich glaube, daß die Welt so, wie Detlef Hensche sie beschrieben hat, nicht existiert: eine wunderbare, heile Welt. Lebten wir auf einer Insel, könnte ich mich dem voll anschließen. Die IG Chemie verfolgt das politische Ziel, auch was für Arbeitslose zu tun. Denn die Arbeitslosen- und Beschäftigungspolitik scheint nur noch eine Rolle in unseren Reden zu spielen. Das stört mich unheimlich.

Hensche: Na, na, die IG Druck und Papier hat 13 Wochen lang für die Arbeitszeitverkürzung gestreikt. Das war ein handfester Beitrag zur Eindämmung der Arbeitslosigkeit, mehr als reden.

Mettke: In den fünfziger und sechziger Jahren hat unsere Politik ohne Zweifel dazu geführt, daß Arbeitgeber neue Arbeitsplätze aufgrund von Arbeitszeitverkürzungen, etwa durch längeren Urlaub, geschaffen haben. Heute verlangt der Unternehmer die optimale Nutzung kostspieliger Technologien. Erst dann läßt er über Wünsche der Gewerkschaft mit sich reden. Wir müssen also die Arbeit umorganisieren. Samstags- und Sonntagsarbeit erhalten einen anderen Stellenwert.

Hensche: Wer sich so verhält, reicht die Hand zur Arbeitsplatzvernichtung in Konkurrenzbetrieben. Daß ausgerechnet in der Bundesrepublik – einem Land, das vor Exportkraft nun geradezu aus den Nähten platzt – diese Diskussion geführt wird, kann ich beim besten Willen nicht nachvollziehen.

Mettke: Detlef, wir haben da eine ganz grundsätzliche Meinungsverschiedenheit: Kann man mit Tarifpolitik Wirtschaftspolitik betreiben? Ich sage nein. Dies wäre für die Tarifpolitik auf Dauer gesehen tödlich. Auf Wochenendarbeit zu verzichten, weil das in einem anderen Betrieb zu bestimmten Auswirkungen führt – diese Verantwortung kann die Tarifpolitik wirklich niemals übernehmen.

Spiegel: Wenn Sie in einem Betrieb Wochenendarbeit vereinbaren und dafür neue Leute engagiert werden, ist es Ihnen egal, ob dadurch anderswo Arbeitsplätze verlorengehen?

Mettke: Wie Sie das formulieren, hört sich das ganz schlimm an. Es ist mir nicht egal. Aber es ist natürlich in der Praxis so, weil ich keine Entscheidungs- und Eingriffsmöglichkeiten habe, die Unternehmer daran zu hindern. Mich stört, daß man immer gleich sagt, wenn man versucht, praxisnahe Entscheidungen zu treffen, man würde wie ein Unternehmer argumentieren. Es scheint so, als ob in den Gewerkschaften die Fähigkeit verlorengeht, andere Meinungen zu ertragen. Wir können eindeutig an den Beschäftigtenzahlen nachweisen, daß mit punktuellen Arbeitszeitregelungen die Beschäftigtenzahlen zugenommen haben. Wir führen die Wochenendarbeit ja nicht per Tarifvertrag für alle ein. Wir entscheiden jeden Einzelfall. Wenn ich durch eine solche Politik im Unternehmen Arbeitsplätze sichere und neue schaffe, kann ich die Frage nicht beantworten – die kann auch niemand beantworten –, was dann an einer anderen Stelle in der Bundesrepublik passiert.

Hensche: Das ist doch blauäugig. Wenn ihr einzelnen Betrieben die Wochenendarbeit konzediert, löst ihr einen Flächenbrand aus. Kein Konkurrent, der bisher nur montags bis freitags produziert, läßt sich das auf Dauer bieten. Wenn ich in einem Betrieb ja sage, ist der Sündenfall für die ganze Branche gegeben.

Mettke: Aber der ist uralt. Ich kenne Sündenfälle, wo mit Hilfe von Landes- und Bundesregierung gegen den Willen der IG Chemie über den Rahmen des Paragraphen 105 der Gewerbeordnung, der die Wochenendarbeit regelt, hinaus Unternehmen Ausnahmen zugestanden worden sind. Ich denke an die Reifenindustrie, an die Hersteller von CD-Schallplatten. Und dazu sage ich: Dies möchte ich dann auch so in der Hand behalten, daß die Unternehmer nicht wegschlupfen können, sondern wirklich Leute einstellen. Sie müssen diesen Wechsel einlösen.

Hensche: Ich vermute, der Kern unseres Konfliktes liegt woanders. Es geht um die unterschiedliche Einschätzung dessen, was Gewerkschaften an Gegenwehr mobilisieren können und müssen. Passen wir uns an, in der Selbsttäuschung, bei der Schweinerei mitmischen zu können? Oder wehren wir uns und versuchen, das freie Wochenende mit unseren Mitteln zu sichern durch Tarifvertrag, und zwar einheitlich im DGB. Wir haben bei uns in der Papierverarbeitung – hoffentlich auch bald in der Druckindustrie – Tarifverträge, die besagen: Die Fünf-Tage-Woche verteilt sich auf die Tage von Montag bis Freitag. Darüber kann dann keine Gewerbeaufsicht und keine Landesregierung hinwegsehen. Das ist in meinen Augen die gewerkschaftliche Antwort. Wenn ich dagegen von Betrieb zu Betrieb nachgebe, schwäche ich mich selbst und gebe das freie Wochenende letztlich branchenweit preis, hier und da gegen das Linsengericht zusätzlicher Arbeitszeitverkürzung.

Mettke: Du sprichst vom »Linsengericht«. In einem IG-Druck-Tarifvertrag heißt es: »In Ausnahmefällen, in denen aus zwingenden Gründen – insbesondere wegen der Standort- oder Wettbewerbssituation – die Verteilung der Wochenarbeitszeit auf fünf Tage nicht möglich ist, kann die Arbeitszeit auch auf sechs Tage verteilt werden. Hierzu bedarf es einer Betriebsvereinbarung.« – Das ist auch eine Blankovollmacht.

Hensche: Moment! Das ist eine tageszeitungsspezifische Norm, die mittlerweile nur noch auf dem Papier steht. Das ist nicht auf unserem Mist gewachsen, sondern uns zu Zeiten der Pressekonzentration aufgenötigt worden. Wir fordern im übrigen die Beseitigung dieser Bestimmung.

Mettke: Zu seinen Tarifverträgen muß man sich immer bekennen. Das gilt auch für die schlechten Dinge.

Spiegel: Herr Hensche, beweisen nicht die hohen Überstunden, daß viele Arbeitnehmer nicht an freien Wochenenden, sondern an mehr Geld interessiert sind?

Hensche: Selbst wenn 30 Prozent der Arbeitnehmer öfter am Wochenende Überstunden leisten, lohnt es sich schon für die restlichen 70 Prozent, das freie Wochenende zu verteidigen. Zudem ist es ein qualitativer Unterschied, ob ich freiwillig Überstunden leiste oder ob ich aufgrund regelmäßiger Arbeitszeit am Wochenende zwangsweise in den Betrieb muß. Ich habe die Sorge – heute ist dieser Prozeß noch aufhaltbar –, daß wir übermorgen in eine gesellschaftliche Wirklichkeit hineinschlittern, wo die Grenzziehung zwischen Arbeit und Freizeit aufgegeben wird zugunsten einer völligen Zerfledderung und Individualisierung von Arbeitszeit und Freizeit. Das ist dann nicht mehr die Gesellschaft, die wir alle übereinstimmend – ich meine auch konservative Familienpolitiker – im Grunde für gut und richtig halten.

Mettke: In der chemischen Industrie haben wir dank unserer Politik die niedrigste Anzahl von Überstunden in der Bundesrepublik: 0,6 Stunden pro Arbeitnehmer. Das Wochenende hat schon – da bin ich mit Detlef Hensche einer Auffassung – eine gewisse gesellschaftliche Bedeutung. Aber ich halte es für eine doppelte Moral, wenn wir einerseits über Arbeitszeitverkürzung und freies Wochenende diskutieren, während ich die Scharen nicht aufhalten kann, die sich freiwillig melden, um am Wochenende Überstunden zu machen.

Spiegel: Herr Hensche, gibt Ihnen zu denken, daß, besonders in der Metallindustrie, aber auch in Druckbetrieben, Betriebsräte gegen die offizielle Gewerkschaftslinie verstoßen und sich in Betriebsvereinbarungen zu Wochenendarbeit verpflichten?

Hensche: Die Betriebsräte schließen das nicht ab, weil sie von der eigenen Belegschaft gedrängt werden. Den Fall gibt es nicht. Die Betroffenen wollen weiter ihr freies Wochenende. Sie wollen die Freiheit behalten, auch nein sagen zu können. In den Fällen, in denen Betriebsräte – in unserem Bereich bisher vier – oft nur mit knapper Mehrheit der Wochenendarbeit zugestimmt haben, sind sie von der Geschäftsleitung erpreßt worden. Da hieß es: »Wenn ihr dem nicht zustimmt, werden 40 entlassen.« Bei Gruner + Jahr waren angeblich 220 zur Entlassung vorgesehen.

Spiegel: Herr Mettke, nennen Sie diesen Vorgang auch »Erpressung«?

Mettke: Es muß auch im Interesse der Mitglieder sein, daß die Arbeitsplätze in ihrem Betrieb längerfristig gesichert sind und daß der Betrieb floriert. Ein Unternehmer will doch vor einer Investition völlig zu Recht wissen – alles andere wäre weltfremd –, wie er neue Maschinen nutzen kann. Das Bedauerliche in diesem Zusammenhang ist: Der Unternehmer ist freier als wir, er kann sich aussuchen, wo er investiert. Er stellt uns die Frage und verlangt eine Antwort: Warum soll uns denn das Hemd in diesem Falle nicht näher als der Rock sein?

Hensche: Das ist eine gefährliche Argumentation. Zu Ende gedacht heißt das: Wir geben den Anspruch auf, Arbeitsbedingungen, die ja immer Kostenfaktoren sind, in Tarifverträgen festzulegen. Und wir lassen es zu, daß morgen beispielsweise einige zu untertariflichen Lohnsätzen beschäftigt werden. Wir lassen es zu, daß übermorgen bei einigen der Urlaub nicht mehr 30, sondern nur noch 20 Tage beträgt – sobald der Unternehmer Kosten- oder Wettbewerbsgründe ins Feld führt.

Mettke: Nein, ich will mehr für diese Arbeit. Ich will, daß dieses Wochenende die Unternehmer teurer zu stehen kommt, als es heute ist. Deswegen will ich mit dabeisein, wenn solche Betriebsvereinbarungen ausgehandelt werden. Ich möchte nicht, daß sich Unternehmer und Betriebsräte zusammentun und ohne uns, die Gewerkschaften, entscheiden.

Hensche: Um es klipp und klar zu sagen: Bei aller Bedeutung der Arbeitszeitverkürzung – für mich hat das freie Wochenende im Rahmen des gesellschaftlichen Lebens einen so hohen Stellenwert, daß ich es auch nicht für noch so attraktive Vergünstigungen preisgeben würde. Horst, du mußt dir den Vorwurf gefallen lassen, daß du ohne ökonomischen Zwang, allein deshalb, weil der Unternehmer zusätzliche Wettbewerbsvorteile haben will, ein Faustpfand unserer Arbeitszeitpolitik preisgibst und damit zugleich anderen in den Rücken fällst.

Mettke: Detlef, du tust so, als gäbe es keine Konkurrenz aus dem Ausland, wo längst am Wochenende gearbeitet wird.

Hensche: Es ist zunächst einmal alles daranzusetzen, daß mit Hilfe gewerkschaftlicher Unterstützung in anderen Ländern unser Standard erreicht wird. Im übrigen führen wir dieses Gespräch nicht in Lissabon oder Palermo, sondern in Stuttgart. Unsere Wettbewerbsfähigkeit sucht weltweit ihresgleichen: ein ungeheuer hoher Stand an Technologie und ein sehr hoher Qualifikationsstand in allen Belegschaften. Das verschafft uns seit Jahrzehnten ungeahnte Wettbewerbsvorteile. In all den Fällen, in denen wir mit Wochenendarbeit konfrontiert wurden, war der Wettbewerbsdruck aus dem Ausland lediglich vorgeschoben. Bezeichnenderweise sind es ausgerechnet vier unangefochtene internationale Branchenführer, die bei uns die Sonntagsarbeit durchgesetzt haben.

Mettke: Das ist natürlich nicht so. Meine Welt ist anders. Wir haben erlebt, daß Unternehmen die Auswahl zwischen fünf europäischen Standorten hatten. Wie würdest du dich in einer solchen konkreten Situation verhalten?

Hensche: Da würde ich nicht nachgeben. Ich weiß, daß in einer solchen Situation – weiß Gott – Betriebsräte schlaflose Nächte bekommen können. Aber als Gewerkschafter muß ich auch immer bedenken, welche Folgen das für andere Betriebe hat. Wenn wir einmal einknicken, werden wir generell erpreßbar. Deshalb kann ich nur raten, nein zu sagen. Im übrigen muß es ja nicht schlecht sein, wenn Investitionen gleichmäßiger verteilt werden, zum Beispiel auch nach Portugal oder Sizilien. Derzeit exportieren wir ja mit unseren Exportüberschüssen Arbeitslosigkeit.

Mettke: Also so ein guter Mensch bin ich nicht. Da habe ich schlimme Erfahrungen mit meinen europäischen Kollegen gemacht. Wir haben massiv versucht, unseren europäischen Freunden zu sagen: Wir müssen eine bestimmte gemeinsame Grundlage finden. Da ist mir gesagt worden: Weißt du, wenn es unserer Wettbewerbssituation nutzt und wenn es dazu führt, daß bei uns die Arbeitslosigkeit nicht mehr größer wird, dann mußt du schon verstehen, daß wir eine solche Entscheidung treffen. Wir haben dieses Problem mit dem Samstag und dem Sonntag nicht.

Hensche: Unter den Gesichtspunkten des europäischen Binnenmarktes geht es darum: Wie schaffen wir Abwehrkräfte, damit es nicht passiert, daß eines Tages spanische gegen portugiesische, italienische gegen französische und deutsche gegen holländische Gewerkschaften um Investitionen und Industrieansiedlungen kämpfen und sich in den Arbeitsbedingungen gegenseitig unterbieten.

Mettke: Kampfkraft der Gewerkschaften gibt es nur, wenn die Franzosen, Italiener, Spanier, Portugiesen und Griechen auch stark sind. Nur mein Problem ist – da unterscheiden wir uns –, daß dort die Gewerkschaften schwach sind und dieser Ausverkauf heute schon stattfindet. Deswegen konzentriere ich mich stärker auf Investitionen im eigenen Land. Das geht mir hier näher unter die Haut. Deswegen kämpfe ich hier, sage ich mal, nur für das Hemd.

Spiegel: Herr Hensche, würden Sie sich zutrauen, heute noch gegen Wochenendarbeit zum Streik aufzurufen?

Hensche: Die IG Druck hat die Forderung gestellt, die Fünf-Tage-Woche dahingehend zu definieren, daß von Montag bis Freitag gearbeitet wird. Ausnahmen sind Tageszeitungen. Wenn der Bundesverband Druck da nein sagt – anders als sein Nachbarverband in der Papierverarbeitung –, könnte ich mir vorstellen, daß es zu einem zugespitzten Tarifkonflikt kommt.

Mettke: Ich glaube, daß dies in der Chemie kein Streitfall werden könnte, weil die Arbeitgeber bei uns keine globale Tarifregelung verlangen. Die tragen mit uns die Einzelentscheidungen.

Spiegel: Die Diskussion über Wochenendarbeit ist durch Oskar Lafontaine auf die politische Ebene gehoben worden ...

Hensche: Das kann man wohl sagen.

Spiegel: Für Sie war Lafontaine hilfreich, Herr Mettke?

Mettke: Detlef, du nimmst es mir übel, aber ich fand Lafontaines Vorschlag außerordentlich reizvoll. Damit hat Oskar eine öffentliche Wirkung erzielt, die bisher keinem von uns in einer solchen Tariffrage geglückt ist.

Hensche: Lafontaine hat uns in ganz konkreten tarifpolitischen Auseinandersetzungen völlig überflüssigerweise Steine in den Weg geschoben. So etwas kann nur auf dem Boden totaler Betriebsblindheit entstehen.

Spiegel: Herr Hensche, Herr Mettke, wir danken Ihnen für dieses Gespräch.

NORBERT BLÜM

Neun Stunden Arbeit viermal pro Woche

Die Reaktionen auf meinen Anstoß zur Arbeitszeit-Diskussion könnten einen belustigen, aber in Wirklichkeit sind sie erschreckend. Sie beweisen nämlich, wie verkrustet unsere Gesellschaft ist, wie sehr Gewohnheiten als Besitzstände verteidigt werden. Wenn wir schon im Kopf nicht mehr zu Umstellungen fähig sind, wieviel weniger dann in der Praxis. »Fortschritt« wird nur in den alten Schablonen zugelassen, nur im quantitativen Mehr oder Weniger.

Denkanstöße werden aus Verbandsfestungen beschossen; denn: erstens, da könnte ja jeder kommen; zweitens, das haben wir noch nie so gemacht. Aber das hat das Neue so an sich, daß es noch nicht gemacht wurde. Wenn die Menschen kürzer arbeiten wollen, müssen die Maschinen länger laufen. Sollen teure Industrieanlagen 37 Stunden in der Woche laufen und 131 Stunden rosten? Ein borniter Luxus!

Was hatte ich gesagt? »Kürzere Arbeit und trotzdem mehr Lohn – das geht auf Dauer nur, wenn teure Produktionsanlagen nicht mehr nach 37 Stunden abgeschaltet werden. Um im internationalen Wettbewerb zu bestehen und damit unsere Arbeitsplätze zu sichern, brauchen wir bei der kurzen Wochenarbeitszeit künftig längere Maschinenlaufzeiten, die auch den Samstag einschließen. So könnte eine Arbeitszeitform der Zukunft lauten: Neun Stunden Arbeit viermal pro Woche.« Eine Arbeitszeitform könnte so aussehen. Das war's. Von Patentrezepten habe ich nie gesprochen. Ich habe auch keine Sehnsucht nach Patentrezepten, weil sie die fatale Eigenschaft haben, alle über einen Kamm zu scheren. Die Wünsche der Menschen aber sind so vielfältig, daß sie nicht unter einen Hut gebracht werden können. Arbeitszeiten à la carte sind besser als für jeden denselben Schlag aus der kollektivistischen Gulaschkanone.

Ich bekenne mich schuldig, verschwiegen zu haben, daß

dieser Vorschlag weder neu ist noch von mir stammt. Es ist eins von vielen denkbaren und möglichen Modellen, das vor allem für Produktionsbetriebe mit hoher Kapitalintensität Vorteile bringt. Aber auch hier nicht nur für die Betriebe, sondern auch für die Arbeitnehmer: erstens, weil mehr eingestellt werden können (drei Arbeitnehmer auf zwei Arbeitsplätzen), und zweitens, weil es zwischen den viertägigen Arbeitsintervallen längere Freizeitintervalle am Stück gibt.

Dieses Modell »widerspricht dem natürlichen Lebensrhythmus«, wußte SPD-Chef Hans-Jochen Vogel. Woher weiß er das? SPD-Präsidiumsmitglied Heidemarie Wieczorek-Zeul nannte das Modell »inakzeptabel«. Hatte sie die Arbeitnehmer bei BMW Regensburg gefragt?

Im Grunde geht der ganze Streit um die Frage der Samstagsarbeit. Klaus Zwickel, im IG-Metall-Vorstand für Tarifpolitik zuständig, brachte es auf den Punkt: »Wegen einer Stunde Arbeitszeitverkürzung werden die Gewerkschaften nie und nimmer auf das freie Wochenende verzichten.« Ganz nebenbei wird hier die Zwei-Klassen-Arbeitnehmerschaft institutionalisiert. Weil nämlich so viele IG-Metall-Arbeitnehmer am Samstag frei haben, müssen so viele andere Arbeitnehmer in der Gastronomie, im Einzelhandel und Verkehrsgewerbe ihnen samstags zu Diensten sein. Wenn das lange Wochenende tatsächlich diesen unumstößlichen Wert hat, frage ich mich, warum sich die IG Metall nicht für den Geschäftsschluß am Freitagmittag einsetzt. Tatsächlich geht von der Fiktion des arbeitsfreien Samstags auch ein ungeheurer Zwang aus. Die meisten Arbeitnehmer haben nämlich, auch wenn sie wollten, nicht die Möglichkeit, an einem anderen Wochentag frei zu nehmen. Weil dann die Schwimmbäder und Geschäfte leerer sind. Oder weil die Frau, die am Wochenende im Krankenhaus Dienst tut, dann auch frei hat. Zum Beispiel.

Spätestens seit Mitte der sechziger Jahre ist für die ganz große Mehrheit der Arbeitnehmer die Fünf-Tage-Woche von montags bis freitags die Regel. Wie ein Monolith liegt dieser Arbeitszeitblock in einem Meer sich verändernder Verhältnisse und Bedürfnisse.

Seit 1970 hat die Zahl der Familien ohne Kinder um 2,3 Millionen oder 22,8 Prozent zugenommen. »Samstags gehört Vati mir« geht hier also nicht.

Der Urlaubsanspruch ist seit 1970 von vier Wochen auf sechs Wochen gestiegen. Freizeit außerhalb des Wochenendes hat eine ganz andere Dimension.

1970 hatte jeder fünfte Einwohner einen Pkw, heute schon jeder zweite. Aber mit Inbrunst halten wir an unserem Abpacksystem fest, daß sich von montags bis freitags alle im Stau zur Arbeit und am Samstag alle im Stau in die Einkaufs- und Urlaubszentren quälen. Otto Normalverbraucher wurde Gott sei Dank durch Differenzierung und Individualität abgelöst. Aber Otto-Normal-Arbeitszeit bleibt für uns tabu.

Wo wir gerade beim religiösen Stichwort sind: Der Sonntag muß wirklich heilig und aus Flexibilisierungsüberlegungen der Arbeitszeit herausbleiben. Gerade eine dynamische Gesellschaft braucht Ruhe- und Haltepunkte. Differenzierung und Flexibilisierung dürfen nicht in einem Zeitbrei landen. Deshalb bin ich gegen Sonntagsarbeit. Natürlich muß in bestimmten Bereichen auch sonntags gearbeitet werden: im Gesundheitswesen oder bei Versorgungseinrichtungen. Und natürlich kann ein Hochofen nicht über Sonntag abgeschaltet werden. Aber aus rein wirtschaftlichen Gründen soll nicht am Sonntag produziert werden dürfen. Ich will dafür drei Gründe nennen:

Erstens brauchen wir einen gesellschaftlichen Ruhepol, der für alle gilt. Das ist ein kulturelles Erfordernis. Ein Tag muß anders sein als die anderen. Sonst ist die Zeit ein graues Einerlei. So wie das Jahr Feste braucht, an denen wir uns »festhalten«, so braucht auch die Woche Haltepunkte, an denen die Gesellschaft durchatmet.

Zweitens gibt es religiöse Motive. Der Sonntag ist für katholische wie evangelische Christen gleichermaßen bedeutsam. Und wir bleiben eine christliche Gesellschaft, auch wenn nicht mehr alle Bürger jeden Sonntag zur Kirche gehen.

Drittens schreibt das Grundgesetz die Arbeitsruhe an Sonn- und Feiertagen verbindlich vor. Wer die durchgehende

Produktion an allen Tagen will, muß das Grundgesetz ändern. Das strebe ich nicht an, und dafür würde es auch keine Mehrheit geben.

Unsere monolithischen Arbeitszeitmuster können hinten und vorne nicht passen. Strenggenommen hat jeder Betrieb andere Arbeitszeitbedingungen und jeder Arbeitnehmer andere Arbeitszeitwünsche. Nicht alles läßt sich da deckungsgleich machen, weil die Arbeitszeitordnung der partnerschaftlichen, vertraglichen Regelung bedarf, also betriebliche Bedürfnisse und Wünsche der Arbeitnehmer unter einen Hut gebracht werden müssen. Aber es gibt viel mehr differenzierte und in der Praxis bewährte Modelle, als uns allen bekannt und vielen lieb sein dürfte.

Ich will ein Beispiel aus der Schweiz nennen, das geradezu exotisch anmutet, aber ausgezeichnet funktioniert. In einer Maschinenfabrik füllt seit mehr als einem Jahrzehnt jeder Mitarbeiter bis zum Jahresende einen Antrag aus. Da schreibt er rein, wieviel er im nächsten Jahr arbeiten möchte. Es kommt dann zu einer Vereinbarung zwischen Geschäftsleitung und Mitarbeitern, die für jeden Mitarbeiter die wöchentliche Arbeitszeit, den Urlaub und das Gehalt für ein Jahr verbindlich festlegt. Da kann man eine 40-Stunden-Woche wählen und drei Wochen Urlaub im Jahr mehr. Dafür muß man dann aber einen Abschlag vom Gehalt hinnehmen. Möchte ein junger Vater nur 30 Stunden in der Woche arbeiten, weil er sich mehr um sein Kind kümmern möchte – kein Problem. Möchte jemand drei Wochen mehr Urlaub und trotzdem nicht weniger Geld in der Tasche haben, dann arbeitet er eben 43 Stunden in der Woche. Jeder kann nach seiner Fasson glücklich werden.

Der neue Name für Fortschritt heißt Differenzierung.

Nennenswerte Fortschritte bei der Arbeitszeit zum Wohle der Arbeitnehmer und ohne Schaden für die Betriebe kann es nur noch durch Differenzierung geben. Warum haben so viele soviel Angst davor? Die Gewerkschaften kennen nur das eine Muster: weniger Arbeit für alle. Wollen aber alle weniger arbeiten? Die Arbeitgeber sind beim Thema Differenzierung und Flexibilisierung vor allem auf Akademietagungen ganz groß. In der betrieblichen Alltagspraxis dominieren auch hier die Bedenkenträger. Aber wenn der Fortschritt nicht von den Tarifpartnern und den Betriebspartnern kommt, dann kommt er gar nicht. Wir, die Politiker, können nur mitdiskutieren. Zwar wurde mir im Bundestag auch das von SPD-Seite schon als eine Einmischung in das Geschäft der Tarifpartner angelastet, aber genau von dieser SPD wurde genau in dieser Bundestagsdebatte auch beteuert, sie halte an ihrem Modell von sechs Stunden Arbeit an fünf Wochentagen fest. Merke: Wenn der Arbeitsminister einen Denkanstoß gibt, ist das Einmischung in die Tarifpartnerschaft, wenn die Opposition an ihrem Modell festhält, ist das Unterstützung der Tarifpartnerschaft. Was schlimmer ist: Hier sollen die alten Einheitspackungen durch neue Einheitspackungen überwunden werden. Es ist zum Verzweifeln.

Sachte Übergänge vom Erwerbsleben in den Ruhestand durch Teilzeit, arbeitsfreies »Sabbatjahr« zum Auftanken mitten im Lebenslauf, andere Ladenöffnungszeiten, Erziehungsurlaub ... Mir fällt noch viel ein, bei gleichem Arbeitszeitkontingent die Arbeit anders über das Jahr und über das Leben zu verteilen.

Vielleicht war es unumgänglich, in der robusten Durchbruchsphase des Industriezeitalters die Arbeitnehmer nach fast militärischen Mustern kolonnenhaft einzuspannen. Wir können die Arbeitszeit wieder phantasiereich individualisieren. Ich freue mich darüber und darauf.

PETER GLOTZ

VORSICHTIGE VORSCHLÄGE EINES SOZIALDEMOKRATEN AN DIE GEWERKSCHAFT

Peter Glotz ist Vorsitzender des SPD-Bezirks Bayern-Süd und
Chefredakteur der Zeitschrift »Neue Gesellschaft/Frankfurter Hefte«.

Es gibt ein paar Entwicklungslinien, über die man nicht
mehr streiten muß. Die Industrie schrumpft, die Dienst-
leistung wächst, die großen Betriebe werden weniger, die
kleinen mehr, die Produktvarianten werden steigen, die Los-
größen sinken; die »qualifizierten Systemregulierer« werden
anders sein als die Massenarbeiter des Taylorismus. Aber
über das neue »Gesicht« der europäischen Industriegesellschaften entscheidet nicht technische Sachgesetzlichkeit,
sondern das kompliziert gewordene Muster von Konflikt und
Kooperation zwischen Arbeit und Kapital.

Ich sehe sechs Trends, auf die Gewerkschaften in den avan-
cierten europäischen Industriegesellschaften in den neunziger Jahren mit entschiedenen Reformen ihrer Politik und
ihrer Organisation antworten müssen (…)

Diese Trends sind:

1. Die Internationalisierung der Produktion und ihrer Finanzierung

Wir erleben einen »Integrationsschub«: vom Nationalstaat zu
postnationalen Integrationsebenen, z. B. »Europa«. Die nationale »Souveränität« verfällt, obwohl die Wir-Identität der
Menschen (und die Organisation der Regierungen, Gewerkschaften und Industrieverbände) noch französisch, italie-
nisch, deutsch ist. Am spürbarsten ist dieser Prozeß heute in
der Geldwirtschaft; er wird aber schon morgen auch die Produktionsverhältnisse berühren, da die moderne Informa-
tionstechnik eine schrittweise Trennung von Entwurf, Verwaltung und Produktion ermöglicht. Was das für die Gewerk-

schaften bedeuten kann, läßt sich im Zeitungsgewerbe – überhaupt der Medienbranche – studieren, wo diese Zukunftsperspektive bereits Realität ist.

2. Verselbständigung der Geldwirtschaft

Dieser zweite Trend hängt mit dem ersten engstens zusammen. Die Welt der Eurodollarmärkte und transnationalen Banken, der Kreditpyramiden und der »innovativen« Geldgeschäfte hat sich von den Produktions- und Beschäftigungskreisläufen sozusagen emanzipiert; die Gefahr von monetären Spekulationskrisen ist trotz verbesserten Krisenmanagements erheblich. Daß eine Arbeiterbewegung, die einen Rudolf Hilferding hervorgebracht hat, diese Entwicklung fast sprachlos hinnimmt, ist sehr erstaunlich.

3. Der Individualisierungsschub

der sowohl durch die Verbesserung des Lebensstandards für Millionen von Menschen als auch durch die moderne Maschinerie bewirkt worden ist und weiterhin bewirkt wird; es handelt sich ohne Zweifel um den nachhaltigsten »Schub« dieser Art seit dem Übergang vom noch vorwiegend autoritären zum autonomen Denken im europäischen 15., 16. und 17. Jahrhundert. In zwei Generationen haben sich die »Optionen« zahlloser Menschen geradezu unglaublich vergrößert; ihre »Ligaturen« (Ralf Dahrendorf, 1985) haben dagegen drastisch abgenommen. Auch wer die rabiate individualistische Doktrin (Leistung muß sich wieder lohnen) kategorisch ablehnt, sollte sich nicht darüber hinwegtäuschen, wie sehr die wachsende Freiwilligkeit, Auswechselbarkeit und Impermanenz der Wir-Beziehungen die Menschen, ihre Ansprüche und ihre Einordnungsbereitschaft verändert hat.

4. Die Feminisierung der Arbeitskraft

Obwohl die deutsche Frauenerwerbsquote noch weit hinter den skandinavischen herhinkt, ist die Relativierung des männlichen Facharbeiters als Organisationskern der Gewerkschaft unübersehbar. Indirekte Bereiche der Produktion – wie Planung, Arbeitsvorbereitung, Materialbeschaffung,

Qualitätskontrolle – dringen vor und ermöglichen die Vermehrung qualifizierter Frauenarbeitsplätze. Der Aufstieg von Frauen in Leitungspositionen geht zwar langsam und zäh, bewirkt aber in vielen Einzelfällen eine kleine Revolution. Die traditionelle »Industriegewerkschaft« gerät in eine Umbruchsituation.

5. Die postindustrielle Bewußtseinsveränderung wachsender Arbeitnehmer-Minderheiten

Vom Ingenieur, der ökonomisch liberal, ökologisch aber radikal denkt, bis zur Lehrerin, die in ihrem gelernten Beruf keinen Arbeitsplatz gefunden hat und jetzt als »überqualifizierte« Sekretärin arbeitet, gibt es Tausende und Abertausende abhängig Beschäftigter (vor allem Angestellte und Beamte), bei denen eine Erosion »konventioneller« Wertpräferenzen wie Erfolg, Sicherheit und Wohlstand festzustellen ist. Diese Leute sind immer noch BAT 3 oder A 10; aber ihre Lebensziele (Selbstverwirklichung, Integration, Partizipation) unterscheiden sich deutlich von denen der Mehrheit. Es gibt Sozialforscher, die behaupten, daß inzwischen 15 Prozent der Wahlbevölkerung so fühlen und denken, in den Apparaten der Gewerkschaften, besonders der Dienstleistungsgewerkschaften, dürften sie inzwischen noch stärker vertreten sein – mit erkennbaren Folgen für das, was wir so unübertreffbar lakonisch die »Beschlußlage« nennen.

6. Die Kulturalisierung der Industriegesellschaften

Zugespitzt formuliert: Der Überbau wird zur Basis; im Wirtschaftssektor »Kultur« sind heute mehr Menschen beschäftigt als in der Chemie- und Textilindustrie zusammen. Einerseits wird »Kultur« in einer genau abgeteilten Gesellschaft zur letzten Chance, neue Lebensentwürfe zu erproben. Andererseits treibt die Internationalisierung, Kommerzialisierung und Privatisierung der Kultur immer neue »Produkte«, »Spiele« und »Dienste« hervor: Die Überbauapparate werden wichtiger als je zuvor. Viele Gewerkschafter blicken mit einer Mischung von Schauder, Abwehr und Angst auf diese neue Welt und verteidigen ihre Identität mit Arbeiterliedern, die aus der Freiheitsbewegung von 1848 oder einer der Jugendbewegungen vom Beginn unseres Jahrhunderts stammen. Die Hörer von Sting, Einstürzende Neubauten oder Peter Maffay stehen im besten Fall mit leeren Augen daneben.

Meine Schlußfolgerungen aus dieser Analyse sind knapp und schmerzhaft. Es besteht die Gefahr, daß die sozialdemokratischen und sozialistischen Parteien Europas auf diese Entwicklung allzuoft mit »Aufplusterung« und die Gewerkschaften mit einer »Flucht nach hinten« reagieren. Was das bedeutet, läßt sich in einigen wenigen warnenden Sätzen zusammenfassen:

Aufplusterung nenne ich eine Haltung, die in der Operation so tut, als ob ein Regierungswechsel genügte, um die Bedingungen des »neuen Akkumulationstyps« aufzubrechen. Zweifellos ist es wünschenswert, das »Richtige« und nicht bloß das »Machbare« zum Leitbild der eigenen Politik zu machen. Wer aber das »kreislauftheoretisch« Richtige zu tun verspricht, ohne gleichzeitig anzugeben, in welcher Macht- und Hegemonialstruktur dieses Richtige (z. B. bei der weltweiten makroökonomischen Regulation) dann durchzusetzen sei, der plustert sich auf.

Flucht nach hinten nenne ich eine Haltung, bei der alterprobte Lösungen, deren Wirksamkeit oder Durchsetzbarkeit man selbst im kleinen Kreis inzwischen bezweifelt, weiterhin unverdrossen propagiert werden. Ich nenne als Beispiel einen bestimmten Typ kreditfinanzierten Beschäftigungsprogramms oder die Wirtschafts- oder Sozialräte auf allen möglichen Ebenen; vor einiger Zeit hätte ich auch das Thema Gleitzeit nennen können. Und wie ist es mit der Flexibilisierung, die wir nun Freie-Arbeitszeit-Wahl nennen, nachdem die Unternehmer den Flexibilisierungsbegriff »besetzt« haben? Es gibt in der Tat neue Chancen für die Freiheit von Arbeitnehmern.

Jeder muß selbst prüfen, ob er die »Unter uns gesagt«-Mentalität auch in seiner Umwelt erlebt oder nicht. Sie ist gefährlich.

Es kann nicht darum gehen, die Stimmungen der eigenen

Wagenburg zu heben; es geht um den Ausbruch aus der Wagenburg, um die Bildung neuer »Solidarisierungsformulierungen«.

Beispielsweise um die gewerkschaftliche Organisation der neuen Produktionsfacharbeiter, der Instandhaltungsspezialisten, Techniker und Ingenieure, der Forscher, Entwickler, Vertriebs- und Servicespezialisten oder der EDV-Leute. Die alte Ordnung gerät an prekären Bruchstellen der Risikogesellschaft durcheinander; es entsteht »Querdynamik« – Kapital gegen Kapital, Arbeit gegen Arbeit. Bei der ökologischen Modernisierung alter Industriestrukturen kann man Teile der Elektroindustrie (»Messen und Regeln«) zum Partner gewinnen, die Chemie kaum. Umgekehrt bestand die Gefahr, daß die kerntechnische Industrie ihre Betriebsräte gegen die übrigen Gewerkschaften mobilisiert; solche Konflikte können sich täglich wiederholen.

Die Frage wird sein, wer in dieser »neuen Unübersichtlichkeit« (Jürgen Habermas) rascher, sicherer und planvoller agiert. Der Gegensatz zwischen Kapital und Arbeit verschwindet nicht, aber er verändert seinen Aggregatzustand. (...)

Ein vernünftiger (wenn auch pervertierter) Grundsatz bürgerlicher Erziehung lautet: Misch' dich nicht ungefragt in die Angelegenheiten anderer. Nun bin ich zwar ungefähr zur gleichen Zeit einer DGB-Gewerkschaft beigetreten, als ich auch zur SPD stieß – Anfang der sechziger Jahre. Aber ich werde nie die freundliche Belehrung eines alten Spitzenbeamten im Arbeitsministerium vergessen, den ich als junger Abgeordneter besuchte und als Sozialdemokrat in Anspruch nehmen wollte.

Er sagte mir: Es gibt Gewerkschafter, die auch Sozialdemokraten sind, und es gibt Sozialdemokraten, die auch Gewerkschafter sind. Er gehörte zur ersten, ich zur zweiten Sorte, und insofern sind die Zukunftsprobleme der Gewerkschaften trotz langer Mitgliedschaft Probleme, die ich nur »von außen« beurteilen kann. Da die IG Metall sich zu ihrem Zukunftskongreß aber bewußt Gäste eingeladen und sie um konkrete Vorschläge gebeten hat, hier also »sieben vorsichtige Vorschläge eines nicht aktiven Kollegen«.

1. Europäisierung der Gewerkschaftspolitik

Seit 15 Jahren zerfällt die ökonomische Souveränität der Nationalstaaten; teilweise organisieren wir sie höchstselbst weg (GATT, EG, RGW, EFTA). In Europa entsteht der größte zusammenhängende Wirtschaftsraum der Welt – und trotzdem agiert die Arbeiterbewegung, die einst unter der Losung des Internationalismus angetreten ist, weit nationaler als die Multis. Ist es nicht wahr, daß die nationalen Parlamente immer mehr Macht verlieren und europäische »Agenturen« (leider am wenigsten das Europäische Parlament) die Kompetenzen an sich ziehen? Trifft es nicht zu, daß angesichts dieser Entwicklung der Europäische Gewerkschaftsbund (genauso wie der »Bund sozialdemokratischer und sozialistischer Parteien Europas«) eher eine Adresse ist als eine Organisation? Kann man bestreiten, daß die Personalpolitik der Europäischen Gemeinschaft von allen möglichen Kräften beeinflußt wird, von den Gewerkschaften allerdings am wenigsten? Müssen wir uns nicht eingestehen, daß die Beziehungen zwischen den europäischen Gewerkschaften eher zeremoniös als operational sind?

Im Ergebnis werden sowohl die nationale Politik als auch die nationalen Gewerkschaften die Fähigkeit verlieren, das einzelne Unternehmen gegen die Unterbietungskonkurrenz von Anbietern zu schützen, die unter geringeren Steuer-, Umwelt-, Lohn- oder Mitbestimmungskosten operieren. Auf der europäischen Ebene sind die Gewerkschaften aber noch viel weniger als die Politik in der Lage, ein entsprechendes Regelungssystem in absehbarer Zeit aufzubauen. Die Folge ist der neoklassische Wunschtraum (und sozialdemokratische Alptraum) einer Marktkonkurrenz zwischen den nationalen Regelungssystemen. Die gegenwärtige Standortdiskussion bietet uns erst einen schwachen Vorgeschmack des Deregulierungsdrucks, dem wir in wenigen Jahren ausgesetzt sein werden. Auf der Linken gibt es dagegen, soweit ich sehe, bisher noch keinerlei plausible Gegenstrategie.

Mehr als 50 Prozent des Exports der Bundesrepublik Deutschland gehen in die Europäische Gemeinschaft. Wir müssen uns nicht von einer ominösen »Weltmarktorientierung« verrückt machen lassen – aber wir brauchen eine wirksame europäische Politik. Europa müßte sich weder von Hungerlöhnen in der Dritten Welt noch von Protektionismusdrohungen aus den Vereinigten Staaten beirren lassen – wenn es die westeuropäische Integration vorantriebe und sich einen Begriff von Gesamteuropa bewahrte. Was Europa betrifft, ist es für alle Rückzugsgefechte seit langem zu spät; es gibt bestenfalls den »Ausbruch nach vorn«. Wenn wir ihn nicht schaffen, wird die Interventionsmacht der Gewerkschaften brutal reduziert.

2. Miteigentum oder eine strategische Lohnpolitik

Die langfristige Konstanz der Lohnquote in der Bundesrepublik ist heute nicht mehr zu bezweifeln. Einer deutlichen Begünstigung der Gewinn- und Vermögensbildung in den fünfziger Jahren folgte ein Patt zwischen Lohn- und Gewinnbeziehungen in den sechziger Jahren, eine Korrektur der Einkommensverteilung zugunsten der Lohnquote nach den Septemberstreiks von 1969 in der ersten Hälfte der siebziger Jahre und eine Korrektur der Korrektur seit 1975. Muß man sich nicht fragen, ob die brutale Vollbremsung der Bundesbank 1975 hätte vermieden werden können, wenn Anfang der siebziger Jahre arbeitsfähige Systeme des »Investivlohns«, des »Miteigentums« oder von »Arbeitnehmerfonds« existiert hätten, so daß ein Teil der Lohnerhöhungen in den Unternehmen stehen geblieben wäre? Müssen wir das Ressentiment gegenüber dem »Kleinkapitalismus«, der aus der Mitbestimmungsdiskussion verschwunden ist, nicht auch beim Thema »Mitbesitz« überwinden? Könnte die deutsche Arbeiterbewegung nicht aus den Erfahrungen der schwedischen und aus dem Kampf um »wage earner funds« lernen und ein eigenes Konzept für betriebsbezogene und kollektive Formen des Mitbesitzes entwickeln? (...)

3. Beschäftigungspläne oder der Schritt von der Defensive in die Offensive

»Wir haben in den letzten Jahren einen Sozialplan nach dem anderen gemacht und damit die Arbeitslosigkeit besiegelt.«

Dieser Satz des 1. Bevollmächtigten der IG Metall in Nürnberg, Gerd Lobodda, markiert den nicht nur theoretischen, sondern praktischen Übergang zu einem neuen Denken. Statt Sozialplänen sollen, wo immer es geht, vorlaufend »Beschäftigungspläne« entwickelt werden, in denen Regelungen zur Erweiterung der Produktpalette, zur Investitionsplanung oder zur Standortsicherung – und nicht nur Abfindungen wie bei Sozialplänen – vereinbart werden. Bei Grundig ist eine paritätisch besetzte Kommission »Neue Produkte« durchgesetzt worden, die Formen der Mitsprache der Arbeitnehmer bei der Produktpolitik gewährleisten soll.

Das Konzept der Beschäftigungspläne (Gerd Lobodda) ist ein bedeutsamer Schritt in Richtung auf die Mitwirkung bei der Entwicklung neuer Produkte, aber auch in Richtung auf eine Mitverantwortung der Gewerkschaften bei einem unternehmerischen Entscheidungsprozeß. Er zeigt, daß die Gewerkschaften den Prozeß der »schöpferischen Zerstörung« (Schumpeter) durch Innovation nicht mehr einfach passiv über sich ergehen lassen wollen. Die Innovation nicht als Strategie des Kapitals, sondern als gemeinsame Leistung des Unternehmens; die Innovateure nicht als Agenten des Managements, sondern als Kollegen. Die Beschäftigungspläne sind der Beginn einer neuen Phase gewerkschaftlicher Arbeit im Sinn »antagonistischer Kooperation« (vorausschauende Zusammenarbeit – d. Red.).

4. Individualisierung der Arbeitszeit

Die total verplante und restlos flexibilisierte Zeit ist keine produktive Utopie, sondern ein Alptraum. Die Frage, wer wen wann treffen kann, darf nicht zum nur noch per Computer lösbaren Optimierungsproblem werden. Ich bin mit Oskar Lafontaine der Auffassung, daß Maschinenlaufzeiten wichtige Faktoren der Kompromißbildung zwischen Unternehmen und Gewerkschaften sind; man kann sie nicht als Tabu behandeln. Betriebsvereinbarungen in unterschiedlichen Branchen zeigen, daß viele Betriebsräte und ihre Gewerkschaften dies genauso sehen. Wer weitgehende Arbeitszeitverkürzungen durchsetzen will, wird um Kompromisse bei den Maschinenlaufzeiten, also auch bei der Wochenendarbeit, nicht herumkommen – wem sage ich das.

Das kann aber nicht heißen, daß man das mühsam erkämpfte freie Wochenende achselzuckend abschreibt. Es gibt keinen Grund, »für Wochenendarbeit« einzutreten; aber es ist sinnvoll, Praxis und Rhetorik auch bei diesem Thema nicht allzuweit auseinanderklaffen zu lassen. Das Prinzip muß lauten: Das freie Wochenende hat auch dann, wenn es von religiösen Bezügen losgelöst wird, eine kulturelle Bedeutung als Kommunikationszeit, gemeinsame Kontemplationschance und Zeitpuffer. Pragmatische Kompromißregelungen im Einzelfall sind notwendig, hebeln das Prinzip aber nicht aus.

Unakzeptabel (und undurchsetzbar) wäre auf der anderen Seite die Mißachtung der Individualisierungswünsche einer wachsenden Anzahl von Arbeitnehmerinnen und Arbeitnehmern oder ihre scheinbare Berücksichtigung in Modellen freier Arbeitszeitwahl, die auf Kosten gar keine Rücksicht nehmen. Das Ziel gewerkschaftlicher Politik muß es sein, den Menschen mehr disponible Zeit zu schaffen und sie dazu zu motivieren, diese Zeit als Emanzipations- und Orientierungszeit zu nutzen. Eine solche Politik kann nur erfolgreich sein, wenn zwischen Arbeit und Kapital konstruktive Kompromisse bei der Verteilung des Produktivitätsspielraums oder zwischen Arbeit, Kapital und Staat tragfähige Regelungen zur Überschreitung des Produktivitätsspielraums gefunden werden.

Praktikable Vereinbarungen für Wochenendarbeit bei Chips- oder Glasfaserfabriken sind weder jubilierend zu begrüßende erste Einbrüche in das freie Wochenende noch Verrat an der Arbeiterschaft. Es gibt jeden Anlaß, für die soziale Absicherung von Teilzeitarbeit beinhart zu kämpfen; aber keinen, den Wunsch nach Teilzeitarbeit als antiemanzipativ abzuwerten. Wer die Arbeitszeitverkürzung, die sich ein Studienrat durch Kürzung seiner Pflichtstundenzahl ohne Lohnausgleich verschafft, als »Luxusmodell« abtut, schädigt junge Lehrer, die von solchen Stundenkürzungen profitieren.

Die »tägliche wirksame Arbeitszeitverkürzung« ist ein sinnvolles, von vielen Arbeitnehmern akzeptiertes und in vielen Betrieben durchführbares Modell der Arbeitszeitverkürzung; wer für dieses Modell aber »verbindlichen Vorrang« verlangt (Heide Pfarr, 1988) und damit den Wunsch von Arbeitnehmern nach Blockfreizeiten als falsches Bedürfnis qualifiziert, wird scheitern. Der Paternalismus von Großorganisationen, gleichgültig ob es sich um Parteien, Gewerkschaften oder andere Verbände handelt, verliert Jahr für Jahr an Wirksamkeit; das gilt auch für Paternalismus aus feministischen Motiven. Ich beschwöre die Gewerkschaften, die Tatsache aufzunehmen, daß der Individualisierungsschub, den eine Reihe westlicher Industriegesellschaften in den letzten Jahrzehnten erlebt hat, die betroffenen Menschen nicht nur an ihrer psychischen Oberfläche, bei der Zivilisierung und Differenzierung der psychischen Funktionen, ergreift, sondern tief ins Unbewußte hinein wirkt. Wir reden in politischen Parteien und Gewerkschaften nicht über den Verfall der Religiosität, bestenfalls über die zurückgehende Bindekraft konfessioneller Milieus oder den Zerfall der Arbeitermilieus. Wir machen uns im politischen oder gewerkschaftlichen Alltag nur wenig Gedanken über das Verschwinden der Großfamilien, über das Anwachsen der Zahl von »Singles« nicht nur in großen Städten, über die Vermehrung von Einzelkindern und das explosionsartige Anwachsen von alleinerziehenden Vätern und alleinerziehenden Müttern.

Welch ungeheurer Fortschritt, wenn wir alle uns mehr Gedanken über die Erhaltung der Gesellschaftlichkeit unserer Gesellschaft machen würden. Welch ungeheurer Irrtum aber, wenn wir uns einbilden würden, wir könnten die Leute kommandieren, z. B. nach dem zuweilen zu hörenden Motto, je länger einer im Betrieb verbringt, desto länger ließe er sich erreichen und auch beeinflussen.

Kulturphilosophen, vor allem konservative Kulturphilosophen, mögen sich fragen, ob es richtig war, einen Teil der Menschheit – z. B. im alten Europa – losgebunden zu haben. Aber der Versuch, die losgebundene Menschheit mit dem dünnen Strick eines Tarifvertrages wieder anzubinden, muß scheitern. Ich bin der festen Überzeugung: Nur Gewerkschaften, die offensiv die unterschiedlichen Wünsche der

Menschen nach unterschiedlichen Lebensformen aufgreifen – und sich dann um eine gerechte Absicherung dieser Lebensformen bemühen –, haben eine Chance in der Zukunft.

5. Mitbestimmung am Arbeitsplatz

Die »modernen Arbeitnehmer« sind Transparenzfanatiker; sie wollen beteiligt sein. Die Gewerkschaften dürfen nicht abwarten, bis die Unternehmen die Experimentierangst der traditionell Privilegierten durch alle möglichen »Qualitätszirkel-Bewegungen« überwunden haben. Sie müssen die Ideen, die Hans Matthöfer (im Programm »Humanisierung des Arbeitslebens«, d. Red.) und andere Mitte der sechziger Jahre entwickelt haben, neu durchdenken. Dabei geht es um die Beteiligungschancen des einzelnen »vor Ort« – dort, wo nachvollziehbar ist, wo dieser einzelne Entscheidungen wirklich beeinflussen kann.

Bei der Durchsetzung neuer Modelle der »Mitbestimmung am Arbeitsplatz« wird es notwendig sein, daß die Gewerkschaften ihren Institutionalismus im Zaum halten; es geht nicht um Beteiligungsrechte, die die Betriebsräte für die Beschäftigten wahrnehmen, sondern um Beteiligungsrechte dieser Beschäftigten selbst. Hochqualifizierte, moderne Arbeitnehmer wollen die Produkte, an denen sie arbeiten, die Arbeitsprozesse, in die sie eingespannt sind, die sozialen Beziehungen, die sie täglich erleben, nicht einfach so hinnehmen müssen, wie sie vorgegeben sind. Die Betriebsräte und Gewerkschaften müßten versuchen, diesen gleichzeitig widerständigen und konstruktiven Interessen Raum zu schaffen – ohne instrumentelle Absichten.

6. Der Betrieb als Kommunikationsnetz

Die Erwerbsarbeit wird noch auf unabsehbare Zeit den Rhythmus des menschlichen Lebens prägen; aber der Betrieb als Gravitationszentrum verliert an Bedeutung. Er bleibt ein Kommunikationsnetz erster Ordnung in unserer Gesellschaft; aber man muß auch etwas dafür tun. Die betrieblichen Funktionäre und Tarifpolitiker müssen sehen, daß sie echte Einflußmöglichkeiten haben und für ihre Leute etwas tun können. Gleichzeitig ist es notwendig, die Binnen-kommunikation des Betriebs zu durchbrechen und Ge-sprächs- und Bündnispartner im Ort, in der Region, bei den unterschiedlichen sozialen Bewegungen zu finden. Nur wenn die Beschäftigten eines Betriebes den Eindruck bekommen, daß sie selbst ihre eigenen Probleme in die Hand nehmen können, und nur wenn sie gleichzeitig hoffen können, daß sie mit diesen Problemen nicht allein gelassen werden, werden sie für ein Engagement gewonnen werden können, das über privatistische Kommunikation hinausreicht.

Betriebssyndikalismus bleibt eine Gefahr. Wenn prosperie-rende Unternehmen günstige Tarifverträge aushandeln, von denen schwächere Betriebe nur träumen können, gefährdet das den Zusammenhalt der Arbeitnehmerschaft. Es gibt aber durchaus Felder für eine betriebsnahe Tarifpolitik. Das auf absehbare Zeit Wichtigste ist die Regelung der Arbeitszeit, wo Raum für betriebliche Zusatztarifverträge geschaffen werden sollte. Die Unterschiede zwischen tarifvertraglichen Vereinbarungen und betrieblichen Verhältnissen sind manch-mal so groß, daß allgemeine Lösungen »mit dem Rasenmä-her« in vielen Betrieben zu Bitterkeit und Unverständnis füh-ren. Da wäre es besser, durch eine betriebsnahe Tarifpolitik im Feld der Arbeitszeit die Betriebsräte einzubeziehen und so »die Arbeit der Tarifgestaltung und ihre Durchsetzung auf breiteren Schultern zu lagern als bisher« (Fritz Salm, 1961).

Erfolgreiche Tarifpolitik wird gleichzeitig den Aufbau kom-munaler betriebs- und arbeitsbezogener Öffentlichkeiten er-fordern. Was bedeutet die Entlassung von 2000 Arbeitneh-mern in einer mittleren Stadt für die gesamte Region? Was sagen die Lehrer und Studienräte in den Schulen über den Streik, den die Arbeitnehmer eines Großbetriebs für die Ver-kürzung der Arbeitszeit führen? Welche Kontakte hat der Be-triebsrat einer großen chemischen Firma zu den Bürgerinitia-tiven, die eine Verseuchung des Flusses oder eine Verpestung der Luft befürchten? Die Abschottung der betrieblichen Kommunikation führt zur Isolation. Die Betriebe müssen in die sie umlagernde Öffentlichkeit eingebaut werden, nicht nur im Krisenfall, sondern auch im Alltag.

7. Die Gewerkschaften als Kulturbewegung

Die Arbeiterkultur als einheitliches, prägendes Milieu, als Fluchtburg gegen eine feindliche Öffentlichkeit ist bis auf wenige Quartiere in alten Arbeiterregionen verschwunden; gleichzeitig entsteht durch die Internationalisierung, Kommerzialisierung und Privatisierung der Kommunikation eine globale Massenkultur, die auf die Zerstörung der Seelen und die Einebnung der Interessenunterschiede hinarbeitet.

Die Freizeit der Menschen wächst, die Kulturindustrie wird zu einem der mächtigsten Industriezweige überhaupt. In dieser Situation wäre es eine Katastrophe, wenn die deutschen Gewerkschaften aus der Pleite der Neuen Heimat die falsche Konsequenz ziehen würden, die Gemeinwirtschaft gänzlich zu liquidieren und sich aus dem »Reproduktionsbereich«, und das heißt dem Prozeß der Bewußtseinsbildung der Menschen, ganz und gar zurückzuziehen. Eine solche Fehlentscheidung wäre gleichbedeutend mit dem endgültigen Verlust des traditionellen Kampf- und Bewegungscharakters der Gewerkschaften.

Daß auch die größte Gewerkschaft keinen privaten Fernsehsender betreiben kann, ist selbstverständlich. Daß sie aber – anders als die Kirchen – auch nicht über Produktionsfirmen verfügt, die als Zulieferer der großen Stationen arbeiten, ist unverständlich. Daß ein gewerkschaftsnahes Touristikunternehmen gescheitert ist, kann man nicht bestreiten; daß dies zu dem Entschluß führte, den Urlaub von Millionen gewerkschaftlich organisierter Arbeitnehmer dem Konkurrenzkampf von Neckermann und dem Club Mediterrané zu überlassen, ist kaum der Weisheit letzter Schluß. (...)

Die Gewerkschaftshäuser müßten Kommunikationszentren sein, keine Verwaltungsgebäude. Warum gelingt es bisher nur an wenigen Stellen – z. B. in Ingolstadt –, die DGB-Kreise systematisch zu Gesprächspartnern der neu entstehenden lokalen Hörfunksender zu machen? Warum haben wir keine repräsentativen gewerkschaftlichen Literaturpreise? Warum gibt es immer noch Veranstaltungen zum 1. Mai, wo nach der Agitationsrede eine Dame im schwarzen Kleid drei Lieder aus der Winterreise von Franz Schubert singt? Wieso sind die Kontakte der Gewerkschaften zur linken deutschen Rockmusik so schütter und so dürftig? (...)

Die Gewerkschaften verstehen sich als Interessengemeinschaften; aber sie sind auch Kommunikationsgemeinschaften, Wertgemeinschaften. Der historische Block des Konservatismus beruht keineswegs nur auf Kapitalmacht, Soldaten, Polizisten und der Boutiquen-Bourgeoisie; er beruht auf kultureller Vormacht. Ein Teil der Politisierung der Gewerkschaften muß ihre »Kulturalisierung« sein. (...)

QUELLENNACHWEIS

Seite 55 Willy Brandt, Mehr Beschäftigung durch weniger Arbeit. In: DIE ZEIT vom 9.7.1982

Seite 71 Fritz W. Scharpf/Ronald Schettkat, Verkürzung der Wochenarbeitszeit: Nur der Staat kann den beschäftigungspolitischen Handlungsspielraum erweitern. In: IIM/LMP 84–85. Internationales Institut für Management und Verwaltung. IIMV Arbeitsmarktpolitik (Auszug)

Seite 74 »Nähe zur FDP entdeckt«. Oskar Lafontaine im Gespräch mit Wilfried Herz und Roland Tichy. In: WIRTSCHAFTSWOCHE Nr. 7 vom 12.2.1988

Seite 79 »Die traditionellen Rollen aufbrechen«. SPIEGEL-Streitgespräch der Sozialdemokraten Oskar Lafontaine und Hermann Rappe über Arbeit und Einkommen. In: DER SPIEGEL Nr. 9/29.2.1988

Seite 91 Björn Engholm, »Visionen geben Hoffnung auf eine veränderte Welt«. Ausführungen anläßlich der Präsentation des Buches »Die Gesellschaft der Zukunft« von Oskar Lafontaine in Bonn am 7.3.1988

Seite 96 Monika Wulf-Mathies, Wo bleiben Deine Taten? Offener Brief an Oskar Lafontaine. In: Frankfurter Rundschau vom 10.3.1988

Seite 99 Klaus Murmann, »Tarife spreizen«. In: WIRTSCHAFTSWOCHE Nr. 11/11.3.1988. Das Gespräch führten Wolfram Baentsch und Bolke Behrens

Seite 105 Hans-Jochen Vogel, Forum der Parteien. In: Augsburger Allgemeine vom 25.3.1988

Seite 107 Wolfgang Roth, Nachfrage hochhalten. In: VORWÄRTS Nr. 11/12.3.1988

Seite 110 Peter Grottian/Ronald Schettkat, Lösungsvorschlag für die Höcherl-Schiedskommission – oder: Wie die Lafontaine-Diskussion jetzt fruchtbar machen! In: Presseerklärung des Zentralinstituts für sozialwissenschaftliche Forschung der Freien Universität Berlin vom 14.3.1988

Seite 115 Herbert Ehrenberg, Lohn-Manifest an den Genossen Lafontaine. In: DER SPIEGEL vom 14.3.1988

Seite 118 Erhard Eppler, Wir müssen uns eine eigene Meinung bilden. Gespräch mit Karl-Heinz Krumm. In: Frankfurter Rundschau vom 18.3.1988

Seite 122 Robert Leicht, Ein Riß geht durch das linke Lager. In: DIE ZEIT vom 18.3.1988

PERSONENREGISTER

SACHREGISTER